Annegret Braun

Warum Eva keine Gleichstellungsbeauftragte brauchte

GOTTES IDEE
FÜR FRAUEN UND MÄNNER

SCM

Stiftung Christliche Medien

SCM R.Brockhaus ist ein Imprint der SCM Verlagsgruppe,
die zur Stiftung Christliche Medien gehört, einer gemeinnützigen
Stiftung, die sich für die Förderung und Verbreitung christlicher
Bücher, Zeitschriften, Filme und Musik einsetzt.

© 2019 SCM R.Brockhaus in der SCM Verlagsgruppe GmbH
Max-Eyth-Straße 41 · 71088 Holzgerlingen
Internet: www.scm-brockhaus.de; E-Mail: info@scm-brockhaus.de

Soweit nicht anders angegeben, sind die Bibelverse
folgender Ausgabe entnommen:

Neues Leben. Die Bibel, © der deutschen Ausgabe 2002 und 2006
SCM R.Brockhaus in der SCM Verlagsgruppe GmbH Witten/Holzgerlingen

Weiter wurden verwendet:

Lutherbibel, revidiert 2017, © 2016 Deutsche Bibelgesellschaft, Stuttgart. (LUT)

Elberfelder Bibel 2006, © 2006 by SCM R.Brockhaus in der
SCM Verlagsgruppe GmbH Witten/Holzgerlingen. (ELB)

Einheitsübersetzung der Heiligen Schrift, vollständig durchgesehene und über-
arbeitete Ausgabe. Stuttgart: Katholische Bibelanstalt 2016 (EÜ)

Gute Nachricht Bibel, revidierte Fassung, durchgesehene Ausgabe, © 2000
Deutsche Bibelgesellschaft, Stuttgart. (GNB)

Umschlaggestaltung: Kathrin Spiegelberg, Weil im Schönbuch
Titelbild: stocksy.com/Hayden Williams
Satz: Christoph Möller, Hattingen
Druck und Verarbeitung: GGP Media GmbH, Pößneck
Gedruckt in Deutschland
ISBN 978-3-417-25367-2
Bestell-Nr. 225.367

Für meine Mutter Marta (1933–2018)
Ihre starke Persönlichkeit und ihr lebendiger Glaube werden
mir immer ein Vorbild sein.

Inhalt

Neues Testament

Einleitung: Warum Eva keine Gleichstellungsbeauftragte brauchte

Würden wir das leben, was in der Bibel steht, bräuchten wir keine Emanzipation, denn dann wären Männer und Frauen gleichberechtigt. Gott hat uns als gleichwertige Menschen geschaffen und Adam und Eva lebten zu Beginn in völligem Einklang mit Gottes Willen. Deshalb brauchte Eva keine Gleichstellungsbeauftragte. Doch als sich Adam und Eva aus den paradiesischen Zuständen hinauskatapultiert hatten, änderte sich alles. Die Beziehung von Mann und Frau wurde hierarchisch und Frauen galten als minderwertig. Immer wieder lebt im Alten Testament etwas von der Schöpfungsordnung auf, wenn Männer und Frauen gleichberechtigt zusammenarbeiten. Doch erst mit Jesus gab es eine umfassende Veränderung. Er hat vorgelebt, wie Gleichberechtigung auch außerhalb des Paradieses funktioniert. Paulus trat als leidenschaftlicher Verkündiger der Botschaft von Jesus in seine Fußstapfen. Er arbeitete in einem Team von Frauen und Männern und krempelte das damalige Weltbild völlig um. So wie im 16. und 17. Jahrhundert die Behauptung für großen Aufruhr sorgte, dass nicht die Erde im Mittelpunkt des Weltalls steht, sondern die Sonne, so brachte Paulus die Mächtigen gegen sich auf, weil er predigte, dass in Christus alle gleich seien, auch Frauen und Männer. Das war revolutionär!

Noch revolutionärer war, dass die ersten Christen das auch so lebten. Es gab keine hierarchische Aufgabenteilung. Macht und Besitz interessierten sie nicht. Frauen und Männer waren in den Gemeinden gleichberechtigt. Sie teilten das, was sie hatten, feierten gemeinsam Gottesdienst, studierten Gottes Wort, lehrten und predigten. Nicht einmal Verfolgung und Folter konnten Frauen und Männer davon abhalten, ihren Glauben zu leben.

Doch dann änderte sich alles. Ab dem Zeitpunkt, als die weltlichen Herrscher den Glauben entdeckten und zur Staatsreligion machten, wurde die biblische Botschaft ein Instrument der Macht. Die Herrscher, und das waren meistens Männer, interpretierten die Bibel in ihrem Sinne. Aus den gleichberechtigten Frauen wurden wieder Geschöpfe, die sich dem Willen der Männer fügen mussten. Die Mächtigen der Kirche begründeten die Ungleichheit damit, dass es die göttliche Ordnung sei, und rissen Bibelstellen aus dem Zusammenhang, um ihre Behauptungen zu untermauern. Paulus war nun nicht mehr derjenige, der die Gleichheit aller Christen verkündete, sondern wurde zu demjenigen, der gebot, dass die Frau dem Manne untertan sei und in der Gemeinde zu schweigen habe. Einzelne Sätze wurden zum Gesetz für alle erhoben. Dazu kamen viele Übersetzungsfehler, Loslösungen aus dem Kontext und Umdeutungen. Aus der Apostelin Junia wurde der Apostel Junias gemacht und aus der Diakonin Phöbe eine Diakonisse.

Jahrhundertelang prägte die Kirche das Geschlechterverhältnis. Dass der Mann das Haupt der Frau sei, galt als eine unumstößliche Wahrheit. Doch was wir für eine biblische Wahrheit halten, ist in Wirklichkeit eine kulturelle Prägung. Wir sehen die Bibel durch die Brille der Männer. Es waren Männer, die die biblischen Texte verfassten, und Männer, die sie auslegten und daraus Gesetze machten. Einige der vermeintlichen Wahrheiten sind nicht biblisch, sondern erklären sich aus der kirchlichen Tradition. Die Bibel ist zwar ein Brief Gottes an die Menschen, aber es waren Menschen, die ihn geschrieben haben, Menschen aus Fleisch und Blut, die ihre kulturelle Prägung und ihre eigenen Vorstellungen mit eingebracht haben. Paulus schrieb beispielsweise als überzeugter Single: »Ich wünschte, jeder könnte unverheiratet leben, wie ich es tue« (1. Korinther 7,7). Hätte man das zur Regel erhoben, dann hätte es mit Gottes Schöpfungsauftrag, die Erde zu bevölkern, ziemlich schlecht ausgesehen.

Die männliche Perspektive muss differenziert betrachtet werden, denn in der Bibel finden sich nicht nur Beispiele für emanzipierte Frauen, sondern auch für viele emanzipierte Männer. Welche Rolle Männer in der Bibel bei der Gleichberechtigung spielen, wurde in der Literatur bisher wenig thematisiert, deshalb widmet sich dieses Buch nicht nur starken Frauen, sondern auch emanzipierten Männern. Emanzipation kommt von dem lateinischen Wort *emancipatio*, das bedeutet wörtlich »Entlassung aus der Hand« oder der »väterlichen Gewalt«. Im Lateinischen steht das Wort sowohl für den Beginn der Volljährigkeit als auch für die Freilassung von Sklaven.[1] Im heutigen Sprachgebrauch geht es bei der Emanzipation ebenfalls um Befreiung, und zwar um befreite Frauen im Patriarchat und um befreite Männer, die sich nicht von Geschlechterklischees beherrschen lassen. Emanzipierte Christen sind Frauen und Männer, die fragen, was Gott will, und nicht, was die Gesellschaft vorschreibt.

Gottes Schöpfungswille von der absoluten Gleichwertigkeit von Frauen und Männern funkelt in vielen Versen der Bibel wie Diamanten durch den Schleier der männlichen Perspektive. Die Suche nach Diamanten kann jedoch ziemlich mühsam sein. Um ein Karat Diamanten zu gewinnen, muss man ungefähr 250 Tonnen Gestein durchwühlen. Aber wenn man sich durch die schweren Steine gräbt und dann auf kleine Diamanten stößt, löst das wahre Glücksgefühle aus. So erging es mir immer wieder beim Lesen, Nachdenken, Verstehen und Schreiben.

Bei dieser Diamantensuche war ich glücklicherweise nicht allein. Es gibt viele Frauen und Männer, die ebenfalls danach gesucht haben und fündig geworden sind. Für mich als Kulturwissenschaftlerin waren vor allem ihre theologischen Erkenntnisse von großem Wert. Mein besonderer Dank gilt Dr. Ulrich Wendel, der nicht nur auf alle meine Fragen kluge Antworten wusste, sondern sich auch von Anfang an für meine Buchidee eingesetzt hat.

Sehr herzlich danke ich auch Christiane Kathmann, die das Buch mit großem Engagement und kenntnisreich lektoriert und dem Text damit den letzten Schliff gegeben hat. Meinen Töchtern Lea und Naomi danke ich für die anregenden Diskussionen über Gott und die Welt und die Emanzipation. Meinem Ehemann Martin danke ich, dass er als ein Mann der Tat Gleichberechtigung lebt und mir in den besonders intensiven Schreibphasen den Rücken frei gehalten hat.

Zum Schluss: Es ist immer gefährlich, wenn jemand behauptet, ganz genau zu wissen, wie bestimmte Verse in der Bibel zu verstehen sind. Ich halte es mit Paulus, der sagte: »Jetzt sehen wir die Dinge noch unvollkommen, wie in einem trüben Spiegel, dann aber werden wir alles in völliger Klarheit erkennen« (1. Korinther 13,12). Dieses Buch hat nicht den Anspruch, dass darin mit völliger Klarheit Gottes Idee von Gleichberechtigung erkannt wird; aber dass der trübe Spiegel etwas klarer wird, diese Hoffnung habe ich schon.

Altes Testament

Adam und Eva – Am Anfang war die Gleichberechtigung

»Dann formte Gott, der Herr, eine Frau aus der Rippe, die er Adam entnommen hatte« (1. Mose 2,22). So berichtet der Erzähler die Entstehungsgeschichte der Menschheit und dies ist vermutlich die bekannteste Bibelstelle des Schöpfungsberichts. In zahlreichen Geschichten, Gemälden, Karikaturen, im Kabarett und auf der Kanzel wird sie verbreitet. Das verwundert nicht, denn es ist ein sehr anschauliches Bild. Man sieht förmlich, wie Adam in einen tiefen Schlaf fällt und sich Gott über ihn beugt und ihm behutsam eine Rippe entnimmt, ganz ohne Schnitt und Blut, und wie er dann mit künstlerischer Hingabe aus dieser einzelnen Rippe Eva formt. Die Kirche hat sich oftmals mit diesem Teil der Schöpfungsgeschichte begnügt und das wurde Eva und ihren Geschlechtsgenossinnen zum Verhängnis. Für Generationen von Bibelauslegern galt die Frau als das Anhängsel des Mannes, ein Mensch zweiter Klasse. Bei Adam hatte sich Gott noch richtig viel Mühe gegeben, seine ganze Kreativität eingesetzt und etwas völlig Neues erschaffen und bei Eva variierte er nur die Vorlage. Da war es natürlich klar, wer das Sagen hatte. Jahrhundertelang wurde die Überlegenheit des Mannes unter anderem mit dieser Bibelstelle begründet.

In der Aufklärung belächelten die Gelehrten den christlichen Glauben als Aberglauben, für sie zählte nur die Wissenschaft. Doch diese behauptete genau das Gleiche: Männer sind Frauen überlegen. Nur die Begründung war anders. Der Mann sei stärker – das zeige ja schon der Körperbau – und er sei klüger. »Bewiesen« wurde dies anhand der Tatsache, dass das Gehirn der Frau im Durchschnitt kleiner als das des Mannes ist. Diese Theorie, dass die Gehirnleistung der Frau aufgrund der geringeren Gehirngröße nicht an die des Mannes heranreichte, hielt sich lange. Sie konnte nicht mal von Frauenrechtlerinnen erschüttert werden, die argumentierten, dass demzufolge der Ochs klüger sein müsse als der Mensch.[2]

Frauen wurden von der Welt der Intellektuellen und der Bildung ferngehalten. Die Stärke der Frau läge in ihrem Muttersein, so argumentierten diejenigen, die das Privileg der Bildung genossen. Der Philosoph und Hochschullehrer Arthur Schopenhauer erklärte 1862 in seinem Werk »Die Welt als Wille und Vorstellung«: »Schon der Anblick der weiblichen Gestalt lehrt, dass das Weib weder zu großen geistigen noch körperlichen Arbeiten bestimmt ist. ... Zu Pflegerinnen und Erzieherinnen unserer ersten Kindheit eignen sich die Weiber gerade dadurch, dass sie selbst kindisch, läppisch und kurzsichtig, mit einem Worte zeitlebens große Kinder sind; eine Art Mittelstufe zwischen dem Kinde und dem Manne, als welcher der eigentliche Mensch ist.«[3]

Wie weit Arthur Schopenhauer von der Lebensrealität entfernt war, zeigt die Tatsache, dass schon damals Frauen trotz erschwertem Zugang zu Bildung ihre intellektuellen Fähigkeiten unter Beweis gestellt hatten, wie zum Beispiel die weltweit anerkannte Astronomin Caroline Herrschel (1750–1848). Und auch wenn nach Meinung des Philosophen Frauen nicht zu großen körperlichen Arbeiten bestimmt waren, so verrichteten viele Frauen dennoch tagtäglich schwerste körperliche Arbeit als Wäscherinnen oder Bäuerinnen – trotz ihrer »schwächlichen« Konstitution.

Heute hat sich die propagierte Überlegenheit des Mannes in Luft aufgelöst. Wie tief greifend der Wandel ist, veranschaulicht ein Witz:

Ein Mann kommt in eine Buchhandlung und sagt: »Ich suche das Buch ›Die Überlegenheit des Mannes‹.«

Die Buchhändlerin antwortet: »Fantasy-Romane sind im 3. Stock.«

Früher hätte man den Witz gar nicht verstanden. Die Überlegenheit des Mannes war Fakt. Doch heute stehen Frauen den Männern in keinster Weise nach. Sie sind Professorinnen, Regierungschefinnen, Künstlerinnen, Informatikerinnen, Metzgerinnen, Schreinerinnen und Starköchinnen – und auch noch Mütter. Frauen und Männer agieren inzwischen auf Augenhöhe und bereichern sich dadurch mit ihren Fähigkeiten.

Ihren Zugang zur Universität und zu Ausbildungsplätzen mussten Frauen sich jedoch hart erkämpfen. Noch im Jahr 1900 schrieb der Neurologe und Psychiater Paul Julius Möbius in seinem Essay »Über den physiologischen Schwachsinn des Weibes«: »Neuerdings möchte man sogar Mädchengymnasien haben … Das Beste wäre, die ›höheren Schulen‹ samt und sonders niederzureißen.«⁴ Doch die Frauen waren nicht aufzuhalten. Unterstützt von klugen Männern eroberten sie die Hörsäle.

Auch wenn Frauen inzwischen gesetzlich gleichberechtigt sind, hinkt die Alltagswirklichkeit in manchen Bereichen hinterher. Frauen werden schlechter bezahlt und müssen ihr Können mehr unter Beweis stellen als Männer. Mütter sind im Berufsleben sehr benachteiligt, Väter dagegen nicht.

In manchen christlichen Kreisen herrscht die Meinung, dass Männern die Vorherrschaft von Gott gegeben sei. Bisweilen ist diese Haltung unbewusst und zeigt sich nur daran, dass Frauen das Gemeindeblatt austragen und Männer auf der Kanzel stehen. Oftmals werden aber aus dem Zusammenhang gerissene Bibelstellen zitiert, um diese Ansicht zu begründen.

Mann und Frau als Ebenbild Gottes

Gibt es eine gottgewollte Hierarchie von Frauen und Männern? Wie sieht das Herrschaftsverhältnis in der Schöpfungsgeschichte aus? Steht Eva wirklich nur in der zweiten Reihe, weil Gott zuerst den Mann und dann die Frau erschaffen hat? Wenn man so denkt, dann müssten die Tiere ranghöher sein als der Mann, denn sie wurden vor dem Menschen erschaffen. Viel logischer erscheint ein ganz anderer Schluss: Gott steigerte sich immer mehr in seiner Schöpfungskunst. Nachdem er Meer und Erde getrennt, Tag und Nacht erschaffen und Pflanzen und Tiere kreiert hatte, schuf er schließlich den Mann – und als Krone der Schöpfung die Frau. Erst dann war er zufrieden.

Beide Interpretationen wollen ein Geschlecht über das andere erheben. Ganz anders formuliert es der Theologe Ulrich Wendel: »In 1. Mose 2 war der zuerst geschaffene Adam nicht der Eva überlegen, sondern ohne Eva unvollständig und also ergänzungsbedürftig – darauf zielt die Schöpfungsgeschichte!«[5] Hier ist nicht einer wichtiger als der andere, sondern sie sind erst gemeinsam vollständig.

Bei vielen Interpretationen der Schöpfungsgeschichte geht es um die Frage der Macht, doch diese spielt hier gar keine Rolle. Im Zentrum stehen der Schöpfer und die Beziehung der Menschen zu ihm, nicht die Macht. Es gibt zwei Schöpfungsberichte in der Bibel. Beide erzählen sehr bilderreich und anschaulich von der Entstehung der Welt und zeichnen das Bild eines schöpferischen Gottes, der nach einem genauen Plan arbeitet.

Wenn wir die erste Stelle suchen, in der der Mensch in der Schöpfungsgeschichte auftaucht, dann lesen wir: »So schuf Gott die Menschen nach seinem Bild, nach dem Bild Gottes schuf er sie, als Mann und Frau« (1. Mose 1,27). Nicht der Mann allein, sondern Mann und Frau zusammen ergeben also ein Abbild Gottes. Männer und Frauen sind unterschiedlich, worin die Unterschiede bestehen, steht hier nicht. Ob und welche unsichtbaren Unterschiede es neben den äußeren Geschlechtsmerkmalen gibt, bleibt offen. Eigenschaften wie Häuslichkeit oder Stärke wurden Frauen und Männern erst später zugeschrieben und daraus Geschlechterrollen abgeleitet. In der Folge wurde der Mann über die Frau gestellt, aber im Schöpfungsplan war kein Herrschaftsanspruch vorgesehen. Männer und Frauen sind nicht nur gleichwertig, sondern auch gleichrangig. Keiner herrscht über den anderen. Die Philosophin Edith Stein ist der Ansicht, dass das hierarchische Verhältnis erst nach dem Sündenfall eingetreten sei und Jesus mit seiner Erlösungstat die ursprüngliche Ordnung, die Gleichrangigkeit zwischen Männern und Frauen, wiederhergestellt habe.[6]

Doch wie sieht es mit der Gleichberechtigung im zweiten Schöpfungsbericht aus? Gott sah, dass Adam einsam war. Bevor Adam benennen konnte, was ihm fehlte, sagte Gott:»Es ist nicht gut für den Menschen, allein zu sein. Ich will ihm ein Wesen schaffen, das zu ihm passt« (1. Mose 2,18). Luther übersetzte:»Ich will ihm eine Gehilfin machen.« Damit war für viele klar: Der Mann gibt die Richtung vor und die Frau darf ihn dabei unterstützen, seine Ziele zu verwirklichen. Eva und ihre Töchter bekamen von den Bibelauslegern eine Assistentenstelle zugewiesen. Im hebräischen Originaltext steht hier *ezer kenegdo*; das kann übersetzt werden mit»eine Helferin, die ihm entspricht«[7], also ein Pendant, ein Gegenüber. Die Wurzel des *ezer*-Wortes wird im Alten Testament vor allem dann benutzt, wenn Gott als Helfer gemeint ist. Und Gott als Helfer hat in unserer Vorstellung keinesfalls eine untergeordnete Position. Im Gegenteil, er ist derjenige, der uns hilft, weil wir es allein nicht schaffen. Damit bekommt Eva eine ganz andere Stellung. Frauen und Männer brauchen einander, keiner herrscht über den anderen. Wir können es drehen und wenden, wie wir wollen: Eva ist in beiden Schöpfungsgeschichten die gleichrangige Partnerin von Adam.

Gott hat den Menschen als sein Ebenbild geschaffen. Damit erhält der Mensch eine unvorstellbare Wertschätzung, die wir kaum erfassen können. Und doch wird ein Teil dieser Ebenbildlichkeit sichtbar, weil Gott seine Schöpferkraft in den Menschen hineingelegt hat. Gott hat sich nicht hingesetzt und viele kleine Adams und Evas gebastelt, um die Erde zu bevölkern, sondern er hat Mann und Frau zu »Mit-Schöpfern« gemacht. Sie bekamen einen aktiven Part bei der Erschaffung des Menschen. Einen Menschen zu erschaffen, ist eine sehr komplexe Angelegenheit. Dass aus einer Samenzelle und einer Eizelle ein Mensch entstehen kann, ist nicht nur ein biologischer Prozess, sondern ein Wunder! Das wissen alle, die eigene Kinder haben, und diejenigen, die sich sehnlichst ein Kind wünschen. Selbst die besten Reproduktionsmediziner haben es nicht in der Hand, dass aus Eizelle und Samenzelle tatsächlich Leben entsteht.

Gott hat mit Mann und Frau zwei Geschlechter geschaffen, doch das Schubladendenken liegt ihm fern, denn er hat jeden Menschen als Unikat entworfen. Es gibt keinen Menschen auf der ganzen Welt, dem wir gleichen. Es gab noch niemals einen Menschen, der so war wie wir, und es wird auch in der Zukunft keinen geben. Welch eine unglaubliche Vielfalt und Kreativität liegt in dieser Schöpfung! Das passt in keine Schublade.

In jedem Mann steckt auch das Weibliche und in jeder Frau das Männliche. Im hebräischen Text steht nicht, dass Eva aus der Rippe geschaffen wurde, sondern aus der Seite, es geht hier vermutlich um einen viel wesentlicheren Teil als nur eine Rippe.[8] Anschließend rief Adam begeistert aus: »Sie ist ein Teil von meinem Fleisch und Blut!« (1. Mose 2,23). Das ist eine sehr männliche Perspektive, aber die Bibel ist nun mal von Männern verfasst worden. Als Leserin würde man gern erfahren, was Eva sagte, als sie

Adam sah. Vielleicht:»Unglaublich, wie viel Weiblichkeit in dir steckt!«Jesus, der den vollkommenen Menschen verkörperte, vereinbarte Weibliches und Männliches in sich oder – um genauer zu sein – das, was wir als weiblich und männlich charakterisieren. Er war zielstrebig und führungsstark und zugleich einfühlsam und empathisch. Jesus zeigte seine Gefühle und scheute sich nicht, zu weinen. Diese Eigenschaften finden wir sowohl bei Frauen als auch bei Männern. Das, was wir als weiblich und männlich klassifizieren, sind Ausdrucksweisen der facettenreichen Wesenszüge des Menschen.

Weiblichkeit, Männlichkeit und Gender-Mainstreaming

Heute wird die Frage, was weiblich und was männlich ist – oder ob es überhaupt die Zweigeschlechtlichkeit gibt –, von der Genderforschung dominiert. Das Chaos ist groß, eine einhellige Meinung gibt es nicht. Die Genderforschung hat sehr viele verschiedene Ausrichtungen. So stehen auf der einen Seite Personen, die die Unterschiedlichkeit von Frauen und Männern betonen: Da sie unterschiedlich sind, müssen sie unterschiedlich behandelt werden, zum Beispiel in der Medizin. Männer erleben Krankheit anders als Frauen und haben ein anderes Schmerzempfinden. Damit ist jedoch nicht gemeint, dass Männerschnupfen ein ernst zu nehmendes Phänomen sei, das keinesfalls mit einer gewöhnlichen Erkältung von Frauen verglichen werden dürfe.

Auf der anderen Seite der Genderforschung stehen diejenigen, die der Ansicht sind, dass das Geschlecht konstruiert und wählbar sei. Sie kämpfen zum Beispiel für Unisex-Toiletten. Das ist jedoch nicht wirklich eine neue Erfindung, bis vor wenigen Jahren hatte jede Tankstelle so ein Exemplar.

Zwischen diesen Positionen gibt es noch viele andere Weltanschauungen und Ziele, so zum Beispiel das Bestreben des Gender-Mainstreamings nach Gleichberechtigung. Niemand darf aufgrund seines Geschlechts benachteiligt werden. Das ist ein Ziel, das vermutlich auch diejenigen unterstützen, die dem Gendermainstreaming kritisch gegenüberstehen. Die Umsetzung von Geschlechtergerechtigkeit ist jedoch ein schwieriges Unterfangen. Was ist gerecht? Bei der Bezahlung scheint es relativ einfach: gleicher Lohn für gleiche Arbeit. Aber ist es gerecht, dass soziale Berufe, in denen meist Frauen arbeiten, schlechter bezahlt werden als technische Berufe, in denen vor allem Männer vertreten sind? Und ist es gerecht, wenn jeder genau das Gleiche bekommt – ob er will oder nicht? Wenn Frauen unter der Flagge der Gleichberechtigung genauso vollzeitlich berufstätig sein sollen wie Männer und die Kinder schon nach wenigen Wochen den ganzen Tag in einer Kinderkrippe verbringen? Ist es nicht viel eher gerecht, wenn jeder sein Leben gestalten darf, wie er oder sie es möchte? Wenn eine Frau beruflich kürzertreten kann, um mehr Zeit für ihre Kinder zu haben, ohne dass sie als rückständig betrachtet wird? Oder wenn ein Familienvater Teilzeit arbeiten kann, ohne dass ihm das als Desinteresse an der Karriere ausgelegt wird? Gerecht wäre, wenn die Arbeitsmöglichkeiten so verbessert würden, dass Väter und Mütter mehr Zeit für die Familie hätten und ihnen die Türen für den beruflichen Wiedereinstieg geöffnet würden. Das wäre auch gerecht gegenüber den Kindern, die bei dieser ganzen Debatte nicht gefragt werden, was sie eigentlich wollen.

Ist Gott ein Mann?

Die Schöpfungsgeschichte sagt sehr viel über Gott selbst aus. Als er den Menschen zu seinem Ebenbild schuf, gestaltete er ihn als Mann und Frau. Gott ist nicht nur männlich, sondern auch weiblich. Diese Weiblichkeit Gottes zeigt sich sowohl im Alten als auch im Neuen Testament.[9] Beispielsweise sagt er: »Ich selbst werde euch trösten, wie eine Mutter ihr Kind tröstet« (Jesaja 66,13). Ein schönes Bild: Gott als liebevolle und einfühlsame Mutter, die ihr Kind in den Arm nimmt. Diese weibliche Seite hat Rembrandt in seinem Gemälde »Die Rückkehr des verlorenen Sohnes« aufgenommen. Dort hat er die Hände des Vaters, der den Sohn umarmt, unterschiedlich gemalt. Eine Hand ist breit und kräftig wie eine Männerhand und die andere schmal und feingliedrig wie die einer Frau. Auch Mose besingt in einem Lied die weibliche und die männliche Seite Gottes, der seine Kinder zeugt und gebiert.[10]

Jahrhundertelange Bibelauslegung, Fresken und Gemälde in Kirchen und Museen haben das Bild geschaffen, dass Gott ein Mann ist. Auf Bildern sehen wir einen alten, bärtigen Mann, der manchmal weise und manchmal tattrig aussieht – er gilt als Symbol, denn von Gott selbst darf man sich kein Bild machen. Und dennoch sorgen die Bilder dafür, dass wir genau das tun. Gott als Frau ist für uns kaum vorstellbar. Wenn aber Gott den Menschen als sein Ebenbild, als Mann und Frau, geschaffen hat, dann ist das Bild vom weiblichen Gott genauso berechtigt wie das Bild vom männlichen Gott. Diese Vorstellung ist ungewohnt, weil es keine Tradition dafür gibt. Der weibliche Anteil Gottes wurde in der jahrtausendealten Geschichte, die vor allem von Männern geprägt wurde, völlig ausgeklammert. Der Allmächtige als Göttin? Das klingt in unseren Ohren heidnisch und ketzerisch.

Man kann den Schöpfer des Universums tatsächlich nicht auf einen Mann oder eine Frau oder eine Mischung aus beiden reduzieren. Und doch vermittelt die Bibel ihn als einen Gott, der das Weibliche und das Männliche in sich vereint, was sich auch sehr gut in der Person des Heiligen Geistes zeigt. Das grammatische Geschlecht von »ruach« ist dort, wo dieses Wort Gottes Geist bezeichnet, meist weiblich.[11] Jesus sprach von der Heiligen Ruach. Erst auf Griechisch wurde daraus das neutrale Pneuma und auf Lateinisch der männliche Spiritus.[12]

Der Bestseller »Die Hütte« hat sich an ein stark weiblich dominiertes Gottesbild gewagt und damit viele Herzen berührt.[13] Das Buch wurde ein Millionenerfolg. Auch der Kinofilm begeisterte viele Menschen, besonders diejenigen, die mit dem »Kirchen-Gott« nicht viel anfangen können. Der Autor William Paul Young stellt Gott als warmherzige, mütterliche Afroamerikanerin dar, den Heiligen Geist als zierliche Asiatin und Jesus als Handwerker aus dem Nahen Osten. Dieses Gottesbild ist so ganz anders und stellt das eigene, durch jahrhundertelange Tradition festzementierte Bild infrage. Wir wissen nicht, wie Gott ist, aber dieses Bild zeigt Ausschnitte von Gottes Wesen. Wer sich darauf einlässt, dem wird klar: Gott ist ganz anders, als wir ihn uns vorstellen.

Auch wenn wir nicht wissen, wie Gott wirklich ist, so ist es dennoch wichtig, diese weibliche Seite wahrzunehmen, denn sie bietet vielen einen unbelasteten Zugang zu Gott, vor allem »kirchengeschädigten« Menschen und Personen, die Gewalt und Missbrauch durch Männer erfahren haben, darunter auch William Paul Young.

Die weibliche Seite Gottes wurde über die Jahrhunderte vergessen oder ignoriert. Es ist an der Zeit, sie wieder in den Blick zu nehmen.

Gleiche Verantwortung für Mann und Frau

Dass Gott die Menschen als gleichberechtigt geschaffen hat, zeigt sich an vielen Stellen. In der ersten Schöpfungsgeschichte sagt Gott:»Seid fruchtbar und vermehrt euch, und füllt die Erde, und macht sie euch untertan« (1. Mose 1,28; ELB). Hier steht nichts davon, dass Adam sich Eva untertan machen soll, sondern der Vers enthält zwei gemeinsame Aufträge. Zum einen soll der Mensch die Erde füllen. Zur Vermehrung der bis dahin spärlichen Bevölkerung war der Einsatz von beiden – von Mann und Frau gleichermaßen – notwendig.

Zum anderen soll der Mensch über die Erde herrschen. Auch den zweiten Auftrag bekamen beide. Gott legte seine kostbare Schöpfung in die Hand der Menschen. Was für ein Vertrauensbeweis! Und welch eine große Verantwortung! Adam und Eva – Mann und Frau – sollten gemeinsam für Gottes Schöpfung sorgen. Hier steht nicht:»Adam, dir gehört hier alles: die Wiesen, die Felder, die Tiere. Du übernimmst das Management. Eva kann Gemüse anpflanzen, die Kühe melken oder Pferde striegeln und mit dem Hund Gassi gehen.« Nein, die Erde wird ihnen gemeinsam anvertraut, ohne dass einer von beiden ein besonderes Vorrecht hätte. Damit das Paradies wirklich ein Paradies blieb und sich Mensch und Tier nicht zerfleischten, verordnete Gott allen vegetarische Kost, den Menschen Beeren und Früchte und den Tieren Gras und Blätter.

Der Auftrag, sich die Erde untertan zu machen, war sicher nicht so gemeint, wie er heute umgesetzt wird. Anstatt die Erde zu bewahren, beuten wir sie für unsere Interessen aus. Wir sollten den Schöpfungsauftrag ernst nehmen und verantwortungsvoll mit diesem Planeten umgehen. Das beginnt schon im Kleinen, zum Beispiel damit, wie wir einkaufen.

Der verantwortungsvolle Umgang mit der Schöpfung Gottes

bedeutet auch, nachfolgende Generationen in diesem Bewusstsein zu erziehen. Die heutigen Kinder sind die Verantwortungsträger von morgen: Es sind die zukünftigen Wirtschaftsbosse, die Regierungsvorsitzenden, die Lehrerinnen und Lehrer und die Eltern. Die Aufgabe, Kinder zu verantwortungsvollen Menschen zu erziehen, hat in unserer Gesellschaft einen viel zu geringen Stellenwert. Politikern und Firmenchefs ist viel zu wenig bewusst, dass Mütter und Väter eine gesellschaftspolitische Aufgabe übernehmen, wenn sie sich der Erziehung widmen. Die »Elternzeit« wird immer noch als Erziehungs-»Urlaub« gesehen anstatt als Arbeit, bei der Eltern die Erwachsenen von morgen erziehen und sich »nebenbei« wertvolle Qualifikationen aneignen wie Zeitplanung, Mediation, Eventmanagement, Coaching, Ernährungswissenschaft, Durchsetzungsfähigkeit, hohe Belastbarkeit und vieles mehr. Man sollte Eltern den roten Teppich ausrollen, wenn sie wieder ins Arbeitsleben zurückkehren. Doch leider gibt es niemanden, der den Eltern ein Zertifikat für ihre Fortbildung ausstellt. Deshalb müssen sich Eltern mit Jobs begnügen, die oft unter ihrer Qualifikation liegen und sich irgendwie mit der Familie vereinbaren lassen. Die Schöpfung zu bewahren und sorgsam mit ihr umzugehen, bedeutet auch, Zeit für die Familien zu schaffen. Die Literaturkritikerin Iris Radisch schreibt: »Wenn wir nur kurzfristig einmal bereit wären, in die Entwicklung und Durchsetzung neuer Arbeitszeitmodelle in etwa so viel Energie und Sachverstand zu investieren, wie es bei der Entwicklung neuer Fortbewegungsmittel oder neuer Handtelefone üblich und selbstverständlich ist, wird sich dieses wenig komplizierte, uns alle aber zutiefst bedrohende organisatorische Problem sehr schnell in nichts auflösen.«[14]

Der schwierige Umgang mit Freiheit

Als Gott die Menschen damit beauftragte, sich die Erde untertan zu machen, ließ er ihnen freie Hand. Die Menschen waren nicht einfach Befehlsempfänger, denen genau gesagt wurde, was sie zu tun hatten. Gott machte Adam und Eva keine Vorgaben und gab ihnen keine Dienstanweisung.

Nur eine Einschränkung machte Gott im zweiten Schöpfungsbericht: Er sagte Adam – noch bevor Eva ins Spiel kam –, dass er von allen Bäumen essen dürfe, nur vom Baum der Erkenntnis des Guten und Bösen sollte er nicht essen. Für Eva galt das genauso, und das wusste sie, wie im Gespräch mit der Schlange deutlich wird.[15]

Gott liebt die Menschen. Jemanden zu lieben, bedeutet aber auch, ihm Freiheit zu geben und ihm zu vertrauen. Gott sprach im zweiten Schöpfungsbericht nicht einfach ein Verbot aus, sondern erklärte die Regeln, die im Paradies galten. Er zeigte die Grenzen und warnte vor den Folgen, nämlich dass der Mensch seine Unsterblichkeit verlieren würde, wenn er von diesem Baum aß. Gott hatte Adam und Eva als mündige und freie Menschen geschaffen und nicht als Marionetten. Sie konnten selbst entscheiden, ob sie Gott vertrauen wollten oder doch lieber sich selbst. Ein unglaublich souveräner Gott! Adam und Eva bekamen die gleiche Freiheit vor Gott. Deshalb mussten sich beide später vor Gott verantworten, als sie diese Regel missachteten.

Auch heute gibt uns Gott eine große Freiheit. Er regelt unser Leben nicht mit langen, detaillierten Listen von Geboten und Verboten, die wir alle penibel einhalten müssen, sondern er zeigt uns einige Grenzsteine, die uns helfen, ein gutes Leben zu führen, so zum Beispiel, dass Frauen und Männer nicht ehebrechen sollen. Dennoch haben wir die Freiheit, selbst zu entscheiden, ob wir dem Gebot folgen wollen oder nicht. Wenn wir es nicht tun, müssen wir allerdings die Konsequenzen tragen: Schmerz, Misstrauen und oftmals das Scheitern der Beziehung.

Im zweiten Schöpfungsbericht findet sich noch ein anderer wichtiger Hinweis darauf, dass Frauen und Männer für ein gleichberechtigtes Leben bestimmt sind: »Darum wird ein Mann seinen Vater und seine Mutter verlassen und seiner Frau anhangen, und sie werden sein *ein* Fleisch« (1. Mose 2,24; LUT). Mann und Frau werden in der Ehe ein Fleisch, also eine Einheit. Das ist ein deutlicher Hinweis auf ein gleichberechtigtes Miteinander, denn in einer Einheit gibt es keine Hierarchie. In unserem Kulturkreis war es jahrhundertelang jedoch so, dass meistens die Frau ihre Eltern verließ und zu ihrem Mann zog. Dort war er der Herrscher und sie musste sich anpassen. Oftmals lösten die Männer sich gar nicht richtig von ihrer Mutter oder ihrem Vater. Zum einen war es bequem und zum anderen hätte eine Auflehnung nur zu Machtkämpfen geführt. Die Ehefrau stand also nicht nur unter der Herrschaft des Mannes, sondern auch unter der Fuchtel ihrer Schwiegereltern. Wenn jedoch der Mann seiner Frau »anhangen« soll, dann bedeutet das, dass sie in seinen Beziehungen zu anderen Menschen für ihn an erster Stelle steht.

Sein wie Gott

Adam und Eva hatten im Paradies alles zum Glücklichsein. Sie hatten einander – waren wahrscheinlich frisch verliebt –, sie hatten eine verantwortungsvolle Arbeit und sie waren in der Nähe eines liebenden Gottes, der sie mit allem versorgte, was sie brauchten. Es gab Bäume mit den herrlichsten Früchten, von denen sie essen durften, so viel sie wollten. »All you can eat« – und das, ohne etwas zu bezahlen. Warum wollten Adam und Eva dann ausgerechnet von diesem einen Baum essen, vor dem Gott sie gewarnt hatte?

Der Baum der Erkenntnis bedeutet im Alten Testament, Gut und Böse unterscheiden zu können. War es der Wunsch, mächtiger zu werden, der Eva antrieb? Oder vertraute sie nicht darauf, dass Gott es gut mit ihr meinte? Glaubte sie, Gott würde ihr etwas vorenthalten, das ihr Leben besser machen würde? Die Schlange jedenfalls wusste genau, wie sie Zweifel in Eva wecken konnte. Sie gab ihr ein Versprechen, nämlich dass sie und Adam sein würden wie Gott. Dabei erklärte die Schlange, dass die Menschen Gut und Böse unterscheiden könnten, wenn sie die Frucht äßen. Die Schlange tat so, als würde sie den Menschen ein Geheimnis verraten, das Gott ihnen vorenthalten hatte. Dabei hatte Gott ihnen doch schon erklärt, dass sie nicht von dem »Baum der Erkenntnis von Gut und Böse« essen sollten. Was »Böse« war, wussten Adam und Eva bis dahin nicht. Bis zum Sündenfall war für Adam und Eva alles gut. Es war der Blick, den Gott auf sie hatte. Als Gott die Menschen erschuf, sah er seine Schöpfung liebevoll an und sagte: »Es ist sehr gut.«[16]

Doch nachdem sie die Frucht gegessen hatten, tauchte das Böse vor Adam und Eva auf. Sie bekamen eine andere Sichtweise, die sie vorher nicht gehabt hatten. Der Blick richtete sich auf sie selbst. Auf einmal sahen sie sich nackt mit all ihren Mängeln. Sie schämten sich, so wie sie waren, und verhüllten sich mit Feigenblättern. Adam war nicht heldenhafter als Eva. Vom mutigen Mann und der ängstlichen Frau ist hier nichts zu sehen. Diese Eigenschaften wurden Frauen und Männern erst später zugeschrieben.

Adam und Eva wollten wissen, was das Gute und das Böse ist. Und sie bekamen das, was sie wollten. Sie erkannten, dass Gott gut war und die Schlange böse, aber sie mussten den Preis für diese Erkenntnis zahlen. Und doch ließ Gott sie nicht allein. Er liebte sie nach wie vor. Weil ihnen ihre Nacktheit peinlich war, fertigte er ihnen Kleidung an. Die erste Designer-Kleidung, made by God. In vielen älteren Bibelauslegungen wird Eva als die Verführerin an den Pranger gestellt und auch heute noch wird ihr oft die Hauptlast am Sündenfall zugeschoben. Doch was steht in der Geschichte wirklich? Als die Schlange ihre Verführungsaktion startete, stand Adam offensichtlich neben Eva, denn Eva »nahm ... eine Frucht, biss hinein und gab auch ihrem Mann davon« (1. Mose 3,6). Sie aß nicht einmal die ganze Frucht, sondern reichte sie angebissen weiter an ihren Mann. Und der stand die ganze Zeit daneben – und tat gar nichts. Auch durch Nichtstun kann man schuldig werden. Um es besonders drastisch zu veranschaulichen: Der Nationalsozialismus konnte nur deshalb seine ganze Grausamkeit entfalten, weil die Mehrheit der Deutschen nichts tat. Sie ließen die Machthaber einfach gewähren. Adam hörte die Versprechungen der Schlange genauso wie Eva. Er unterstützte seine Frau nicht, als sie sich der Schlange zögerlich widersetzte – im Gegenteil: Er sah einfach nur zu und aß dann ebenfalls von dieser Frucht. Hinterher schob er die Schuld Eva zu und dem Gott, der sie erschaffen hatte.[17]

Generationen von Männern machten es ihm nach und riefen: »Eva hat mich verführt! Ich kann nichts dafür.« Eva wird dafür verantwortlich gemacht, dass die Menschen das Paradies verloren haben, und zugleich wird sie auch noch für jede sexuelle Schwachheit des Mannes verantwortlich gemacht. Eva ist zum Synonym der Verführerin geworden.

Adam übernahm keine Verantwortung für sein Handeln. Und Eva auch nicht. Sie verwies auf die Schlange, die sie dazu angestiftet hatte.

Gott hatte Adam und Eva gleichberechtigt geschaffen. Deshalb fragte Gott beide, warum sie die Frucht gegessen haben, und alle wurden zur Verantwortung gezogen: die Schlange, Adam und Eva. Die Schlange wurde verflucht, Adam bekam ein hartes Arbeitsleben und zu Eva sagte Gott: »Mit großer Mühe und unter Schmerzen wirst du Kinder zur Welt bringen. Du wirst dich

nach deinem Mann sehnen, doch er wird über dich herrschen«
(1. Mose 3,16). Diesen Satz nahmen Männer jahrhundertelang als Legitimation dafür, über die Frau zu herrschen. Viele Bibelausleger sahen darin eine gottgewollte Hierarchie. Aber ist es so einfach? Drückt sich damit tatsächlich der Wille Gottes aus? Ist das die Strafe Gottes? Oder werden mit dieser Aussage die Konsequenzen beschrieben, die der Sündenfall mit sich gebracht hat, weil die Menschen mit der Übertretung von Gottes Gebot seine Schöpfungsordnung verlassen haben und nun das Böse in ihr Leben getreten ist? Einige Bibelausleger nehmen an, dass das Letztere gilt, denn Gott hat die Schlange für ihre Sünde verflucht, Eva und Adam aber nicht. Dennoch haben sie mit ihrer Rebellion gegen Gottes Ordnung ihre eigene Beziehung zueinander geschädigt. Die völlige Gleichwertigkeit zwischen Adam und Eva ist zusammengebrochen.

Wenn aber nun mit der Aussage »Der Mann wird dein Herr sein« lediglich die Konsequenzen formuliert werden, sozusagen, um Eva vorzuwarnen, dann entspricht die Herrschaft der Männer über die Frauen nicht dem Willen Gottes.

Noch etwas ist äußerst interessant: Dieser Text wurde in einer Zeit geschrieben, als das Patriarchat herrschte. Möglicherweise wollten die Verfasser damit die bestehenden Machtverhältnisse erklären. Sie begründeten diese als eine Folge des Ungehorsams gegenüber Gott. Es geschieht selten, dass Männer des Patriarchats die Männerherrschaft infrage stellen. Umso erstaunlicher ist es, dass die Verfasser des Textes klarstellen: Gottes Schöpfungsabsicht war ursprünglich eine andere. Es ist faszinierend, wie weit der Blick gläubiger Menschen in der Bibel ist, so weit, dass er über die damalige Weltsicht hinausreicht.

Darauf, dass die Ungleichheit zwischen Männern und Frauen nicht als eine Strafe anzusehen ist, lassen auch spätere Bibelstellen schließen. Viele zeigen, dass Gott es schon in der Zeit des Alten Bundes nicht bei dieser Ungleichheit belassen, sondern immer wieder eingegriffen hat. Er gab Debora sogar die Herrschaft über sein Volk, also auch über alle Männer.

Dass die Ungleichheit zwischen Frauen und Männern nicht gottgewollt ist, zeigt sich noch deutlicher im Verhalten von Jesus, der Frauen und Männer gleich behandelte.

Mose – Ein offenes Ohr für Frauenrechtlerinnen

Wir wissen nicht, wer die ersten Frauenrechtlerinnen waren, aber eine sehr frühe Quelle findet sich im Alten Testament, ausgerechnet dort, wo man rebellische Frauen am wenigsten vermutet. Doch wenn man in der Bibel auf Schatzsuche geht, wird man immer wieder überrascht.

Die ersten »Emanzen« in der Heiligen Schrift waren die Töchter von Zelofhad (siehe 4. Mose 27,1-11). Zelofhad hatte keinen Sohn, dafür aber fünf ziemlich eigenwillige Töchter: Machla, Noa, Hogla, Milka und Tirza. Als Zelofhad starb, erbten seine Brüder den ganzen Besitz, die Töchter gingen leer aus, denn erbberechtigt waren im Volk Israel nur Männer. Damals stellte kaum einer die Gesetze und Bestimmungen infrage, sondern akzeptierte sie, so wie wir meistens auch. Die Gesetze hatten sogar noch mehr Gewicht als heute, denn sie wurden als Gottes Ordnungen angesehen.

Die Israeliten, und Frauen im Besonderen, wurden also nicht gerade zu kritischen Zeitgenossen erzogen. Aus dieser Position heraus muss man sich erst einmal trauen, Gesetzeslücken zu erkennen und dagegen vorzugehen. Die Schwestern hatten zwar kein juristisches Staatsexamen, aber genügend Selbstbewusstsein, um die Gesetzeslage zu hinterfragen. Dabei beließen sie es jedoch nicht beim Schimpfen und Nörgeln, sondern gingen gleich zum obersten Chef, um sich über die Erbregelung zu beschweren. Dabei hatten sie nicht mal einen Termin bei Mose vereinbart, um ihr Anliegen im kleinen Kreis unter zwölf Augen vorzutragen! Sie brachten ihr Anliegen in aller Öffentlichkeit an: »Warum soll nun der Name unseres Vaters aussterben, nur weil er keinen Sohn hatte? Gebt uns ebenfalls Grundbesitz unter den Verwandten unseres Vaters« (Vers 4). Die Schwestern forderten einen Erbanspruch, weil es keinen männlichen Nachkommen gab. Nicht nur Mose war anwesend, sondern auch der Priester Eleasar und die Stammesfürsten, also alles, was Rang und Namen hatte, und auch noch die ganze Gemeinde. Die Schwestern nutzten offensichtlich eine Volksversammlung. Ein mutiger Auftritt! Vor allem, wenn man bedenkt, dass die Schwestern im öffentlichen Reden nicht sehr geübt waren. Das Wort führten die Männer. Sie standen vorn am Rednerpult. Aber wer will sich schon fünf energischen und zu allem entschlossenen Frauen in den Weg stellen?

In der Bibel steht nicht, wie die Menschen darauf reagierten. Vielleicht wehrten sie erst mal ab mit einem Argument, das auch heute noch beliebt ist: »Das haben wir schon immer so gemacht.« Die Frauen dachten vielleicht im Stillen: »Endlich sagt's mal jemand!« Oder sie sprachen ihre Gedanken laut aus und handelten sich einen Verweis ihres Ehemannes ein. Vielleicht waren auch alle überrascht und schauten ratlos ihren Anführer Mose an.

Mose fragt Gott um Rat

Und Mose? Er hörte den Frauen aufmerksam zu. Und er nahm ihren Protest ernst. Moses Handeln war bestimmt von dem Wunsch, den Willen Gottes zu tun. Nicht umsonst hatte Gott Mose ausgewählt, um die Israeliten aus der Knechtschaft in Ägypten nach Kanaan zu führen.

Doch jemand, der Gottes Willen tun möchte, muss eine sehr vertraute Gottesbeziehung haben und genau hinhören. Und wie bei jeder Kommunikation kann es auch hier Missverständnisse geben. Sie entstehen, weil man den anderen durch seine eigene kulturelle Brille sieht. Meistens geschieht das unbewusst, die Menschen sehen die Welt einfach sehr unterschiedlich. Um das Gegenüber zu verstehen, ist eine große Offenheit notwendig. Das ist in der Kommunikation mit Gott nicht anders. Sonst ist die Gefahr groß, dass man seine eigenen Überzeugungen für die Stimme Gottes hält. Die Weltgeschichte ist voll mit Menschen, die im Namen Gottes viel Unheil angerichtet haben.

Auch Moses Perspektive war eine komplett andere als Gottes Perspektive. Er konnte nur einen Ausschnitt sehen, während Gott immer das große Ganze im Blick hat. Aber Mose war jemand, der nicht zu vorschnellen Antworten neigte. Er speiste die Schwestern nicht mit der Erklärung ab: »So sind nun mal Gottes Gesetze.« In der Bibel steht, dass er die Sache vor Gott brachte und ihn um eine Entscheidung bat. Vielleicht zog sich Mose zurück, um Gottes Wort besser zu hören. Und vielleicht war er ratlos. »Was mache ich jetzt? Da draußen stehen fünf Frauen, die auf einmal auch erben wollen.« Wir wissen nicht, was Mose zu Gott sagte, aber wir wissen, was Gott antwortete: »Die Töchter Zelofhads haben recht ... übertrag ihnen den Besitz, der ihrem Vater zugestanden hätte« (Vers 7). Dabei beließ es Gott aber nicht. Er ordnete gleich eine Gesetzesnovelle an und sagte zu Mose: »Teile den Israeliten dann Folgendes mit: ›Wenn ein Mann stirbt und keinen Sohn hat, sollt ihr sein Erbe seinen Töchtern übertragen. Hat er auch keine Töchter, dann sollt ihr sein Erbe seinen Brüdern geben‹« (Verse 8-9).

Gott gab also nicht nur den fünf Schwestern recht, sondern er verschaffte allen Frauen dasselbe Recht. So schnell kamen die späteren Frauenrechtlerinnen nicht zum Ziel. Eine Beschwerde, und schon wird das Gesetz angepasst! Die Frauen Ende des 19. Jahrhunderts bissen auf Granit, als sie für Frauenrechte kämpften. Dabei hatten sie bescheidene Ansprüche. Sie wollten nur das Wahlrecht und das Recht auf Bildung. Doch diese Privilegien beanspruchten die Männer für sich allein. Sie waren nicht bereit, diese auch den Frauen zuzugestehen. Die Frauen nahmen für diese Ziele Verfolgung, Prügel und Gefängnisstrafen auf sich.

Warum hatte die Forderung der fünf Schwestern Erfolg? Das lag daran, dass der Mann an der Führungsspitze die Sache nicht allein entschied oder sich mit anderen Männern beriet, sondern nach Gottes Willen fragte. So war nicht die männliche Sicht ausschlaggebend oder männliche Interessen, sondern die Perspektive desjenigen, der die Gleichberechtigung geschaffen hat.

Die Töchter nahmen also Einfluss auf das patriarchalische Erbrecht. Mit ihrem Protest hatten sie zwar nicht erreicht, dass sie den gleichen Erbanspruch wie die Männer bekamen – das hatten sie auch nicht gefordert –, aber sie hatten ihr persönliches Recht auf ein Erbe durchgesetzt und erwirkt, dass alle Frauen ohne Brüder ebenfalls erben konnten und das Erbe nicht an andere männliche Verwandte ging. Betrachtet man die Emanzipationsgeschichte, so zeigt sich, dass sie aus vielen kleinen Schritten besteht. Auch heute fordern Frauen – genauso wie die fünf Schwestern – nicht die völlige Gleichberechtigung, sondern nur dreißig oder vierzig Prozent der Sessel in den Vorstandsetagen.

Frauen, die für ihre Rechte eintreten, erfahren viel Ablehnung. Man betrachtet sie als hart und kämpferisch, und das passt so gar nicht zu dem Bild, das man sich von Frauen macht. Das christliche Ideal ist für viele die sanftmütige Frau. Aber in »sanftmütig« steckt das Wort »Mut«. Wir sind oftmals mehr sanft als mutig. Wenn Frauen für Gleichberechtigung kämpfen, wird dies häufig als Rebellion gegen Gott betrachtet, weil es gegen die Geschlechterordnung Gottes gerichtet sei. Aber ist es das wirklich? Die fünf Schwestern kämpften für ihr Erbrecht, obwohl dieses bis dahin nur Männern zustand, und sie bekamen von Gott recht. Mit ihrem Protest handelten sie im Einklang mit Gottes Willen und Gott erließ aufgrund ihrer Forderungen ein neues Gesetz.

Mose verdankt sein Leben starken Frauen

Gott handelt durch Menschen und am erfolgreichsten ist er dort, wo er auf Menschen trifft, die nach seinem Willen fragen. Dazu gehört auch Mose. Er war der richtige Mann für die Gesetzesänderung. Mose fragte nicht nur, was Gott von den Forderungen der Frauen hielt, sondern er hatte auch sonst die besten Voraussetzungen, die Benachteiligung von Frauen zu beenden: Er war mit starken Frauen aufgewachsen. Und er war kein Macho, sondern war sich seiner eigenen Schwächen bewusst. Um ihn zu verstehen, müssen wir seine Biografie und seinen kulturellen Hintergrund genauer anschauen. Es ist nicht so einfach, sich in den Alltag und das Lebensgefühl der Menschen zur Zeit Moses zu versetzen. Es gibt nur wenige Quellen und die damalige Welt ist uns so fremd, dass unsere eigene kulturelle Prägung unsere Sichtweise beeinflusst. Dennoch ist eine Annäherung an Mose möglich, wenn wir den Bibeltext genau betrachten und zeitgeschichtliche Forschungen einbeziehen.

Eigentlich hätte es Mose gar nicht geben dürfen, denn als männliches Baby stand er auf der Todesliste.[18] Mose wuchs in Ägypten auf, das war ein fruchtbares und reiches Land – und eine Großmacht. Der Pharao ließ prunkvolle Städte bauen und dafür brauchte er eine Menge Arbeiter. Auch die Israeliten schufteten für ihn. Die Herrschaft des Pharaos war unangefochten und doch hatte er – wie so viele Mächtige in der Welt – Angst um seinen Chefsessel. Ausgerechnet seine israelitischen Arbeiter wurden ihm zu stark. Der Pharao befürchtete, dass sich die Hebräer mit einem anderen semitischen Volk zusammentun könnten, das Druck auf die ägyptischen Grenzen ausübte. Deshalb befahl er den beiden hebräischen Hebammen Pua und Schifra, jeden israelitischen Jungen bei der Geburt zu töten, die Mädchen hingegen sollten sie am Leben lassen. Schon damals glaubten die Machthaber, dass sie von Frauen nichts zu befürchten hatten. Pua und Schifra hatten eine leitende Position und beaufsichtigten die Arbeit der anderen Hebammen. Möglicherweise waren sie nicht nur für die hebräischen Frauen, sondern auch für die ägyptischen Frauen zuständig, denn als die Hebammen sich später vor dem Pharao verteidigen mussten, verglichen sie diese miteinander. Der Plan des Pharaos ging nicht auf, weil er einen entscheidenden Fehler machte: Er unterschätzte die beiden Frauen. Pua und Schifra stellten sich dem mächtigsten Herrscher der damaligen Welt entgegen. Sie ignorierten den Befehl des Pharaos schlichtweg. Damit riskierten die beiden Hebammen nicht einfach nur das Ende ihrer Karriere, sondern sie setzten ihr Leben aufs Spiel. Als der Pharao bemerkte, dass weiterhin kleine hebräische Jungen die Straße bevölkerten, stellte er die beiden Hebammen zur Rede. Aber Pua und Schifra waren nicht nur mutig, sondern auch schlau. Sie erklärten dem in Geburtssachen unkundigen Pharao: »Die hebräischen Frauen sind kräftiger als die ägyptischen Frauen. Noch bevor eine Hebamme zu ihnen kommt, haben sie ihr Baby bereits geboren« (2. Mose 1,19).

Damit durchkreuzten sie die Pläne des Pharaos, das hebräische Volk zu schwächen. Offensichtlich wirkten die beiden Hebammen sehr überzeugend. Der Pharao jedenfalls glaubte ihnen und ersann eine neue grausame Methode, um die männlichen Nachkommen der Israeliten auszurotten. Er befahl, dass alle neugeborenen Jungen in den Nil geworfen werden sollten.

Man kann sich kaum vorstellen, wie furchtbar das für die Väter und Mütter der Jungen gewesen sein muss, und vermutlich versuchten viele verzweifelte Eltern, das Leben ihrer Kinder zu retten. Von einer solchen Frau wird in der Bibel erzählt: Jochebed war die Mutter von Mirjam, Aaron und Mose. Sie war ebenso wie die Hebammen eine starke Frau und für ihre Kinder setzte sie ihr Leben aufs Spiel.

Als Mose auf die Welt kam, hielt seine Mutter ihn drei Monate lang versteckt. Das war bestimmt nicht einfach, so beengt, wie die Menschen damals wohnten. Dabei lebte sie sicherlich in ständiger Angst, entdeckt zu werden. Schließlich konnte Jochebed den Säugling nicht mehr verbergen, sodass sie sich eine andere Lösung überlegen musste. Sie fertigte ein wasserdichtes Körbchen an, legte Mose hinein und setzte das Körbchen ins Schilf am Nilufer. Voller Sorge um ihr Kind beauftragte Jochebed ihre Tochter, vermutlich Mirjam, auf Mose aufzupassen, damit ihm nichts geschah.

Was erhoffte sich Jochebed? Wenn Israeliten Mose entdeckt hätten, dann hätten sie das Kind genauso wenig retten und unbemerkt aufziehen können wie Jochebed. Und wenn Ägypter das Baby gefunden hätten, wäre das sein sicherer Tod gewesen. Glaubte sie, dass Gott sich etwas einfallen lassen würde? Hoffte sie auf ein Wunder? Darauf hofft wohl jede Mutter, deren Kind in Lebensgefahr ist, aber nicht jede ist so einfallsreich.

Das Wunder geschah! Als die Tochter des Pharaos im Nil badete, entdeckte sie den weinenden kleinen Jungen und sagte zu ihren Dienerinnen: »Das muss eines der hebräischen Kinder sein« (2. Mose 2,6). Sie hatte Mitleid mit ihm und wollte ihn zu sich nach Hause nehmen. Die Schwester, die das alles von ihrem Versteck aus beobachtet hatte, kam heraus und fragte unschuldig: »Soll ich eine Hebräerin holen, die das Kind für dich stillt?« (Vers 7). Auch dazu gehören Mut und Weisheit. Moses Schwester war noch ein Kind, aber sie setzte sich für ihren Bruder ein.

Die Idee gefiel der Tochter des Pharaos. Das Mädchen lief nach Hause und holte ihre Mutter. Man kann sich kaum vorstellen, wie glücklich Jochebed gewesen sein muss. Sie eilte zu der Badestelle und die Tochter des Pharaos stellte keine Fragen. Vielleicht ahnte sie, dass es die Mutter des Babys war. Sie sagte nur: »Nimm dieses Kind mit nach Hause und stille es für mich … Ich werde dich für deine Hilfe bezahlen« (Vers 9). Auch die Prinzessin muss eine starke Frau gewesen sein. Sie kannte die Order ihres Vaters, jeden Hebräerjungen in den Nil zu werfen, aber sie widersetzte sich seinem Befehl selbstbewusst und eigenmächtig.

Leben im goldenen Käfig

Mose wuchs bei zwei starken Frauen auf, Frauen, die sich von dem mächtigsten Mann der damaligen Welt nichts vorschreiben ließen. Die ersten Jahre verbrachte Mose bei seiner Mutter. Ammen waren nicht nur für die ganz kleinen Säuglinge da, sondern versorgten sie auch in den ersten Lebensjahren. Als Mose alt genug war, kam er zu der Tochter des Pharaos in den Palast. Die Prinzessin schleppte ihn sozusagen in die Höhle des Löwen. Und der Löwe knurrte nicht, sondern zeigte sich friedlich. Vielleicht ahnte er nichts von diesem Kind, weil im Harem sehr viele Kinder aufwuchsen – auch die von den hohen Beamten – und weil der Pharao sich bestimmt nicht um die Kinder kümmerte. Oder er wusste es und respektierte die Entscheidung seiner Tochter und dachte sich, dass so ein einzelner Hebräer ja nichts anrichten konnte. Er ahnte nicht, dass unter seinem Dach ein Rebell aufwuchs.

Die Tochter des Pharaos nahm Mose als ihren Sohn an. Sie war es, die ihm seinen Name gab. Mose bedeutet: »aus dem Wasser gezogen« (Vers 10). Mose gehörte nun zur königlichen Familie. Die Prinzessin, vermutlich die Tochter einer Nebenfrau, lebte in einem Harem. So wuchs Mose in einer Frauengesellschaft auf. Er sah, wie Frauen zusammenleben, wie sie miteinander reden, wie sie miteinander lachen und wie sie sich streiten. Es war eine andere Welt als die der Männer, die das Reich beherrschten. Wir wissen nicht, wie sich die Frauen in dem Harem fühlten. Litten sie darunter, zwangsweise in einer Frauengemeinschaft leben zu müssen, in der sie keine Rechte hatten? Oder sahen sie sich als privilegiert an, weil sie vom Pharao als Nebenfrau auserwählt wurden und ein sorgenfreies Leben in Reichtum führten, während ihre Geschlechtsgenossinnen oft nur als Arbeitstiere betrachtet wurden? Wir können die Lebenssituation der Frauen nicht verstehen, wenn wir unsere heutigen Maßstäbe anlegen, sondern müssen die damalige kulturelle Prägung berücksichtigen. Vielleicht sahen die Frauen sich nicht als benachteiligt an, sondern waren ganz zufrieden mit ihrer Situation. Die Frauen waren versorgt, sie lebten im Luxus – Wellness und Kosmetik inbegriffen – und sie hatten viele Freundinnen um sich herum, ein bisschen wie in der Fernsehserie »Der Bachelor«: Die schönen Frauen leben in einer Villa mit Pool in Miami oder an anderen Traumorten, haben Spaß miteinander und zwischendurch taucht der perfekt gestylte Bachelor auf und verbringt einen romantischen Abend mit seiner Auserwählten. Währenddessen beschäftigen sich die anderen damit, über die Rivalin ungestört zu lästern. Im Unterschied zum Bachelor mussten die Frauen im Palast nicht befürchten, dass sie das Luxusleben verlieren würden, wenn sie bei dem Rennen um den Mann nicht mithalten könnten, sondern sie hatten Dauerwohnrecht, da der Pharao sich nicht für eine Frau entscheiden musste.

Auch für Mose war das Leben im Harem vermutlich angenehm: viele schöne Frauen, die ihn bemutterten, und eine Menge Kinder zum Spielen. Und dennoch: Mose nahm dieses Gefälle der machtvollen Männer und der untergebenen Frauen wahr. Er sah es in vielen Alltäglichkeiten. Wenn der Pharao sich verliebte, dann holte er die neue Frau in seinen Harem, ohne sich mit seinen anderen Frauen abzustimmen, ob sie in die WG passte.

Mose wusste, wie es ist, in einer unterdrückten Gesellschaft zu leben. In den ersten Lebensjahren wuchs er in einem Volk auf, das unter der Knechtschaft der Ägypter litt. Es war das Volk, in das er hineingeboren worden war und in dem seine Wurzeln lagen. Danach lebte er in der Welt von Frauen, die zum Besitz der Männer gehörten. Und dennoch war er privilegiert. Er erhielt im Harem eine sehr gute Bildung, zusammen mit anderen Kindern. Mose lernte, die ägyptische Hieroglyphenschrift zu lesen und zu schreiben. Das ist eine andere Nummer als unser Alphabet mit seinen 26 Buchstaben, immerhin gibt es bis zu 7000 Hieroglyphen. Die Palastschüler wurden darauf vorbereitet, verantwortungsvolle Positionen in der Armee, der Priesterschaft oder der Verwaltung zu übernehmen. Vor Mose lag eine glänzende Zukunft.

Gott beauftragt Mose

Mose war kein Alphatier. Im Gegenteil, er war eher unsicher und zweifelte an seinen Fähigkeiten. Als Gott ihn dazu berief, sein Volk aus der Knechtschaft zu führen, wehrte er sich mit Händen und Füßen. Und dennoch ist Mose eine der bedeutendsten Führungsgestalten der Bibel. Vielleicht hat Gott ihn genau wegen dieser Eigenschaften berufen. Sie sind eine gute Voraussetzung, denn er ist sich völlig bewusst, dass er ohne Gottes Hilfe nichts ausrichten kann.

Außerdem hatte Mose einen ausgesprochenen Gerechtigkeitssinn und das wurde ihm zunächst zum Verhängnis.[19] Eines Tages, als Mose den Palast verließ, sah er, wie ein Ägypter einen Hebräer schlug. Er griff ein, es kam zu einem Handgemenge und Mose erschlug den Ägypter. Um seine Tat zu vertuschen, verscharrte er die Leiche im Sand. Am nächsten Tag sah er zwei hebräische Männer miteinander streiten. Und wieder ging Mose dazwischen. Er fragte denjenigen, der im Unrecht war, warum er den anderen schlug. »Wer hat dich denn zu unserem Aufseher und Richter ernannt?«, erwiderte ihm der Angreifer. »Willst du mich etwa auch umbringen wie den Ägypter?« (2. Mose 2,14). Da bekam es Mose mit der Angst zu tun. Als die Sache vor den Pharao kam, floh er nach Midian.

Die Midianiter waren Nachfahren von Abraham und seiner zweiten Frau Ketura und lebten als Nomaden in der Wüste. In Midian lernte Mose seine zukünftige Frau kennen, als er sich an einem Brunnen ausruhte.[20] Zippora kam mit ihren Schwestern zu dem Brunnen, um Wasser für die Schafe zu schöpfen. Als Hirten die Schwestern rücksichtslos vom Brunnen vertrieben, griff Mose ein. Die Hirten sahen offensichtlich sehr schnell ein, dass sie hier kein Land gewinnen konnten, und verzogen sich. Viele Männer zur damaligen Zeit hätten sich vermutlich nicht eingemischt, weil sie diese Situation nicht als Unrecht erkannt hätten. Es war einfach so, dass Frauen hinter den Männern zurückstanden. Doch Mose hatte ein besonderes Gespür für Ungerechtigkeit. Er solidarisierte sich mit den Frauen und half ihnen. Sie luden ihn nach Hause ein. Der Vater fand den jungen Mann ausgesprochen höflich und hilfsbereit – ein idealer Schwiegersohn. Er gab ihm seine Tochter Zippora zur Frau. Viel Überredungskunst war bestimmt nicht erforderlich, damit sie einwilligte, denn so viele wohlerzogene, gebildete und vornehme Männer gab es in der Wüste nicht zur Auswahl. Die beiden bekamen einen Sohn, den sie Gerschom nannten.

Für Mose begann ein komplett neues Leben. Er war nun Ehemann und Vater und führte ein Nomadenleben in der Wüste. Mose bekam hier eine exzellente Vorbereitung für seine spätere Wüstenwanderung. Die Umstellung seines Lebens hätte nicht größer sein können: vom Leben im Palast als Mitglied der königlichen Familie mit den allerbesten Karriereaussichten zum Hirten, der die Schafe seines Schwiegervaters hütet. Es war bestimmt nicht Moses Traumjob. Aber vielleicht war er gar nicht so unzufrieden. Er hatte Familie, lebte in Sicherheit und hatte sein tägliches Auskommen. Sein Leben als Hirte bot ihm viel Zeit, nachzudenken und mit Gott zu reden. Vielleicht lernte er in dieser Zeit, Gottes Stimme zu hören.

Eines Tages geschah etwas, das seinem Leben eine völlig neue Richtung gab.[21] Wie jeden Tag war er mit den Schafen unterwegs. Da sah er einen brennenden Dornenbusch. Das war an sich nichts Besonderes, aber etwas war seltsam: Nichts in dem Feuer verbrannte! Die Äste, die Blätter des Busches, alles blieb unversehrt. Mose konnte es kaum glauben. Dann hörte er eine Stimme: »Mose, Mose!« (2. Mose 3,4). Er schaute sich um, sah aber niemanden – außer den Schafen. Und dass Schafe nicht sprechen können, war ihm bewusst. Wenn sonst niemand da war, konnte es nur einer sein, der hier sprach: Gott. Für Mose war das sonnenklar. Er war nicht erstaunt, sondern antwortete: »Hier bin ich.« Gott erklärte Mose, dass er das Elend seines Volkes gesehen und ihre Klagen gehört hatte. Er wollte die Israeliten deshalb aus der Unterdrückung retten und in ein Land führen, in dem »Milch und Honig überfließen« (2. Mose 3,17). Aber jemand musste sie dorthin bringen – und vorher dem Pharao Bescheid geben, dass er sich neue Arbeiter beschaffen musste, weil die Hebräer keine Lust mehr hatten, sich ausbeuten zu lassen. Für diese herausfordernde Aufgabe hatte Gott Mose ausgewählt.

Mose will nicht Chef werden

Die Aufgabe, sein Volk aus der Unterdrückung zu führen, fand Mose nicht besonders verlockend. Er war nicht der Held, der sagte: »Lasst mich die Welt retten. Wo ist das nächste Abenteuer?« Außerdem – einfach vor den Pharao hintreten, den gottgleichen Herrscher einer Weltmacht? Mose fragte daher: »Wer bin ich, dass ich zum Pharao gehen und die Israeliten aus Ägypten führen sollte?« (Vers 11). Mose hatte die Hosen gestrichen voll. Immerhin war er vor dem Pharao geflüchtet, weil ihm die Todesstrafe droh-te, nachdem er einen Ägypter erschlagen hatte. Und nun sollte er vor den Pharao hintreten und ihm sagen: »Deine Sklavenar-beit machen wir in Zukunft nicht mehr. Wir gehen! Such dir an-dere, die deine Pyramiden und Tempel bauen.« Aber Gott sag-te zu Mose: »Ich werde mit dir sein« (Vers 12). Na ja, schon klar, aber ob der Pharao das auch sehen würde, dass Mose Gott bei sich hatte? Mose war jedenfalls nicht davon überzeugt. Und au-ßerdem, wie würden die Israeliten reagieren, wenn plötzlich ei-ner aus dem Ausland kam und sagte: »Ich bin von Gott beauf-tragt, euch aus Ägypten rauszuführen«? Gott erklärte Mose, was er den Israeliten sagen sollte, und beruhigte ihn: »Sie werden dir glauben.« Als Mose immer noch nicht überzeugt war, führte Gott einige übernatürliche Wunder vor und erklärte, dass es kein Pro-blem für ihn sei, den Ägyptern klarzumachen, mit wem sie es zu tun hatten. Mose hatte keine Zweifel, dass Gott sein Volk aus der Knechtschaft retten konnte, aber er glaubte nicht, dass er der rich-tige Mann dafür war. Als weiteren Einwand führte er an, dass er nicht gut reden konnte. Doch das ließ Gott überhaupt nicht gel-ten. Er würde Mose schon sagen, was er reden solle. Mose wollte die Führungsposition dennoch nicht. Er wollte lieber Schafe hü-ten. Deshalb sagte er zu Gott: »Herr, bitte schick doch einen ande-ren!« (2. Mose 4,13).

Es ist interessant, dass in der Bibel das Gespräch zwischen Mose und Gott so ausführlich dargestellt wird, wurde doch in Zeiten, als das Schreibmaterial noch kostbar war, nur das Wichtigste aufge-schrieben, und das in knapper Form. Offensichtlich war es dem Verfasser wichtig, zu zeigen, dass Gott Mose ausgewählt hatte und auf alle seine Ängste eingegangen war.

Gott ließ nicht locker und stellte Mose seinen redegewandten Bruder Aaron zur Seite, um die Israeliten von der Unterdrückung zu befreien. Doch das machte die Sache nicht viel leichter. Der

Pharao nahm sie nicht ernst und das Volk Israel fand es zu anstrengend, seine Sachen zu packen und in ein anderes Land umzuziehen. Nachdem Gott sein störrisches Volk überzeugt und den Pharao in die Knie gezwungen hatte, machten sich die Israeliten auf den Weg ins Gelobte Land, Mose vorneweg. Er wuchs in seine Führungsposition hinein und trotzdem bewahrte er sich seine weichen Seiten. Er hatte ein hörendes Herz und blieb in enger Verbindung mit Gott.

Es war auch Mose, dem Gott später die Zehn Gebote anvertraute, Gebote, in denen es keinen Unterschied zwischen den Geschlechtern gab, sondern die für Frauen und Männer gleichermaßen galten. Das vierte Gebot »Du sollst Vater und Mutter ehren« betont sogar ausdrücklich, dass Kinder ihre Mutter genauso respektvoll behandeln sollen wie ihren Vater und nicht wie einen Menschen zweiter Klasse. Die Zehn Gebote bildeten die Grundlage für spätere Gesetze, doch die gleichberechtigte Position der Geschlechter wurde nicht übernommen, sondern in vielen Ländern erst mehr als 3000 Jahre später wiederhergestellt, in Deutschland erst 1949.

Das Dream-Team Mose und Aaron wurde noch um eine Frau bereichert: Mirjam, die Schwester der beiden. Sie war eine Prophetin.[22] Propheten waren im Alten Testament oft keine Personen, die die Zukunft voraussagten, sondern Sprecher Gottes, die seine Botschaften an das Volk vermittelten. Und sie waren noch viel mehr: Sie hielten das Volk zusammen, wenn sie meuterten, ermutigten die Menschen und zeigten, wo es langging. Mirjam motivierte das Volk offensichtlich auch mit Liedern, eines zumindest ist in der Bibel überliefert.

Der Exodus-Vorstand bestand also aus Mose, Aaron und Mirjam, das entspricht einer Frauenquote von über dreißig Prozent. Heute versucht man mühevoll, diese Quote zu erlangen, aber damals war eben Mose im Team, der auf Gott hörte und seinen Willen tat. Doch es gab in dieser Zeit nur einen Vorstandsvorsitzenden und das war Mose. Als Aaron und besonders Mirjam die gleiche Position für sich beanspruchten, wurden sie von Gott in die Schranken gewiesen. Gott hatte Mose die Leitung gegeben und schützte ihn vor Machtansprüchen anderer. Das Geschlecht spielte dabei keine Rolle, denn als die Richterin Debora die Leitung über das israelitische Volk bekam, konnte ihr ebenfalls niemand die Position streitig machen. Gott bevorzugt weder Frauen noch Männer, sondern stellt jeden Menschen an den Platz, an dem er mit seinen Begabungen Gottes Ziele am besten verwirklichen kann.

Als Gott klarstellte, dass Mose der oberste Exodus-Chef war, akzeptierten es seine Geschwister, denn auch sie vertrauten Gott. Mirjam sah, dass sie mit ihren besonderen Fähigkeiten als Prophetin eine andere bedeutungsvolle Aufgabe hatte, um Mose dabei zu unterstützen, das Volk durch die Wüste zu führen.

Moses Feingefühl für Frauen und andere Benachteiligte

Die Biografie Moses zeigt, warum er den Frauenrechtlerinnen gegenüber so aufgeschlossen war, warum er so gut verstand, was Gott wollte. Mose wurde von Frauen geprägt. Er kannte ihre Benachteiligung, Diskriminierung und Unterdrückung. Nicht nur, weil er bei Frauen aufgewachsen war, sondern auch weil er als Hebräer unter Ägyptern gelebt hatte.

Mose war kein Held, aber er wurde zu einem. Als Gott ihm die Führungsposition gab, versuchte er zuerst, sich davor zu drücken. Doch dann vertraute er auf Gott und merkte, wie er an Stärke gewann. Er wusste, dass ihm nichts passieren konnte, wenn er Gottes Willen tat. Und Gottes Wille war, den Frauen zu ihrem Recht zu verhelfen.

Wenn uns die Benachteiligung der Frau im Erbrecht zur Zeit Moses als sehr antiquiert vorkommt, so müssen wir nur unsere eigene Kultur ansehen. Bei der Debatte um die gesetzliche Gleichberechtigung im Parlamentarischen Rat in der Nachkriegszeit gab es Stimmen, die sich gegen die Gleichberechtigung aussprachen, weil sie gegen Gottes Ordnung sei.[23] Bis 1958 hatte die Ehefrau keine Verfügungsgewalt über ihr Vermögen. Es war ihr Ehemann, der über ihr Geld bestimmte. Wenn die Ehefrau in den 50er-Jahren eine Waschmaschine kaufen wollte, brauchte sie die Unterschrift ihres Mannes. War er der Meinung, dass seine Ehefrau das bisschen Wäsche auch gut von Hand waschen konnte, aber er unbedingt ein Motorrad brauchte, dann konnte sie nichts dagegen ausrichten. Das ist gerade mal 60 Jahre her. Eine der bekanntesten Frauenrechtlerinnen, Lida Gustava Heymann (1868–1943), hat diese Benachteiligung selbst erfahren.[24] Ihr Vater war ein reicher Kaufmann in Hamburg und sie führte ein wohlbehütetes Leben als höhere Tochter. Das füllte sie zwar nicht aus, aber einen Beruf zu erlernen, war für Frauen damals nicht möglich. Als unverheiratete Tochter kümmerte sie sich jedoch um ihren Vater und betreute ihn bis zu seinem Tod. Er vermachte ihr sein Millionenvermögen und setzte sie als Verwalterin ein. Als Frau konnte sie allerdings über das Vermögen nicht verfügen. Sie hätte einen männlichen Vermögensverwalter gebraucht – oder einen Ehemann, der über das Geld bestimmte. Doch Lida Heymann kämpfte um das Erbe ihres Vaters. Unterstützung fand sie bei Anita Augspurg. Ihre Mitstreiterin und Freundin hatte Jura studiert – in der Schweiz, denn in Deutschland durften Frauen noch nicht studieren. Augspurg war die erste promovierte Juristin in Deutschland. Sie kämpfte mit Lida Heymann für das Frauenwahlrecht und Frauenbildung. Bis alle Frauen über ihr Vermögen bestimmen konnten, war es noch ein langer Weg. So lange konnte Lida Heymann aber nicht warten. Sie ging vor Gericht, und als die Behörden ihr weiterhin die Vermögensverwaltung verweigerten, suchte sie nach einer Gesetzeslücke – und fand sie. Es gab einen Präzedenzfall aus dem 13. Jahrhundert, auf den sie sich berufen konnte. Sie musste also sechshundert Jahre zurückgehen, bis sie eine Frau fand, der es gelungen war, einen Rechtsstreit als Erbin zu gewinnen.

Das Geld ihres Vaters setzte Lida Heymann sehr sinnvoll ein: Sie gründete ein Frauenzentrum, in dem Arbeiterinnen ein Mittagessen bekamen und Kinder in einem Hort betreut wurden, sodass sie nicht auf sich alleine gestellt waren, während ihre Mütter in der Fabrik arbeiteten. Auch eine Beratungsstelle befand sich in dem Frauenzentrum. Dort bekamen Frauen Unterstützung bei Rechtsfragen oder Behördenschreiben. Zudem förderte sie die Mädchenbildung. So richtete sie das erste Gymnasium ein, an dem auch Mädchen lernen durften. Bis dahin hatte es nur Jungengymnasien gegeben. Das war ein wichtiger Schritt. Mädchen und Jungen sollten gemeinsam lernen und die gleichen Chancen erhalten.

Dass Lida Heymann um ihr Erbe kämpfen musste, zeigt, welche Folgen die männlich dominierte Bibelauslegung hatte. Man betrachtete es als Gottes Ordnung, dass Männer das Oberhaupt waren und deshalb auch über das Geld der Frauen verfügen konnten. So stand Lida Heymann einige Tausend Jahre später vor der gleichen Situation wie die Töchter Zelofhads. Genau wie diese Frauen war sie eine von fünf Schwestern. Und genau wie sie kämpfte sie erfolgreich um ihr Recht, zu erben.

Debora und Barak –
Die Landesmutter und ihr Feldherr

In vielen Kirchen und christlichen Gemeinschaften herrscht immer noch die Auffassung, dass die Leitung Männern vorbehalten sei. Doch sie sind nicht von Gott dazu bestimmt, zu leiten, nur weil sie Männer sind. Gott hat auch Frauen berufen, und nicht nur als Abteilungsleiterinnen. Das zeigt die Geschichte von Debora.[25] Sie hatte das höchste Amt des Volkes Israel inne. Über ihr gab es niemanden mehr, keinen König, keinen Regierungschef, keinen Priester. Es ist bemerkenswert, dass es Debora in die Bibel geschafft hat. Sehr häufig werden herausragende Frauen totgeschwiegen, wie die historische Frauenforschung zeigt, die unbekannte Frauen aus der Vergessenheit geholt hat. Auch heute haben es biblische Frauengestalten schwer, wahrgenommen zu werden, abgesehen von Maria, der Mutter von Jesus. Sie ist in der katholischen Kirche allgegenwärtig. Doch über die vielen anderen Frauen weiß man wenig, vor allem über die Frauen im Alten Testament. In den Kirchen hört man sehr selten eine Predigt über Debora, während über David, Hiob, Mose, Noah, Josua, Salomo und all die anderen Männer sehr viel häufiger gesprochen wird. Es ist also nicht selbstverständlich, dass im Alten Testament, das wahrscheinlich komplett von Männern verfasst wurde, die Geschichte von Debora so ausführlich erzählt wird – und dass ihre Leistung nicht kleingeredet wird.

Ist die Geschichte von Debora vielleicht ein Hinweis darauf, dass es auch Bibeltexte gibt, die von Frauen geschrieben wurden? Wir wissen es nicht, aber möglich wäre es. Oder beweist diese Geschichte, dass die Bibel inspiriertes Wort Gottes ist und deshalb Geschlechtervorstellungen keine Hürden sind, die solche Berichte verhindern könnten?

Eine mächtige Frau mit direktem Draht zu Gott

Debora war Prophetin und Richterin. Sie war das politische und geistliche Oberhaupt der Israeliten. Dass jemand zwei so bedeutende Ämter zugleich erfüllte, wird nur von Debora berichtet. Keiner der Männer im Alten Testament besaß eine solche Machtfülle. Das Amt des Richters war auf Dauer angelegt.[26] Die Männer damals konnten nicht sagen:»Probieren wir es mal mit einer Frau. Wenn es nicht funktioniert, kündigen wir ihr einfach und nehmen wieder einen Mann.« Es war also eine weitreichende Entscheidung, eine Frau in dieses Amt zu berufen.

Debora war mit Lappidot verheiratet, doch er ist nur deshalb bekannt, weil er eine so berühmte Ehefrau hatte, ähnlich wie Joachim Sauer. Er ist zwar als Chemie-Professor eine Koryphäe, aber außerhalb von Fachkreisen kennt man ihn nur als Ehemann von Angela Merkel. Und noch eine Gemeinsamkeit fällt auf. Debora wird als»Mutter in Israel« bezeichnet, Angela Merkel bekam statt »Mutter in Deutschland« die Kurzform:»Mutti«. Ist das respektlos? Reduziert man damit die Frauen auf die Aufgabe, sich um ihre Kinder zu kümmern, und blendet die ganzen anderen Leistungen aus? Oder ist es bewundernd gemeint? Eine Frau, die den ganzen Laden schmeißt und dennoch fürsorglich ist und weiß, was ihre»Kinder« brauchen? Zumindest drückt die Bezeichnung eine vertrauensvolle, innige Verbundenheit aus, die über eine geschäftliche oder hierarchische Beziehung hinausgeht.

Anhand des Kontextes können wir bei Debora davon ausgehen, dass»Mutter in Israel« bewundernd gemeint ist. Die Bezeichnung kommt in einem Siegeslied vor und steht in folgendem Zusammenhang:»Starke fehlten, in Israel fehlten sie, bis du, Debora, aufstandest, bis du aufstandest, eine Mutter in Israel« (Richter 5,7; LUT). Hier wird ganz deutlich: Debora war die Stärkste – unter allen Frauen und unter allen Männern. Bei Angela Merkel

würde man wohl kaum so weit gehen zu sagen: »Starke fehlten in Deutschland, bis du, Angela, aufstandest, Mutti in Deutschland.« Debora war eine Frau, die als Prophetin einen direkten Draht zu Gott hatte. Fast wie heute die Menschen über WhatsApp & Co. kommunizierten Propheten damals mit Gott. Sie überbrachten dem Volk Gottes Botschaften und lehrten die Menschen sein Wort. Sie waren Theologen, Religionslehrer und Seelsorger. So auch Debora. Aber als Richterin kamen noch weitere Verpflichtungen hinzu: Sie entschied über moralische, juristische, politische, wirtschaftliche, militärische und gesellschaftliche Belange.[27] Debora war nicht nur für ein Sachgebiet zuständig wie die Politiker heute, sie hatte weder Fachleute noch eine Sekretärin an ihrer Seite, sondern war eine Allrounderin. Anders als ihre männlichen Kollegen, die in ihrer Richterfunktion vor allem für militärische Aktionen zuständig waren, hatte Debora eine zivile Aufgabe, nämlich Recht zu sprechen.[28] Sie war ein Symbol für Friedenszeiten, in denen man Konflikte nicht mit Waffengewalt löste. Die Richterin hatte einen festen Dienstort, der nach ihr benannt wurde: Sie saß unter der Deborapalme und nahm dort die Fälle auf, hörte die Zeugen an, erhob Anklage, fällte das Urteil und legte das Strafmaß fest. Debora war klug und besaß Führungsqualitäten, eine Fähigkeit, die man heute bei Männern bewundert, aber bei einer Frau oftmals negativ bewertet. Ein Mann, der auf dem Chefsessel sitzt, gilt als zielstrebig und entscheidungsfreudig, eine Frau hingegen als dominant und ehrgeizig – und das ist nicht als Kompliment gemeint.

Welch ein positives Bild hingegen bietet die Bibel mit Deboras Geschichte! An ihr zeigt sich, dass Gott Menschen unabhängig von ihrem Geschlecht in leitende Positionen beruft. Was wäre wohl geschehen, wenn die damaligen Menschen starr an ihrer Geschlechterordnung festgehalten hätten und gesagt hätten: »Also für dieses Amt hat Gott nur Männer vorgesehen. Das geht doch

eindeutig aus den Schriften hervor. Gab es jemals eine Frau als Regierungschefin? Na also!« Oder wenn Lappidot, ihr Ehemann, gesagt hätte:»So weit kommt's noch! Dass meine Frau die Gesetze macht und ich sie befolgen muss!« Glücklicherweise findet Gott immer Wege, gesellschaftliche Konventionen zu überwinden, um seinen Plan zu verwirklichen. Dazu wendet er sich oftmals an Männer, die nicht starr an traditionellen Ordnungen festhalten, sondern offen sind und auf Gottes Wort hören. In der Bibel heißt es, dass Gott Richter einsetzte (Richter 2,16). Wie genau dies geschah, wird nicht erzählt, aber die Männer haben offensichtlich respektiert, dass eine Frau diese führende Position bekam.

Wenn Männer ihre Stärken und Schwächen kennen

Debora war bereit, Verantwortung zu übernehmen, und führte ihr Amt mit Klugheit, aber auch mit Entschlossenheit aus. So forderte sie ihre Leute auf, gegen die Kanaaniter von Hazor zu kämpfen, von denen die Israeliten ständig bedroht wurden. Sie rief Barak, das Befehlsoberhaupt des Militärs, zu sich und wies ihn in ihre militärische Strategie ein. Er sollte mit 10 000 Mann auf den Berg Tabor ziehen. Sie hingegen wollte das feindliche Heer an den Bach Kischon locken, um es dort zu überwältigen. Militärisch waren die Israeliten den Kanaanitern unterlegen, denn sie hatten noch keine Kenntnisse in der Eisenverarbeitung und besaßen deshalb keine Streitwagen wie die Kanaaniter. Man kann sich also gut vorstellen, dass Barak weiche Knie bekam, als er hörte, dass er gegen diesen übermächtigen Feind ins Feld ziehen sollte. Barak war das militärische Oberhaupt, daher konnte er sicher bereits einige Siege vorweisen. Es ist also davon auszugehen, dass er ein mutiger Mann war, der einige Kämpfe ausgefochten hatte. Und trotzdem spielte er nicht den furchtlosen Helden, sondern gestand Debora seine Angst: »Ich gehe nur, wenn du mitkommst! Ohne dich wage ich es nicht.«

Barak traute sich nicht, und er sprach das offen aus. Er redete über seine Gefühle – und das, ohne eine Männergruppe oder eine Therapie durchlaufen zu haben. Auch wenn Männer im Nahen Osten offener ihre Gefühle zeigen als in unserem Kulturkreis, so entspricht Ängstlichkeit nicht dem typischen Männlichkeitsideal – weder damals im Patriarchat noch heute in Zeiten der Gleichberechtigung. Im Kino ist der Mann immer noch der furchtlose Held und oftmals der Beschützer der Frauen. Barak ist so ganz anders. Er ist ein selbstbewusster Mann, der seine Fähigkeiten kennt und zu seinen Schwächen steht. Es braucht schon eine besondere Reife, um seine Grenzen zu kennen und auf Synergien zu setzen – und dann auch noch eine Frau zu Hilfe holen und nicht einen starken Mann! Aber starke Männer gab es offensichtlich nicht, wie im Siegeslied beklagt wird. Dass er nicht ohne Debora gehen wollte, sagt nicht nur sehr viel über ihn aus, sondern auch über Debora und ihre Beziehung zueinander. Barak hatte großen Respekt vor ihr. Er vertraute ihrer Klugheit und ihrer engen Gottesbeziehung. Für Barak bedeutete die Anwesenheit von Debora die spürbare Gegenwart Gottes. Und Debora? Sie sagte ihm nicht: »Das ist ein Befehl!«, oder: »Das ist dein Job!«, oder: »Stell dich nicht so an!« Debora nahm seine Gefühle ernst. Sie wusste, was er konnte, und sie hatte Respekt vor ihm. Ohne zu zögern, antwortete sie Barak: »Gut, ich komme mit dir.« Sie sagte ihm allerdings auch, was für Konsequenzen das für ihn haben würde: »Dieser Feldzug wird dir keinen Ruhm einbringen, denn der Herr wird einer Frau den Sieg über Sisera (den Heerführer der Kanaaniter) schenken« (Richter 4,9).

Für Barak war es bestimmt kein erstrebenswertes Ziel, als Heeresführer an vorderster Front zu kämpfen, aber dann auf den

Ruhm zu verzichten und diesen Ruhm auch noch einer Frau zu überlassen. Das war ungeheuerlich! Vielleicht musste er erst mal schlucken und nachdenken. Das war schon ein hoher Preis für Deboras Beistand. Aber offensichtlich war es ihm wichtiger, den Kampf zu gewinnen und damit sein Volk zu schützen, als persönlichen Ruhm zu erhalten. Das ist wahre Größe! Hier zeigt sich zudem, wie klug Barak war. Die Ängstlichkeit, die oberflächlich wie eine Schwäche aussieht, war in Wirklichkeit eine große Stärke: Barak handelte ungeachtet von traditionellen Geschlechtervorstellungen und Geschlechterstereotypen. Er ließ sich von dem leiten, was seinem Volk diente und nicht ihm selbst.

Überraschungssieg durch eine andere Frau

Mit Deboras Strategie gelang es ihnen beiden, die übermächtige feindliche Truppe zu besiegen. Das ganze Heer wurde vernichtet, nur Sisera konnte fliehen. Man kann sich vorstellen, wie demütigend das für Sisera gewesen sein muss. Sein technisch hochgerüstetes Heer wurde von diesen archaischen Kämpfern komplett aufgerieben!

Sisera rettet sich zu Jaël, der Frau des Keniters Heber, der mit Siseras Volk in Frieden lebte. Die Keniter waren mit Mose und seinen Nachkommen verwandt. Bei Heber glaubte er sich sicher. Man kann sich vorstellen, dass Jaël in einen Gewissenskonflikt geriet. Mit wem sollte sie sich solidarisieren? Mit ihrem Mann oder mit den Israeliten? Sie kam Sisera entgegen und sagte:»Kehr ein, mein Herr, kehr bei mir ein und hab keine Angst« (Richter 4,18). Und Sisera ging mit ihr ins Zelt. Für ihn war das Zelt die Rettung. Vor einer Frau fürchtete er sich nicht. Sisera ahnte nicht, dass er in eine Falle getappt war. Er legte sich hin und Jaël deckte ihn mit einer Decke zu, vielleicht, um ihn zu wärmen, vielleicht aber auch, um ihn zu verstecken. Als er sie um etwas Wasser bat, gab sie ihm zu trinken, nicht einfach nur Wasser, sondern Milch. Sisera befahl ihr, sich an den Eingang zu stellen. Falls jemand fragen würde, ob einer im Zelt sei, sollte sie verneinen. Sisera schlief erschöpft ein. Doch Jaël hielt nicht Wache, sondern holte einen Zeltpflock. Mit Pflock und Hammer bewaffnet, schlich sie zu Sisera. Dann setzte sie den Pflock an seine Schläfe und schlug ihn bis zum Boden durch. Nicht unbedingt ein typisch weibliches Vorgehen. Frauen morden ja lieber mit Gift, sagt man. Aber in diesem Fall war Eile angesagt. Jaël zeigte also Entschlossenheit und scheute sich nicht, in eine militärische Auseinandersetzung einzugreifen. Sie handelte eigenmächtig, ohne sich mit ihrem Mann zu beraten. Wahrscheinlich befürchtete sie, dass er Sisera schützen würde. Jaël stellte mit dieser Tat die Weichen für ihre Familie, über den Kopf ihres Mannes hinweg. Sie verbündete sich mit den Israeliten.

Als Barak, der Sisera verfolgt hatte, zu ihr kam, ging ihm Jaël entgegen und sagte:»Komm, ich will dir den Mann zeigen, den du suchst« (Vers 22). Jaël ging ins Zelt, Barak folgte ihr. Dort sah er den toten Feldhauptmann mit einem Pflock durch den Schädel. War er erleichtert über den endgültigen Sieg? Oder war er erstaunt? Man kann sich vorstellen, dass er Jaël ungläubig anschaute und dass ihm diese Frau ziemlich unheimlich war. Andererseits – er war ja durch die Prophetie von Debora vorgewarnt.

Nach diesem Erfolg feierten die Israeliten ihren grandiosen Sieg. Debora und Barak sangen ihr Siegeslied. Obwohl Debora einen entscheidenden Anteil am Gelingen hatte, nahm sie den Ruhm nicht alleine für sich in Anspruch, sondern hob auch Baraks Anteil hervor. Es entstand keinerlei Konkurrenzkampf um den Ruhm, denn es war ihnen bewusst, dass sie nur deshalb so erfolgreich gewesen waren, weil sie zusammen, Seite an Seite, gekämpft hatten. Auch Jaël wird in Deboras Lied erwähnt.

Dass Gott eine Frau in das höchste Amt gehoben hatte und dass sie in dem biblischen Text auch noch so erfolgreich dargestellt wurde, gefiel den späteren Rabbinen überhaupt nicht. Sie versuchten, Debora lächerlich zu machen, indem sie ihren Namen Debora, der eigentlich »Biene« bedeutet, als »Hornisse« deuteten.[29] Sie sei arrogant und übereifrig gewesen, warfen sie ihr vor. Hier geschah etwas, das sich später noch oft wiederholen sollte: Wenn Frauen erfolgreich sind, werden sie oftmals in unsachlicher Weise kritisiert. Diese Kritik bezieht sich nicht auf ihre Leistung, sondern auf die Tatsache, dass sie Frauen sind. Sie seien zu »männlich« oder zu »ehrgeizig«, auf jeden Fall zu wenig weiblich.

Debora war zielstrebig, entschlossen und bereit, Verantwortung zu übernehmen. Sie scheute die direkte Auseinandersetzung mit dem Gegner nicht. War sie deshalb zu wenig weiblich? Diese Frage stellt sich überhaupt nicht. Sie war von Gott beauftragt und hat glänzende Arbeit geleistet. Das zeigt das Ergebnis: Nach dem Sieg hatte Israel vierzig Jahre lang Frieden.

Bröckelnde Geschlechterklischees

Wir haben eine feste Vorstellung, wie Frauen und Männer sind und wie sie handeln sollten. Frauen gelten als gefühlvoll, empathisch und sozial. Sie kümmern sich um ihre Kinder, pflegen die alten Eltern und Schwiegereltern und haben viele Freundinnen, mit denen sie stundenlang reden, ohne dass der Gesprächsstoff ausgeht. Männer hingegen gelten als status- und wettbewerbsorientiert. Für eine Führungsposition und ein dickes Auto nehmen sie viele Überstunden in Kauf. Sie sind schweigsam – das sagen ihre Ehefrauen – und sie betrachten die Dinge sachlich und nüchtern – das sagen sie selbst.

Es gibt Unterschiede zwischen Frauen und Männern, wie die Biologie, die Psychologie, die Soziologie, die Pädagogik und viele andere Wissenschaften zeigen. Und auch in unserem Alltag erleben wir diese Unterschiede. Die Eigenschaften, die Frauen und Männern zugeschrieben werden, treffen auf viele zu. Und sie treffen auf viele nicht zu. Manche Männer reden sehr viel und ausführlich, und manche Frauen sind sehr wettbewerbsorientiert – Germany's Next Topmodel zeigt das sehr anschaulich. Man kann die Geschlechter nicht einfach in zwei Schubladen stecken. Die Stereotypen – Frauen sind emotional, Männer sachlich – sind so verkürzt, dass sie falsch sind. Man muss sich nur zwei der derzeit bedeutendsten Machthaber unserer westlichen Welt ansehen: Donald Trump und Angela Merkel. Wer von beiden ist emotionaler und wer sachlicher?

Debora ließ sich von sehr rationalem und strategischem Kalkül leiten, wie der Kampf zu gewinnen sei, während Barak seine Furcht eingestand, ohne dass ihm ein Zacken aus der Krone gefallen wäre. War Debora deshalb zu wenig weiblich? Oder Barak zu wenig männlich? Und Jaël? Auf der einen Seite wandte sie »weibliche« List an: Sie lud Sisera ein und verhielt sich ganz entsprechend der traditionellen Frauenrolle als Gastgeberin. Sie gab ihm zu trinken, deckte ihn zu und gab ihm ein Gefühl der Sicherheit. Dann wartete sie, bis er eingeschlafen war, und wandte brutale Gewalt an, die man bei einer Frau kaum vermuten würde. Jaël war Sisera kräftemäßig sicherlich unterlegen. Sie hätte ihn nie überwältigt, wenn er wach gewesen wäre. Dennoch ging sie äußerst brutal vor. Hier sieht man: So einfach ist die Einteilung, was weiblich und was männlich ist, nicht.

Auch Emotionen sind nicht typisch weiblich. Im Fußballstadion erlebt man geballte männliche Emotionalität. Dort jubeln die Männer vor Freude, sie brüllen vor Wut, wenn der Schiedsrichter ihrem Lieblingsspieler eine rote Karte zeigt, sie weinen und trauern und sinken sich glücklich in die Arme, wenn ihr Team gewonnen hat. Die ganze Gefühlspalette in zwei Stunden! Selbst in der männlich geprägten Wirtschaft und im Management dominieren die Gefühle. Entscheidungen werden selten sachlich und rational gefällt, wie der Wirtschaftsnobelpreisträger David Kahneman aufgezeigt hat.[30] Dass Männer nicht sachlicher sind als Frauen, zeigt sich auch bei der Bankenkrise. Hier kann man sich fragen, ob sie auch in diesem Ausmaß eingetreten wäre, wenn Frauen die entscheidenden Ämter innegehabt hätten. Wir wissen es nicht, doch es gibt viele Beispiele, wo Frauen überlegter kalkulieren. In Afrika zum Beispiel sind Mikrokredite eine wirksame Möglichkeit zur Entwicklungshilfe, allerdings nur, wenn die Kredite an Frauen vergeben werden. Sie investieren sinnvoller und zahlen das Geld fast immer zurück.

Was ist weiblich, was ist männlich?

Auch wenn Frauen und Männer in vielem unterschiedlich sind, ist die Trennungslinie nicht so einfach zu ziehen. Eine Zuordnung ist deshalb oft konstruiert. Man muss nur die Geschichte betrachten: Im Mittelalter hielt man Frauen für unfähig, tiefe Gefühle zu empfinden. Sie galten als sachlich, kühl und pragmatisch. Nur Männer waren zu wirklichen Emotionen fähig. Nur sie waren dazu begabt, Gefühle in Worte zu fassen. Der italienische Dichter Petrarca schrieb einundzwanzig Jahre lang sehnsuchtsvolle Poesie über Laura und wurde dafür verehrt.

Im 18. und 19. Jahrhundert war die Zuschreibung wieder anders: Frauen galten als emotional und Männer als rational. Man hatte ziemlich feste Vorstellungen davon, was männlich und was weiblich war, wie ein Lexikoneintrag von 1785 zeigt:

»Der Mann, welcher von Natur mehr Stärke hat, ist geschickt zu harter Arbeit und Feldverrichtungen, so wie die Frau zu ruhigen Beschäftigungen und besonders zur Pflegung der Kinder. Der Mann hat mehr Thätigkeit und Feuer als das Weib, er ist kühn und stark und schickt sich zu einem Beschützer, da im Gegentheil die Frau, welche zart und furchtsam ist, eines Schutzes bedarf. Der Mann, seiner Stärke sich bewußt, wird von Natur zum Regieren getrieben, da hingegen die Frau, welche ihre Schwäche kennt, zum Gehorsam geneigt ist.«[31]

Debora hätte wahrscheinlich schallend gelacht, wenn sie diese Definition gelesen hätte. Auch wenn solche Festschreibungen schon damals an der Wirklichkeit vorbeigingen, hatten sie große Auswirkungen: Frauen durften nicht studieren und Männer nicht weinen. Für die Kinder waren die Mütter zuständig, während die Väter autoritär und unnahbar waren. Das ist heute glücklicherweise anders. Väter zeigen ihre Gefühle und sind gegenüber ihren Kindern fürsorglich und liebevoll. Und doch wirken die Geschlechterklischees fort, denn man findet immer Beispiele, um seine Meinung zu belegen: Die Männer sind von Natur zum Regieren getrieben? Man muss nur die Politik ansehen, dann stimmt man diesem Urteil sofort zu. Dabei übersieht man, dass es viele Männer gibt, die eher zurückhaltend sind und keine Lust auf Regieren haben. Dass die damalige Geschlechtervorstellung, die Frau sei zum Gehorsam geneigt, nicht ihrem Naturell entsprang, sondern der Herrschaft des Mannes geschuldet war, ist heute keine Frage mehr.

Frei vom Schubladendenken

Das Schubladendenken, was weiblich und was männlich ist, hat weitreichende Folgen bis in die Gegenwart. So sind Depressionen bei Männern oft schwer zu erkennen und zu behandeln, weil Männer diese als Schwäche sehen und sich Depressionen nicht eingestehen. Vielleicht ist deshalb die Selbstmordrate bei Männern sehr viel höher als bei Frauen.

Glücklicherweise sind immer wieder Veränderungen im Gang, was die Geschlechtervorstellungen angeht. Vor sechzig Jahren gab es keine Nachrichtensprecherinnen im Fernsehen, weil man Frauen für politisch ahnungslos hielt und befürchtete, dass sie bei Unglücksmeldungen in Tränen ausbrechen würden. Doch die ersten Nachrichtensprecherinnen bewiesen, dass sie den Männern in nichts nachstanden. Heute wird es sogar positiv bewertet, wenn Nachrichten nicht nur sachlich abgelesen, sondern Emotionen gezeigt werden. Claus Kleber wird für diese Art der Nachrichtenpräsentation sehr geschätzt. Als er bei einem Bericht über Flüchtlinge mit den Tränen kämpfte, berührte das die Menschen sehr.[32]

Die Geschichte von Debora und Barak bricht die Geschlechterklischees auf. Sie ist eine befreiende Botschaft für Frauen und Männer. Barak zeigt, dass Gefühle wie zum Beispiel Angst keine Schwäche sind. Und Debora ist ein Vorbild für Frauen, die bereit sind, Führungsaufgaben zu übernehmen. Wie viel Potenzial würde freigesetzt werden, wenn wir unsere Schubladen öffnen würden, anstatt Gottes Wege zu begrenzen, weil sie nicht in unsere Geschlechtervorstellungen passen! Und wie produktiv wären wir, wenn Frauen und Männer nicht gegeneinander konkurrieren, sondern miteinander arbeiten würden.

Frauen haben ihre Führungsqualitäten schon längst bewiesen und erfahren sehr oft Respekt und Wertschätzung. Immerhin hat

Deutschland eine Frau als Regierungschefin. Nur in vielen Kirchen und Gemeinden tut man sich noch sehr schwer mit Frauen in der Leitung. Dabei haben wir doch Debora als Vorbild.

Waschti und Ester – Die schönen Rebellinnen

Eine besondere Form der Emanzipation – und zwar Emanzipation im engeren Sinne – findet sich im Buch Ester. Die Ehefrauen von Königen waren früher ganz besonders der Willkür des Herrschers ausgesetzt. Sich dem König und Ehemann zu widersetzen, konnte tödliche Folgen haben. Emanzipationsbestrebungen unter solchen Voraussetzungen verlangen sehr viel Mut und Fingerspitzengefühl. Ein solcher Herrscher, der keinen Widerspruch duldete, war König Ahasveros.[33] Er war Ende des fünften Jahrhunderts v.Chr. Regent über das mächtige Perserreich, das von Indien bis Äthiopien reichte. Der Sitz des Königs war auf der Burg der Hauptstadt Susa. Zwei Jahre nach Antritt seiner Regentschaft feierte er, um seine Macht und seinen Reichtum zu demonstrieren, ein gigantisches Festmahl, das 187 Tage dauerte. Ein halbes Jahr lang Festessen – das muss man sich erst mal leisten können! Eingeladen waren natürlich nur die Mächtigen und Reichen, Fürsten und Heerführer aus allen 127 Provinzen seines Reiches.

Als die Tage vorbei waren, veranstaltete Ahasveros ein Festmahl für die Bewohner seines Palastbezirks, vom höchsten bis zum niedrigsten. Dieses dauerte noch einmal sieben Tage. Es war ein prachtvolles Fest. Im Hofgarten des königlichen Palastes hingen weiße, rote und blaue Tücher an Marmorsäulen. Goldene und silberne Polster lagen auf grünen, weißen, gelben und schwarzen Marmorsteinen. Die Getränke wurden in goldenen Gefäßen serviert, jedes ein Unikat. Und alle durften trinken, was sie wollten. Der König hatte seinen Dienern befohlen, den Wunsch jedes Einzelnen zu erfüllen.

Waschti – eine selbstbestimmte Frau

Es wurde viel getrunken. Nach sieben Tagen Feiern und Trinken hatte der König ein ziemliches Pensum erreicht. In seiner Weinlaune befahl Ahasveros, seine Frau Waschti im Schmuck ihrer königlichen Krone herbeizuholen. Er wollte seine First Lady in all ihrer Pracht vorführen. Waschti war eine außergewöhnliche Schönheit. Alle Männer sollten sie bewundern oder, um genauer zu sein, sie sollten den König bewundern, weil er so eine atemberaubend schöne Frau besaß. Auf dem Höhepunkt des Festes, nachdem er schon seinen ganzen Reichtum präsentiert hatte, wollte er nun sein besonderes Juwel zeigen, das er normalerweise hinter seinen Palastmauern verborgen hielt. Wahrscheinlich sah er schon vor seinem inneren Auge, wie alle in ehrfürchtigem Staunen verharren würden, wenn Waschti mit ihrer kostbaren Krone die Bühne betrat.

Königin Waschti feierte ebenfalls ein Festmahl im Palast und hatte dazu die Frauen des Hofstaates eingeladen. Mitten im Feiern erreichte sie der Befehl des Königs. Und was tat sie? Sie weigerte sich, dem König zu gehorchen. Man kann erahnen, was für eine dramatische Situation das war. Die Eunuchen, die Waschti holen sollten, erstarrten. Sie trauten ihren Ohren nicht und sahen Waschti ungläubig an. Dass sich jemand den Anweisungen ihres mächtigen Herrschers widersetzte, hatten sie noch nicht erlebt. Sie konnten unmöglich zu König Ahasveros zurückkehren, ohne seinen Befehl ausgeführt zu haben. Welch eine Schmach würde das für den Herrscher bedeuten. Es konnte sie ihren Kopf kosten, wenn sie ohne die Königin vor Ahasveros traten. Sicher taten die Eunuchen alles, um Königin Waschti zu überreden. Doch sie blieb bei ihrem Nein.

Wie wohl die eingeladenen Frauen auf ihrem Fest reagiert haben? Haben sie Waschti an ihre Pflicht als Königin und Ehefrau erinnert? Oder waren sie so perplex, dass sie geschwiegen und insgeheim ihren Mut bewundert haben? Und was ging wohl in Waschti vor? Sie konnte sich ja leicht ausrechnen, in welch eine demütigende Lage sie König Ahasveros mit ihrer Weigerung brachte und dass er sich so etwas niemals gefallen lassen würde. Er würde sie bestrafen. Warum schnappte sie sich nicht einfach ihre Krone, legte ihren Auftritt hin und verschwand danach wieder in ihren Gemächern? Was war der Grund für diese Palastrevolution? Wollte sie sich nicht länger wie eine Leibeigene behandeln lassen? War es ihr zuwider, vor einem Haufen betrunkener Männer präsentiert zu werden? Oder hatte sie einfach genug davon, immer nur auf ihre Schönheit reduziert zu werden? Auf jeden Fall war ihre Weigerung ein Ausdruck von Selbstbestimmung, die Frauen damals nicht zustand, nicht gegenüber ihrem Ehemann und schon gar nicht gegenüber dem König. Einen wirkungsvolleren Zeitpunkt, zu widersprechen, hätte sich Königin Waschti nicht aussuchen können.

Man kann sich kaum vorstellen, was in König Ahasveros vorgegangen sein muss, als seine Eunuchen zurückkamen und ihm sagten, dass Waschti nicht erscheinen würde. Er war in freudiger und stolzer Erwartung, seine schöne Königin zu präsentieren, und bekam nun diese völlig unerwartete Nachricht. Schlagartig war er wieder nüchtern. Er, einer der mächtigsten und reichsten Herrscher der damaligen Welt, wurde auf dem Höhepunkt seiner Machtdemonstration vor den Männern seines Reiches so bloßgestellt! Jeder gehorchte ihm, nur seine eigene Frau nicht! Ausgerechnet sie, die zu seinem Besitz gehörte! Das Fest war ihm gründlich vermiest. So hatte er sich den Schlussakkord seiner Machtpräsentation nicht vorgestellt!

König Ahasveros war außer sich vor Wut. Mit dieser Situation war er völlig überfordert, deshalb berief er eine Krisensitzung ein. Er sammelte die juristischen Koryphäen seines Reiches um sich und verlangte Vorschläge von ihnen, wie man mit dieser Ungeheuerlichkeit umgehen sollte. Dass eine Frau sich gegen ihn auflehnte, damit hatte er noch keine Erfahrung gemacht. Seine Rechtsberater sagten ihm, dass sich Königin Waschti nicht nur gegen den König aufgelehnt habe, sondern gegen alle Fürsten im Land und gegen die Bevölkerung seines ganzen Reiches. Gemeint war natürlich: gegen die Männer seines Reiches. Der Krisenstab befürchtete, dass Waschtis Verhalten eine Revolte der Frauen in Gang setzen würde, eine Frauenbewegung! Denn wenn sich der Skandal herumspräche – und das würde er zweifellos –, würden die Frauen womöglich Waschtis Beispiel folgen. Sie würden ihren Männern nicht mehr gehorchen. Und die Frauen, die als Gäste von Waschti Zeuginnen dieses Vorfalls gewesen waren, würden sich als Erste gegen ihre Männer auflehnen. Die Juristen sahen wahrscheinlich schon ihre eigenen Frauen im Aufstand. Sie rieten Ahasveros deshalb, dass Waschti nie wieder vor dem König erscheinen dürfe. Ob das für Waschti wirklich eine Strafe war? König Ahasveros war jedenfalls eitel genug, um das als Höchststrafe anzusehen. Aber das war noch nicht alles. Waschti verlor außerdem ihre königliche Würde. Der König sollte sich eine andere Frau nehmen, die diese Ehre verdiente. Damit dies amtlich würde, sollte dieser Beschluss gleich in die Gesetze aufgenommen und in allen Provinzen bekannt gemacht werden, in der jeweiligen Sprache und Schrift des betreffenden Landes. Allen sollte unmissverständlich klargemacht werden: Der Herr im Haus ist der Mann!

Ist es nicht erstaunlich, was Königin Waschtis Selbstbestimmung auslöste? Das einfache Nein einer Frau gegenüber ihrem Ehemann wurde zu einer Staatsangelegenheit. Die Männer fühlten sich in ihrer Machtposition gegenüber den Frauen so unsicher, dass sie nach einer gesetzlichen Grundlage verlangten, die ihre Vorherrschaft gegenüber ihren Ehefrauen sicherte. Mit dieser aufwendigen Staatsaktion konnte die erste Frauenbewegung gerade noch verhindert werden.

Die Nächste, bitte! – Esters Auftritt zur Miss-Wahl

Doch auch die Nachfolgerin von Waschti war nicht so fügsam, wie der König es sich vorgestellt hatte, sie griff sogar in die Politik ein. Allerdings gab sie sich als gehorsame Ehefrau und beeinflusste mit Taktik die Politik, um ihr Volk zu schützen.

Bei der Wahl seiner zukünftigen Hauptfrau legte sich König Ahasveros mächtig ins Zeug. Da Waschti eine ungewöhnlich schöne Frau war und er sich auf keinen Fall mit weniger zufriedengeben wollte, veranstaltet er eine Miss-Wahl. Er ließ alle attraktiven jungen Frauen des Reiches, die noch unberührt waren, in seinen Palast holen. Dort brachte man sie in den Harem des Königs und sie wurden unter der Obhut des Eunuchen Hegai mit den teuersten Schönheitsmitteln gepflegt, mit Myrrhenbalsam massiert, geölt und nach der neuesten Mode gestylt. Ein Jahr lang! Nicht nur einige Wochen wie bei Germany's Next Topmodel, im Orient nimmt man sich Zeit.

Nach dieser Schönheitsprozedur wurden sie dem König zur Auswahl vorgestellt. Für ihren großen Auftritt frisierte und schminkte sie ein Styling-Team. Die Kleider und den Schmuck durften sich die Mädchen selbst aussuchen und sie konnten aus dem reichen Schatz des Harems nehmen, was sie wollten. Allerdings gab es nur eine Chance. Ein zweites Mal durften sie nicht zum König kommen, außer wenn sie ihm besonders gefallen hatten und er sie noch einmal rufen ließ.

Unter den Mädchen war die Jüdin Ester. Sie wohnte auf der Burg Susa bei ihrem älteren Cousin Mordechai, der wie ein Vater für sie war. Nachdem ihre Eltern gestorben waren, hatte er die Vormundschaft übernommen und sie in der jüdischen Tradition erzogen. Das Mädchen hieß eigentlich Hadassa, aber sie war wohl bekannter unter ihrem persischen Namen Ester. Vielleicht hatten ihre Eltern sie so genannt, um sie vor antisemitischen Angriffen zu schützen. Im Herzen blieb sie jedoch eine Jüdin.

Ester war eine außergewöhnlich schöne Frau und Hegai mit seinem Profi-Blick erkannte sofort das Potenzial in ihr. Er war von ihrer Ausstrahlung sehr angetan und förderte sie deshalb besonders. Ester bekam ausgewähltes Essen – vielleicht besonders vitaminreich und gesund – und eine zusätzliche Schönheitspflege.

Als das Jahr vorbei war und Ester vor den König treten sollte, wählte sie ihre Kleidung nicht selbst, sondern ließ sich von Hegai beraten. Nur das, was er ihr empfahl, kam für sie infrage. Ihre Entscheidung, sich auf das Know-how eines Fashion-Stylisten zu verlassen, der den Geschmack des Königs kannte, war sehr professionell und zeigte Erfolg. Auf dem Laufsteg macht sie großen Eindruck. Alle, die sie sahen, bewunderten Ester, und der König war hingerissen. Sie gewann den ersten Platz bei diesem Wettbewerb und bekam als Preis die Krone, während sich alle anderen Mädchen mit einer Rolle als Nebenfrau des Königs zufriedengeben mussten. Ahasveros gab seiner neuen Königin zu Ehren ein großes Festmahl. Und weil er überglücklich war, eine so wunderschöne Ehefrau zu haben, beschenkte er seine Untertanen großzügig und gab den Provinzen einen Steuernachlass. Was für ein Zeichen seiner Macht!

Intrige am königlichen Hof

Als Königin hätte sich Ester ein schönes Leben in ihrem prunk-
vollen Palast machen können, umgeben von einer ergebenen Die-
nerschar. Das tat sie aber nicht. Sie nutzte ihren Zugang zur Macht
und setzte dabei ihr Leben aufs Spiel, um ihr Volk zu retten.
Ahasveros hatte einen Mann namens Haman zum ersten Minister erhoben. Alle Fürsten und königlichen Beamten waren ihm
unterstellt und sollten sich als Zeichen der Ehrfurcht vor ihm auf
die Knie werfen. Doch Mordechai weigerte sich, diese Ehrbezeu-
gung mitzumachen. Auch von seinen Kollegen ließ er sich nicht
dazu überreden. Auf die Frage, warum er sich dem Befehl des Königs verweigerte, antwortete er, dass er Jude sei. Er wollte sich nur
vor Gott und sonst niemandem verneigen. Mordechai hatte bisher
nicht an die große Glocke gehängt, dass er Jude war, und auch Ester hatte er geraten, ihre jüdische Herkunft zu verschweigen. Aber
seinen Glauben verraten? Niemals. Gott war ihm wichtiger als alles andere.

Als Haman bemerkte, dass Mordechai ihm nicht die Ehrerbietung gab, die ihm als erstem Minister zustand, war er außer sich
vor Wut. In seiner Eitelkeit und seinem Machtwahn wollte er nicht
nur Mordechai auslöschen, sondern sein ganzes Volk. Dafür griff
er zu einem teuflischen Plan. Er erklärte König Ahasveros: »Es
gibt ein Volk, das zerstreut und abgesondert unter den Völkern in
allen Provinzen deines Reiches lebt. Das Gesetz dieses Volkes unterscheidet sich vom Gesetz aller anderen Völker, und seine An-
gehörigen halten sich nicht einmal an die Gesetze Ihrer Majestät.
Deshalb liegt es nicht im Interesse Ihrer Majestät, sie unbehelligt
zu lassen« (Ester 3,8). Der König fragte nicht, wen er meinte, als
Haman ihm vorschlug, dieses aufmüpfige Volk zu vernichten. Im
Gegenzug wollte Haman den königlichen Schatzkammern 10 000
Talente Silber zukommen lassen, was 340 000 Kilogramm Silber

entspricht.[34] Das Geld interessierte König Ahasveros zwar nicht – er sagte Haman, er solle es behalten –, aber er war durchaus der Meinung, dass man ein Volk vernichten sollte, das ihm nicht gehorchte. Deshalb gab er seine Zustimmung. Dass seine Frau Ester als Jüdin auch zu diesem Volk gehörte, ahnte er nicht.

Haman ließ im Namen des Königs einen Erlass anfertigen und besiegeln, der den Befehl enthielt, dass alle Juden – Männer, Frauen und Kinder – an einem einzigen Tag, nämlich dem 13. Tag des 12. Monats, erschlagen, ermordet und ausgerottet werden sollten – ein durchorganisierter Völkermord mit einem festen Datum, dem 7. März 473 v.Chr. In dem Erlass stand zudem, dass ihr Besitz zur Plünderung preisgegeben wurde. Sicherlich sollte dies die Leute zusätzlich motivieren, da sie eine finanzielle Entlohnung für ihre Beihilfe zur Ausrottung der Juden bekommen würden.

Was für eine Kaltblütigkeit gehört dazu, wehrlose Menschen zu ermorden, ihnen den Schmuck abzunehmen, über die Leichen zu steigen und die Wertsachen aus ihrem Haus zu tragen? Dass diese Grausamkeit nicht eine Erscheinung der antiken, längst vergangenen Welt ist, wissen wir alle. Im Nationalsozialismus war die Ausrottung der Juden und die Enteignung von jüdischem Besitz ein politisches Programm, das von vielen Menschen mitgetragen wurde. Selbst die Goldzähne wurden den Ermordeten entfernt.

Während die Kuriere den Erlass des Königs im ganzen Reich verbreiteten, feierten Ahasveros und Haman bei einem Festgelage ihr Komplott. In der Stadt Susa waren die Menschen entsetzt, und sobald der Erlass des Königs in den Provinzen eintraf, »herrschte große Trauer unter den Juden. Sie fasteten, weinten und klagten« (Ester 4,3). Als Mordechai von der geplanten Vernichtung hörte, weinte er. Er zerriss seine Kleider, legte ein Trauergewand an, streute Asche auf sein Haupt und ging zum Palast. Doch im Trauergewand durfte er nicht eintreten.

Ester wusste in ihrem Palast nicht, was draußen vor sich ging.

Aber sie erfuhr, dass ihr Cousin Trauerkleidung trug, und ließ ihn über ihren Diener fragen, was geschehen sei. Er ließ ihr berichten, dass alle Juden ermordet werden sollten, und bat sie, zum König zu gehen und um Gnade zu flehen.

Ester wollte gern helfen, doch gleichzeitig hatte sie große Angst. Sie ließ Mordechai ausrichten: »Alle Höflinge des Königs und alle Bewohner des Königreiches wissen, dass jeder, der ohne Einladung im Innenhof vor dem König erscheint, nach dem Gesetz dem Tode geweiht ist, es sei denn, der König streckt ihm sein goldenes Zepter entgegen. Doch ich bin seit 30 Tagen nicht mehr gerufen worden, um zum König hineinzugehen« (Ester 4,11).

Man kann sich vorstellen, wie Ester zumute war. Sie fühlte sich machtlos, weil sie wusste, dass sie ihr Leben aufs Spiel setzte, wenn sie zum König ging. Mordechai ließ ihr jedoch ausrichten, dass sie sich keine Hoffnungen machen sollte, als Einzige zu überleben, nur weil sie im königlichen Palast wohnte. Wenn sie schweigen sollte, würde Gott seinem Volk auf andere Weise helfen. »Und wer weiß, ob du nicht für eine Situation wie diese zur Königin wurdest?« (Vers 14).

Ja, vielleicht war es wirklich ihre Bestimmung! Ester fasste sich ein Herz und antwortete Mordechai: »Versammle alle Juden in Susa um dich und fastet. Drei Tage lang sollt ihr nichts essen und nichts trinken. Ich mache mit meinen Dienerinnen dasselbe. Und danach gehe ich zum König. Wenn ich sterbe, dann sterbe ich.«

Esters Mut und Klugheit

Ester wusste, dass es ein Lotteriespiel war, vor den König zu treten. Nur Gott konnte ihr helfen. Nach drei Tagen des Fastens nahm sie all ihren Mut zusammen, zog ihre königlichen Gewänder an und ging zum Palast. Der König saß auf dem Thron. Esters Herz schlug ihr bis zum Hals. Als Ahasveros sie im Hof stehen sah, wandte er sich zu ihr. Ester starrte wie gebannt auf das goldene Zepter. Der König blickte sie freundlich an und streckte es ihr entgegen. Man hört förmlich den Stein von ihrem Herzen plumpsen.

Der König zeigte sich ihr sehr zugewandt:»Was willst du, Königin Ester? Was hast du für einen Wunsch? Ich erfülle ihn dir, und wenn es die Hälfte meines Reiches ist« (Ester 5,3).

Dachte er, Ester würde sich neue Juwelen wünschen? Oder einen persischen Teppich für ihre Gemächer? Auch wenn sich König Ahasveros so großzügig zeigte, war Ester klug genug, um zu wissen, dass ihr Wunsch ihn an seiner empfindlichsten Stelle treffen würde, nämlich in seiner Macht. Wenn sie ihn bat, seine politische Entscheidung, die schon im ganzen Land bekannt war, rückgängig zu machen, würde er sein Gesicht verlieren und seine Autorität vor dem Volk. Wie sehr ihn Widerspruch in Rage brachte, hatte ja bereits ihre Vorgängerin Waschti erfahren.

Ester ging deshalb taktisch klug vor. Sie sagte:»Wenn es Ihrer Majestät genehm ist, dann kommen Sie zusammen mit Haman heute zu einem Festmahl, das ich für Sie vorbereitet habe« (Vers 4). Das gefiel Ahasveros. Festgelage liebte er. Er verlor keine Zeit, sondern ließ sofort seinen Freund Haman holen.

Bei einem vorzüglichen Essen und einem guten Wein fragte der König, was sich Ester denn nun wünsche. Sie antwortete ihm, dass er am nächsten Tag wieder mit Haman zu ihr zum Essen kommen solle. Dann würde sie ihm ihren Wunsch nennen.

Haman war sehr geschmeichelt, als er die Einladung erhielt, mit dem König und seiner Frau zu Abend zu speisen. Er fühlte sich schon als Mitglied der königlichen Familie. Zu Hause gab er vor seiner Familie und seinen Freunden gewaltig damit an, wie reich und mächtig er sei und dass er am nächsten Tag wieder bei der Königin eingeladen sei, zusammen mit dem König. Nur dass Mordechai immer noch frei herumlief und seine Chef-Position nicht anerkannte, ärgerte ihn maßlos. Seine Freunde meinten, das sei bloß eine Frage der Zeit. Bald wären Mordechai und alle anderen Juden erledigt. Aber um seinen Triumph über diesen Ignoranten richtig auszukosten, schlugen sie ihm vor, einen Galgen aufzurichten, direkt vor seinem Haus. Dann könnte er vom Fenster aus seinen Feind baumeln sehen. Diese Idee gefiel Haman sehr gut. Gleich darauf ließ er den Galgen errichten.

In der Nacht konnte der König nicht schlafen. So ließ er sich als Gutenachtlektüre die Chronik vorlesen, ein hervorragendes Schlafmittel. Dabei hörte er, dass Mordechai ihm vor einiger Zeit das Leben gerettet hatte, weil er eine Verschwörung aufgedeckt hatte. Ahasveros fragte:»Welche Belohnung oder Ehrung hat Mordechai dafür bekommen?« (Ester 6,3). Sein Diener antwortete, dass er nichts erhalten habe. In diesem Moment kam Haman. Er wollte den König fragen, ob er Mordechai an seinem neuen Galgen aufhängen dürfe. Doch bevor er seine Bitte äußern konnte, fragte der König seinen Freund und Berater:»Was kann ich für einen Mann tun, den ich belohnen möchte?« (Vers 6).

Haman, der sich nicht vorstellen konnte, dass irgendjemand außer ihm eine Belohnung verdient hätte, sagte:»Dem Mann, den Ihre Majestät belohnen möchte, sollte eines der königlichen Gewänder … und eines der Pferde, … das den königlichen Kopfschmuck trägt, gebracht werden. Er soll das Gewand und das Pferd durch einen der edlen Fürsten des Königs erhalten … und er soll auf dem Pferd über den Marktplatz der Stadt geführt werden. Dabei soll man vor ihm ausrufen:›So ergeht es einem Mann, den der König belohnen will!‹« (Vers 9).

Welche maßlosen Wünsche! Die Kleider des Königs tragen und auf seinem Pferd reiten? Doch König Ahasveros zögerte nicht, die Vorschläge umzusetzen.»Beeil dich!«, sagte der König zu Haman.»Geh und hole das Gewand und das Pferd und mach es genau so, wie du vorgeschlagen hast – für den Juden Mordechai aus der königlichen Verwaltung.«

Man kann sich kaum vorstellen, was für ein Schlag ins Gesicht das für Haman gewesen sein muss. Sein größter Feind würde diese königliche Ehrung erhalten und er, Haman, als edler Fürst sollte ihn auf dem Pferd durch die Stadt führen! Doch er konnte nichts gegen den Befehl des Königs unternehmen. Haman ließ die königlichen Gewänder bringen, die eigentlich er anziehen wollte, und streifte sie Mordechai über. Dann führte er ihn auf dem prachtvollen, königlich geschmückten Pferd über den Marktplatz und rief:»So ergeht es einem Mann, den der König belohnen will!« (Vers 11). Welch eine Demütigung! Nicht nur, weil Haman seinen größten Feind ehren musste, sondern weil er auch vor der ganzen Stadt bloßgestellt wurde. Mordechai saß auf dem Pferd und er selbst ging zu Fuß neben ihm. Das war nicht nur eine sichtbar niedrige Position, sondern auch eine schmutzige Angelegenheit. Die Straßen waren staubig und dreckig. Nur das gewöhnliche Volk ging zu Fuß. Jeder, der es zu etwas gebracht hatte, ritt auf einem Pferd oder ließ sich in einer Sänfte tragen. Haman musste sich bei dieser Veranstaltung in das gewöhnliche Fußvolk einreihen. Eine Demütigung auf allen Ebenen. König Ahasveros ahnte von alldem nichts. Er wusste, dass Mordechai Jude war, aber er wusste nicht, dass das Volk, das Haman vernichten wollte, das jüdische Volk war.

Für Haman war es der schwärzeste Tag, den er sich nur vorstellen konnte. Aber es kam für ihn noch schlimmer.

Ester redet Klartext mit dem König

Am Abend gingen König Ahasveros und Haman zum Festmahl zu Ester. Nach dem Essen fragte der König seine Frau, welchen Wunsch sie habe, und versprach ihr, ihn zu erfüllen. Da antwortete Königin Ester:»Wenn mir Ihre Majestät wohlgesinnt ist und es Ihnen gefällt, so bitte ich, dass mir mein Leben geschenkt werde und ... mein Volk verschont wird. Denn mein Volk und ich wurden verkauft, damit man uns umbringe und vernichte, ja gänzlich ausrotte«(Ester 7,4). König Ahasveros war entsetzt:»Wer ist es?«, fragte er.»Wo ist der, der sich so etwas in den Kopf gesetzt hat?« (Vers 5). Ester antwortete:»Dieser niederträchtige Mensch dort, Haman, ist unser Feind und Widersacher«(Vers 6).

Haman wurde kreidebleich, Ahasveros war fassungslos. Er sprang von der Festtafel auf und lief wütend in den Palastgarten. Haman bekam es mit der Angst zu tun. Verzweifelt warf er sich auf die Bank, auf der Königin Ester saß, um bei ihr um sein Leben zu flehen. In diesem Moment kam der König zurück. Für ihn war die Situation eindeutig.»Will er jetzt auch noch die Königin in meinem eigenen Palast und vor meinen Augen vergewaltigen?«, brüllte er (Vers 8). Haman wurde ein Tuch über das Gesicht gelegt, ein Zeichen, dass er zum Tode verurteilt war. Der König wollte das Todesurteil am liebsten gleich vollstrecken und bedauerte, dass kein Galgen in der Nähe war. Doch ein Hofbeamter sprang helfend ein und erklärte, dass Haman bereits einen Galgen errichtet habe.»Hängt Haman daran auf!«, befahl der König (Vers 9). Und so wurde Haman an dem Galgen erhängt, den er für seinen Feind Mordechai errichtet hatte. Den Besitz Hamans übergab Ahasveros Ester, die ihn jedoch ihrem Cousin Mordechai zur Verwaltung überließ. Der König überreichte Mordechai außerdem seinen Siegelring.

Jedoch war der Befehl, die Juden auszurotten, weiterhin gültig. Die Anordnung war bereits in allen Provinzen des riesigen Reiches eingetroffen und ein Erlass des Königs konnte nicht zurückgenommen werden. Da half nur eine Gegenmaßnahme. Tapfer ging Ester deshalb noch einmal zum Palast und bat Ahasveros unter Tränen, die Vernichtung zu verhindern. Ihr Cousin Mordechai war ebenfalls anwesend. Der König sagte zu ihnen:»Schreibt in meinem Namen bezüglich der Juden ein Dekret, so wie ihr es wollt, und siegelt es mit meinem Ring. Bedenkt aber, dass ein Dekret, das im Namen des Königs geschrieben und mit dem Ring des Königs besiegelt wurde, nicht widerrufen werden kann« (Ester 9,8). Es ist beeindruckend, welch ein Vertrauen der König seiner Frau entgegenbrachte. Sie und Mordechai hätten alles im Namen des Königs anordnen können, weil sie den Siegelring hatten.

Mordechai rief die Schreiber zusammen, um ein neues Dekret aufzusetzen, das den Juden erlaubte, sich zusammenzutun und zu wehren. Diese Anordnung, versiegelt mit dem Ring des Königs, brachten Eilboten in die 127 Provinzen.

Und so kam am 7. März 473 v.Chr. alles anders als von Haman geplant. Der Angriff der Feinde wurde zerschlagen, denn die Juden erhielten Unterstützung von den Statthaltern in den Provinzen und den königlichen Mitarbeitern. Mordechai war inzwischen eine einflussreiche, mächtige Person am königlichen Hof und mit ihm wollte man es sich lieber nicht verderben. Die Juden töteten an zwei Tagen 800 Menschen in Susa, darunter auch die Söhne Hamans, und 75 000 Menschen in den Provinzen, aber sie nahmen keine Beute.

Für uns ist diese Massentötung sehr erschreckend und schwer nachvollziehbar. Aber kein Krieg ist verstehbar und trotzdem gibt es ihn bis in die Gegenwart. Dass die Juden sich gegen ihre völlige Vernichtung gewehrt haben, ist verständlich, aber mussten es so viele Tote sein? Setzten sich die Juden nur gegen ihre Angreifer zur Wehr oder schalteten sie auch potenzielle Feinde aus? Was können Hamans Kinder für ihren Vater? Befürchteten die Juden, dass sich die Söhne für den Tod ihres Vaters rächen würden? Die Gegenwehr kostete sehr viele Menschen das Leben. Auf der anderen Seite haben wir gesehen, was passieren kann, wenn die Juden keine Möglichkeit haben, sich gegen ihre Ausrottung zu wehren: Millionen von Juden wurden im Nationalsozialismus ermordet. Nachdem die Juden ihre Feinde besiegt hatten, feierten sie ein Freudenfest. Als Gedenktag wurde das Purimfest eingeführt, das vom 14. bis 16. Adar, das heißt im Februar oder März, gefeiert wird. Die Anweisungen, wie dieses Fest begangen werden soll, wurden von Ester verfasst und gelten bis heute.

Ester traut sich was

Die Geschichte von Ester ereignete sich im 5. Jahrhundert des damaligen Persischen Reiches. Die Juden lebten im Exil. Sie waren ein unterdrücktes Volk und durften keine Waffen tragen, deshalb war das Dekret, sich zu bewaffnen, lebensrettend. Weil die Juden immer wieder Anfeindungen und Diskriminierungen ausgesetzt waren, hängten die Juden ihre Religion nicht an die große Glocke. Auch Mordechai riet seiner Cousine Ester, nicht über ihre jüdische Herkunft zu reden.

Es ist erschreckend, dass Juden heute erneut diskriminiert werden und deshalb ihre Identität lieber verheimlichen. Jüdische Schulen werden sogar bewacht, um die Kinder vor Angriffen zu schützen. Dass dies auch in Deutschland geschieht, ist angesichts unserer Geschichte besonders grausam!

Vermutlich als Schutz trug die spätere Königin von Persien neben ihrem hebräischen Namen Hadassa den persischen Namen Ester, das bedeutet »Stern«. Sterndeuter galten zu dieser Zeit als wichtige, kluge Menschen. Die drei Weisen im Morgenland folgten dem Stern, um Jesus zu finden. Auch Ester war ein Stern, dem andere folgten.

Der Herrscher des mächtigen Persischen Reiches war König Ahasveros, der wohl mit Xerxes I., der von 485 bis 465 v.Chr. regierte, gleichzusetzen ist.[35] Er war, wie der griechische Historiker Herodot beschreibt, grausam und launisch.[36] Seine Grausamkeit wird schon dadurch sichtbar, dass man sich ihm nicht nähern durfte, ohne sein Leben zu riskieren. Und als Haman ein ganzes Volk ausrotten wollte, stimmte er bereitwillig zu, ohne sich vorher näher zu informieren oder sich mit Experten zu beraten. Es interessierte ihn nicht mal, wie Haman das viele Geld beschaffen wollte, das er den königlichen Schatzkammern großspurig versprochen hatte. Dass sein Beamtengehalt dafür nicht reichte, war dem König sicher klar.

Viel mehr Mühe investierte König Ahasveros, um sein geknicktes Ego wiederaufzubauen, als Königin Waschti ihm eine Abfuhr erteilt hatte – da sammelte er ein ganzes Beraterteam um sich. Zu unerhört war es, dass seine Frau, sein Besitz, sich ihm widersetzt hatte.

Auch wenn heute Frauen nicht mehr ihren Männern gehören, verhalten sich manche Männer auch heute noch so, als wären Frauen ihr Eigentum: meine Villa, meine Limousine und meine Frau. Viele Politiker, Schauspieler und andere Prominente tauschen ihre in die Jahre gekommene Ehefrau gegen eine attraktive, jüngere ein. Die Bewunderung der anderen Männer ist ihnen damit sicher. Manche Frauen wirken dadurch wie Trophäen ihres Mannes. Auch König Ahasveros wollte seine Frau wie eine Trophäe präsentieren, aber Waschti machte nicht mit. Sie war emanzipierter als viele Frauen heute.

Ester ging ebenfalls ihren eigenen Weg. Sie war eine Heldin, aber nicht von Anfang an. Wahrscheinlich bewegte sie sich am liebsten in ihrer Komfortzone – wie die meisten von uns. Zur Hel-

din wurde sie erst, als sie bereit war, über ihre Grenzen hinauszu-
gehen, als sie ihr Leben Gott anvertraute und sogar ihren mögli-
chen Tod in Kauf nahm. Sie war nicht eine der Superheldinnen
mit Superkräften, wie sie uns im Kino gezeigt werden, sondern
eine Frau, die Unsicherheiten und Ängste kannte. Als Mordechai
sie bat, den König um Gnade für das jüdische Volk zu bitten, lehn-
te sie dies zunächst ab. Sie antwortete zwar nicht mit einem klaren
Nein, aber sie erinnerte ihren Cousin daran, dass es das Gesetz bei
Todesstrafe verbot, ohne Aufforderung zum König zu kommen.
Ester hatte Angst, getötet zu werden, wenn sie das Gesetz über-
schritt. Mordechai schrieb ihr noch einmal und machte ihr klar,
was für Folgen es haben würde, wenn sie tatenlos zusah. Mordechai rechnete fest mit der Hilfe Gottes, wenn nicht durch sie, dann
auf anderen Wegen. Doch er sagte noch etwas Entscheidendes:
Möglicherweise war Ester genau deshalb Königin geworden, um
die Juden zu retten. Mordechai war ein Mann Gottes und wusste, dass Gott nicht nur durch männliche Helden handelt, sondern
auch durch Frauen.

Der Gedanke, dass Gott sie zu dieser Aufgabe berufen hatte,
war bestimmt ein starker Motivator für Ester. Auch uns stärkt es,
wenn Menschen uns Aufgaben zutrauen, die uns zu groß erscheinen. Wie viele Vorgesetzte sind in Führungspositionen gelangt,
weil andere sie dort gesehen haben und sie dadurch ermutigt wurden. Für Ester, die als Frau in einem patriarchalen System Unterordnung gelernt hatte, war es ein viel größerer Schritt, an den
Schalthebeln der Macht zu agieren. Vor allem war es viel riskanter.
Ihre Angst war bestimmt nicht wie weggeblasen, als sie diese Entscheidung getroffen hatte. Aber sie ließ sich von ihrer Angst nicht
abhalten, das zu tun, was sie für richtig hielt. Allerdings brauchte
sie eine Vorbereitungszeit. Deshalb fastete sie und bat Mordechai,
das mit den anderen Juden ebenfalls zu tun.

Fasten und Beten gehören zusammen, Ester suchte den Beistand Gottes. Nach drei Tagen Zwiesprache mit Gott war sie so gestärkt, dass sie sich ihm ganz und gar anvertraute: »Wenn ich sterbe, dann sterbe ich.« Ester hatte vermutlich nicht klar und deutlich Gottes Stimme gehört, die ihr sagte, was genau sie tun sollte. Sie handelte im Vertrauen auf Gott und ging gleichzeitig vorsichtig und klug vor. Es ist ermutigend für unser Leben, dass Gott uns leitet, wenn wir ihn darum bitten, selbst wenn er keine klaren Anweisungen gibt. Er wirkt auch durch unseren Verstand und vernünftiges, mutiges Handeln.

Ester rückte nicht sofort mit ihrem Wunsch heraus, als König Ahasveros sie danach fragte, sondern lud ihn zum Festmahl ein. Aber selbst beim Essen äußerte sie ihren Wunsch noch nicht, auch nicht, als der König noch einmal nachhakte. Vielleicht war das Taktik oder vielleicht traute sie sich einfach nicht und verschob es lieber auf den nächsten Tag. Ganz gleich, aus welchem Grund sie das tat: Es war eine gute Entscheidung, denn der nächste Tag nahm eine unerwartete Wende. Ihr Vertrauen auf Gott zahlte sich aus. Er bereitete den Boden, um Haman zu Fall zu bringen.

Ester spielt im jüdischen Glauben eine herausragende Rolle. Das Purimfest geht auf ihre Heldentat zurück. Sie war eine so bedeutende Frau, dass ihr ein ganzes Buch der Bibel gewidmet wurde, und sie ist eine der Frauen, die in der Bibel am häufigsten genannt werden. Auch Christen können sie nicht übersehen. Dennoch hört man in Predigten kaum etwas von ihr.

Mann und Frau als Team

Das Buch Ester ist ein weiteres Beispiel dafür, dass Gott auch Frauen eine große Macht gibt. Selbst wenn Männer Frauen nicht als gleichwertig betrachten und lieber allein bestimmen, zeigt Gott, dass er keinen Unterschied macht. Immer wieder wird in der Bibel deutlich, dass Gottes Absicht in keinster Weise untergeordnete Frauen sind, sonst würde er sie nicht an die Schalthebel der Macht setzen, um politische Entwicklungen zu lenken, damit sein Wille geschieht. Für Gott wäre es ein Leichtes gewesen, Mordechai oder jemand anderem eine Möglichkeit in die Hand zu geben, um das jüdische Volk zu retten, aber er wählte Ester, um seinen Willen auszuführen.

Wenn Gott Frauen in einer patriarchalen Gesellschaft mit Macht ausgestattet hat, warum glauben Verantwortliche in der Kirche und in christlichen Glaubensgemeinschaften dann heute noch, dass nur Männer Leitungsfunktion haben? Und das in einer Gesellschaft, in der Gleichberechtigung im Grundgesetz verankert ist! Man erfüllt bestimmt nicht Gottes Willen, wenn man Frauen nur für Hilfsaufgaben einteilt, wie Kuchenbacken für den Kirchenkaffee, Blumendekoration des Altars oder Vorlesen des Predigttextes, sie aber von entscheidenden Positionen oder von der Kanzel fernhält.

Am Beispiel Mordechai und Ester zeigt sich, wie viel man erreichen kann, wenn Frau und Mann zusammenarbeiten. Wahrscheinlich würden dem viele sofort zustimmen und betonen, dass Frauen und Männer einander ergänzen. Dabei denken sie daran, dass Männer im Vorstand sitzen und neue Geschäftsabschlüsse planen, während Frauen ihr Büro managen. Sie können nicht nur gut Kaffee kochen, sondern auch unangenehme Anrufe freundlich abfertigen. Und außerdem sind Frauen multitaskingfähig. Keine Frage, Büromanagerinnen sind sehr qualifiziert und leisten hervorragende Arbeit und ihre Vorgesetzten wissen das. Dennoch wird die erfolgreiche Arbeit dem Mann zugeschrieben und nicht der Frau, die zudem sehr viel weniger verdient und keinen dicken Firmenwagen fährt. Auch der oft zitierte Satz »Hinter jedem erfolgreichen Mann steht eine starke Frau« erkennt zwar die effektive Zusammenarbeit von Frau und Mann an, aber auch hier gilt der Mann als erfolgreich und nicht die Frau. Er steht im Rampenlicht und sie bekommt ein bisschen Glanz von ihm ab.

Die Zusammenarbeit von Mordechai und Ester ist jedoch eine ganz andere. Sie arbeiten auf Augenhöhe miteinander, ohne Hierarchie und ohne Konkurrenzkampf. Es geht ihnen nicht darum, dass sie selbst besonders gut dastehen, es geht nicht um ihren eigenen Ruhm, sondern um ein gemeinsames Ziel, für das sich beide einsetzen. Daraus können wir lernen. Manche Firmen sind schon so weit und besetzen ihre Führungspositionen mit Frauen und Männern. Solche Unternehmen haben größere Gewinne als Unternehmen, bei denen Männer unter sich sind.[37]

Mordechai wusste, wie wichtig Ester war. Er war zwar in einer Lage, in der er keine große Personalauswahl hatte, um das Massaker zu verhindern, dennoch wäre es in einer patriarchalen Gesellschaft naheliegend gewesen, sich von einem Mann Unterstützung zu holen und nicht von einer rechtlosen Frau. Er hätte versuchen können, über seine guten politischen Beziehungen auf den König Einfluss zu nehmen. Aber das tat er nicht. Er wandte sich an Ester, obwohl er wusste, dass der König sie sofort töten würde, wenn er gerade nicht in der Laune war, sie anzuhören. Es war ja nicht wie heute mit einem Anruf im Büro getan: »Kann ich mal kurz bei dir vorbeikommen?« Mordechai wusste, dass zu einem solchen Unterfangen eine Menge Mut gehört. Aber genau diesen Mut traute er seiner Cousine zu – und die Intelligenz, in ihrer machtlosen Position einen Weg zu finden, den König umzustimmen.

Ester war nicht der verlängerte Arm von Mordechai, sondern sie handelte eigenständig. Die Bedeutung, die ihr bei der Rettung der Juden zukommt, wird beim Purimfest deutlich. In Erinnerung an die Ängste, die Ester ausgestanden hat, und ihre innere Vorbereitung soll gefastet und geklagt werden, bevor man den Sieg mit einem Festmahl feiert.

Emanzipation ist kein Alleingang

Bei Waschti und Ester zeigt sich, dass Emanzipation ganz unterschiedlich aussehen kann und trotz der Verschiedenheit zusammenwirkt. Die beiden Frauen hatten einige Gemeinsamkeiten: Sie waren sehr schön und mutig und wagten es, sich ihrem Ehemann, der als König zugleich einer der mächtigsten Männer der damaligen Welt war, zu widersetzen. Aber es gibt auch Unterschiede. Bei Waschti drehte es sich um Selbstbehauptung und um die Auflehnung gegen Versklavung. Bei Ester ging es dagegen nicht um ihre eigene Befreiung, sondern um die Rettung ihres Volkes. Bei ihrem Weg, sich durchzusetzen, schlugen die beiden Frauen unterschiedliche Wege ein. Die eine war geradeheraus und mutig und sagte ohne Umschweife, was sie wollte oder, genauer gesagt, was sie nicht wollte – nämlich vorgeführt werden. Die andere versuchte, mit einer Einladung zum Essen ihr Ziel diplomatisch durchzusetzen. Dennoch kostete auch dieser Weg großen Mut, weil sie ihr Leben riskierte, als sie zu ihrem Mann ging, um die Einladung auszusprechen.

Die Theologin Friedhilde Stricker sieht in dem Zusammenwirken der Frauen eine Parallele zur Emanzipationsgeschichte. Sie schreibt: »Das Buch Ester setzt beiden Frauen ein Denkmal. Waschti als derjenigen, die ›Nein‹ sagt und dadurch den Weg für Ester frei macht. Und Ester, die aufsteht und ihre Chance nutzt, das Volk Israel zu retten. Eine Nichtjüdin arbeitet Hand in Hand mit einer Jüdin, zum Wohl des Volkes Gottes, auch wenn die beiden Frauen sich wahrscheinlich nie persönlich kennengelernt haben. Ohne die Vorarbeit der einen wäre das Lebenswerk der anderen nie möglich gewesen.«[38] Es ist anzunehmen, dass sich diese Vorarbeit nicht nur darauf beschränkt, dass durch Waschtis Nein Ester auf den Thron kam, sondern dass dieses Nein auch bei König Ahasveros etwas verändert hat. Vielleicht hat er bemerkt, dass

Frauen nicht nur fügsame Wesen sind, sondern ihren eigenen Kopf haben. Und vielleicht war er dadurch auf Esters Auftritt besser vorbereitet. Möglicherweise war das der Grund, weshalb er so gelassen reagierte und ihr aufmerksam zuhörte, als Ester ungefragt vor seinem Thron auftauchte. Immerhin zeigte er sich unglaublich souverän, als er Ester und Mordechai seinen Siegelring übergab und ihnen damit völlige Freiheit schenkte, eine Anordnung in seinem Namen herauszugeben, und zwar ohne jede Einschränkung. Sie konnten damit einen neuen Erlass herausgeben, der den ersten wirkungslos machte.

Die Freiheit, die Frauen heute haben, ist ebenso durch andere Frauen entstanden, die sich gegen die bestehenden gesellschaftlichen Verhältnisse aufgelehnt und sich nicht stillschweigend in die ihnen zugewiesene Rolle eingefügt haben. Wenn Frauen nicht für Bildung gekämpft hätten, dürften heute Mädchen kein Abitur machen und nicht studieren. Und wenn Frauen sich nicht für das Wahlrecht eingesetzt hätten, würde die Politik heute ausschließlich von Männern bestimmt werden. Wir profitieren von dem, was Frauenrechtlerinnen und Feministinnen vor uns geleistet haben. Sie haben dafür Spott, Schläge, Gefängnisstrafen, Verfolgung und Ausgrenzung auf sich genommen. Friedhilde Stricker ermutigt dazu, dem Vorbild von Waschti und Ester nachzueifern. Auch heute können Christinnen und Feministinnen zusammenarbeiten, wobei es natürlich auch christliche Feministinnen gibt.

Sich für Frauenrechte einzusetzen, bedeutet noch lange nicht, dass wir blindlings allen feministischen Zielen folgen sollten. Es geht vielmehr darum, unsere eigenen Vorstellungen von Emanzipation in die feministische Diskussion einzubringen.

Lob der tüchtigen Frau – Die Traumfrau

Wonder Woman war *der* Kinoerfolg 2017. Es geht um eine Frau, für die keine Schwierigkeit zu groß ist. Im Gegenteil, Probleme, die sich ihr in den Weg stellen, sind für sie eine willkommene Herausforderung. Wonder Woman ist das weibliche Pendant zu Superman, sie ist die Traumfrau vieler Männer. Und auch für Frauen ist sie eine Heldin. Viele wären gern so wie sie: stark, mutig, empathisch und engagiert für das Gute. Wonder Woman ist keine neue Figur, der Film basiert auf einem Comic, der schon seit 1941 seine Leserinnen und Leser begeistert.

Die Heldin des Alltags sieht etwas anders aus. Und doch muss auch sie immer wieder Superkräfte entwickeln, um all den Ansprüchen gerecht zu werden, die an sie gestellt werden: Sie soll eine interessante und einfühlsame Partnerin sein, erfolgreich im Beruf und eine engagierte, kompetente Mutter. Damit kommt die moderne Superfrau dem Idealbild der Frau, wie sie in den Sprüchen geschildert wird, sehr nahe (Sprüche 31). In vielen Übersetzungen wird sie als »tüchtig« betitelt. Das klingt in unseren Ohren zwar altmodisch, aber es meint ungefähr das, was wir heute unter einer Powerfrau verstehen. Wonder Woman lag schließlich auch nicht einfach auf der Couch und chillte.

Eine Powerfrau in der patriarchalischen Welt

Das Loblied auf die Traumfrau beginnt mit einem Seufzer: »Wer kann schon eine tüchtige Frau finden?« (Vers 10). Dass die Idealfrau nicht gerade ein Massenphänomen ist, weiß jeder Mann, der auf Partnersuche ist. Sie sei wertvoller als die kostbarsten Edelsteine, schreibt der Verfasser. Ein Edelstein, noch dazu ein kostbarer, ist schon wertvoll, aber eine Powerfrau übertrifft alle an Wert. Bevor aufgezählt wird, was die Frau alles leistet, kommt ihre Ehebeziehung zur Sprache:»Ihr Mann kann ihr vertrauen« (Vers 11). Es ist eine Beziehung auf Augenhöhe. Ihr Ehemann ist kein Kontrollfreak und auch kein Macho. Im Gegenteil, er lässt ihr freie Hand. Hier steht nichts von Unterordnung gegenüber dem Mann und nichts davon, dass sie ihn um Erlaubnis fragen muss. Der Mann vertraut ihr, weil er überzeugt ist, dass sie gute Entscheidungen trifft. Von seinem Vertrauen profitiert er selbst.»Sie wird sein Leben bereichern« (Vers 11), heißt es weiter. Das»Bereichern« bezieht sich auf alle Ebenen, auch auf die materielle, wie andere Bibelübersetzungen zeigen. Dass er ein angesehener Mann ist, wie später erwähnt wird, liegt auch an seiner Frau.

Im nächsten Vers weicht die Traumvorstellung von der Realität ziemlich weit ab.»Ihr ganzes Leben lang unterstützt sie ihn und fügt ihm nichts Böses zu« (Vers 12). So eine Frau ist nicht aus Fleisch und Blut, sondern eine Heilige. Hier schwelgt der Verfasser sehr in seinen Wunschvorstellungen. Seine Traumfrau ist von der Wirklichkeit genauso weit entfernt wie Wonder Woman. Aber vielleicht ist damit einfach gemeint, dass die ideale Frau ihrem Mann nicht bewusst schaden möchte. Eine Ehe, in der man sich gegenseitig attackiert, ist die Hölle.

Arbeitsalltag mit Beruf und Familie

Die folgenden Verse geben einen Einblick in den Arbeitsalltag einer Frau der damaligen Zeit. Diese Frau gehört einer höheren Gesellschaftsschicht an, denn sie hat Personal. Ihre Arbeit beschränkt sich nicht darauf, ihre Mägde anzuweisen, wie sie das Haus sauber halten oder was sie kochen sollen. Sie begnügt sich auch nicht damit, ihr Zuhause mit Kissen schön zu dekorieren und ihren Kindern gutes Benehmen beizubringen. Die beschriebene Frau trägt selbst zum Lebensunterhalt bei, und das in einer sehr vielfältigen Weise. Sie arbeitet im landwirtschaftlichen, kaufmännischen und kunsthandwerklichen Bereich. Die »tüchtige Frau« stellt Wolle und Flachs selbst her. Daraus fertigt sie warme Kleidung und Decken an. Sie ist vorausschauend und sorgt für den Winter vor. Deshalb sieht sie gelassen in die Zukunft. Aus ihrer handwerklichen Begabung macht sie ein Geschäft. »Kostbare Hemden und Gürtel stellt sie her, die sie dem Händler verkauft« (Vers 24). Ihre Fähigkeiten reichen nicht nur für den Hausgebrauch. Sie ist Mode- und Textildesignerin und dabei erfolgreich. Vielleicht hat sie auch Mitarbeiterinnen und führt ein kleines Unternehmen. Ihre Produkte sind so hochwertig und schön, dass sie sie verkaufen kann, und zwar nicht in ihrem eigenen Designer-Shop, sondern an die Händler. Es gibt also eine Nachfrage. Händler kaufen nur etwas, bei dem sie überzeugt sind, dass sie es auch unter die Leute bringen können.

Wie Frauen heute ist diese Frau beruflich engagiert und arbeitet bis spätabends, weil sie noch für ihre Familie zu sorgen hat. Wenn sie ihre Werkstatt abgeschlossen hat, kann sie nicht nach Hause gehen und die Füße hochlegen. Dann beginnt die Familienarbeit. Dazu gehört, dass sie sich darum kümmert, dass ihr Mann und ihre Kinder etwas zum Anziehen haben. Früher haben Frauen die Kleidung selbst hergestellt, heute gehen sie in den Laden, um für ihre Kinder Hosen, T-Shirts und Schuhe zu kaufen, und das ist wahrlich kein Freizeitvergnügen, sondern harte Arbeit. Ein kleines, willensstarkes Mädchen davon zu überzeugen, dass das Kleid mit den Glitzersteinchen viel zu klein, viel zu teuer und völlig ungeeignet für den Sandkasten ist, erfordert eine Höchstleistung an Geduld und Überzeugungskraft. Die beschriebene Frau hat es noch schwerer. Sie spinnt und webt Stoffe, um Kleidung für ihre Familie herzustellen, auch für sich selbst. Und dabei achtet sie darauf, dass sie nicht nur praktisch, sondern schön angezogen ist:»Sie kleidet sich in Gewänder aus feinstem Tuch« (Vers 22). In anderen Übersetzungen heißt es: aus»Leinen und Purpur«[39]. Der Flachs wurde damals so fein gesponnen, wie es heute nicht mal mit modernster Technik möglich ist[40], und die aus der Purpurschnecke gewonnene leuchtende Farbe war sündhaft teuer und nur Wohlhabenden und Mächtigen vorbehalten. Man kann sich vorstellen, dass diese teure Farbe nicht für grobes Leinen verwendet wurde. Diese Frau trug edle und kostbare Stoffe der Preisklasse von Armani, Gucci und Dior. Sie ist nicht die Frau, zu der man sie später oft machte: eine aufopferungsvolle Frau, die nur an andere denkt und in falsch verstandener Selbstlosigkeit mit Gesundheitssandalen durchs Haus schleicht. Sie ist selbstbewusst – sich ihrer selbst bewusst – und unterstreicht ihren Wert mit herausragender Kleidung.»Sie strahlt Kraft und Würde aus« (Vers 25) steht an einer anderen Stelle des Textes. Ihre innere Stärke und Schönheit zeigt sie auch durch ihr Äußeres.

Die tüchtige Frau ist außerdem eine Gourmet-Köchin, die schon frühmorgens aufsteht, um das Essen zuzubereiten, auch für ihr Personal. Das war früher sehr viel aufwendiger, weil man ja nicht das Mehl einfach im Laden kaufen konnte, sondern es selbst herstellte, und auch Vorräte für die kalte Jahreszeit besorgen musste. Zudem gibt es in der Küche dieser Frau nicht nur Hausmannskost, sondern ausgewählte Speisen. Dafür nimmt sie weite Wege in Kauf.»Wie ein Handelsschiff bringt sie ihre Speise von weit her« (Vers 14). Regionalität war damals noch nicht das Besondere, sondern das Normale, Gewöhnliche. Früchte und Getreide hatte man in seinem Garten hinter dem Haus. Die Meere waren damals noch nicht von Luxuslinern und Frachtschiffen bevölkert, internationale Kost kein Umweltproblem. Heute würde diese engagierte und kluge Frau wahrscheinlich Bio-Obst aus regionalem Anbau kaufen oder ihr Gemüse selbst ziehen.

Die Unternehmerin

Die Frau ist auch eine erfolgreiche Unternehmerin. Sie produziert nicht nur schöne Gürtel, sondern ist zudem in der Landwirtschaft äußerst geschäftstüchtig. Sie kauft ein Stück Land und geht dabei strategisch vor. Sie kauft nicht spontan, sondern hält Ausschau nach einem Feld, wie es im Text heißt (Vers 16). Das bedeutet, dass sie einen Plan hat und nachdenkt, was für ein Feld sie braucht. Das Land bezahlt sie mit dem Geld, das sie selbst verdient hat. Darauf pflanzt sie Weinreben, nicht nur für den Hausgebrauch, um ihren Mann mit selbst gemachtem Wein zu verwöhnen, ihr Ziel ist es, gewinnbringend zu arbeiten. Diese Frau investiert also in neue Geschäfte, und zwar nicht mit dem Geld, das sie von ihrem Mann bekommt – »Hier, kauf dir was Schönes« –, sondern mit ihrem eigenen Einkommen. Der Kauf eines Weinbergs ist für sie eine gute Investition. Wein wird immer getrunken, und wenn man einen guten Boden hat, kann man hochwertigen Wein produzieren und ihn teurer verkaufen als einen einfachen Hauswein. Mit einem Weinberg sind aber weitere Arbeiten verbunden. Sie muss nicht nur die Reben pflanzen und beschneiden und die Trauben ernten, sondern sie auch zu Wein verarbeiten und vermarkten. Dazu braucht sie gute Leute. Diese Frau ist für das Management und die Personalführung zugleich zuständig. Ihre Arbeit bringt Gewinn ein. »Sie spürt den Erfolg ihrer Arbeit« (Vers 18; EÜ). Sie ist stolz auf ihre Leistung.

Wir alle wissen, wie erfüllend es ist, wenn man viel Energie, Zeit und Kraft in ein Projekt investiert und damit Erfolg hat. Es ist interessant, dass die Bibel, die sehr patriarchalisch geprägt ist, hier der Frau genauso wie den Männern zugesteht, dass sie als Unternehmerin arbeitet, ihr eigenes Geld verdient und damit sehr erfolgreich ist. Und diesen Erfolg genießt sie! Dass sie stolz auf ihre Leistung ist, wird in Bibeldeutungen oft nicht erwähnt, weil es nicht zu der selbstlosen Hausfrau passt, zu der man sie später gemacht hat.

Das, was sie verdient, ist nicht nur für sie selbst, sondern auch für diejenigen, denen es nicht so gut geht wie ihr:»Sie hat stets eine offene Hand für die Armen und gibt den Bedürftigen großzügig« (Vers 20). Dabei hat sie keine Berührungsängste. Sie gibt den Bedürftigen nicht nur Geld oder etwas zu essen, sondern sie wendet sich ihnen wirklich zu. Wer teilt, trägt dazu bei, dass es anderen besser geht, aber es ist ein Unterschied, ob man eine Überweisung ausfüllt oder sich neben einen Obdachlosen auf eine Bank setzt, sich mit ihm unterhält und ihm Zuwendung gibt.

Die»tüchtige Frau« ist nicht nur eine viel beschäftigte Frau, sondern auch eine, die etwas zu sagen hat:»Wenn sie spricht, sind ihre Worte weise« (Vers 26). Sie hat Hirn und Verstand und setzt diese ein. Sie weiß viel und sie kann ihr Wissen gut in Worte fassen. In patriarchalen Gesellschaften hat man Frauen nicht unbedingt Intelligenz zugetraut. Frauen wurden von Bildung und Wissen ferngehalten. Die beschriebene Frau verfügt über Wissen, das sie weitergibt, aber nicht in einer überheblichen Art, sondern verständnisvoll.»Sie erteilt ihre Anweisungen in freundlichem Ton« (Vers 26). Wem sie Anweisungen gibt, steht nicht im Text. Sicherlich ihrem Personal. Sie leitet ihre Angestellten an, wie sie die Weinreben schneiden sollen oder wie man Früchte konserviert. Auch ihren Kindern wird sie freundlich Anweisungen geben und Wissen vermitteln. Kinder lernen durch ihre Eltern, was im Leben wichtig ist, wie die praktischen Dinge im Alltag funktionieren und wie man miteinander umgeht. Wahrscheinlich schätzt ihr Mann ebenfalls ihre Klugheit und tauscht sich mit ihr aus. Zu jemandem, der klug war oder viel wusste, kamen früher viele Menschen und baten um Rat. Heute fragen wir Experten – oder Google.

Die Powerfrau hat ihr »Familienunternehmen« immer genau im Blick und weiß, was im Haus vor sich geht. Ihre Personalführung wird hoch gelobt. Sie ist klug und ihre Anweisungen gibt sie freundlich und überlegt.

Ein stolzer Ehemann

Was für eine Familie steckt hinter so einer Superfrau? Ihr Ehemann ist ebenfalls erfolgreich. Er hat ein hohes Amt in der Politik und wird sehr respektiert. »Ihr Mann ist angesehen, denn er sitzt in der Ratsversammlung zusammen mit anderen hohen Bürgern des Landes« (Vers 23). Dort diskutiert er und entscheidet über die Belange des Landes. Ihr Mann ist stolz auf seine selbstständige und engagierte Frau, ebenso ihre Kinder. Sie beklagen sich nicht, dass ihre Mutter ständig beschäftigt ist und gar keine Zeit für sie hat, sondern sie sind glücklich, eine solche Mutter zu haben: »Ihre Kinder begegnen ihr mit Achtung und segnen sie« (Vers 28). Ihr Mann betont, dass sie etwas ganz Besonderes ist: »Es gibt viele tüchtige Frauen, doch du übertriffst sie alle!« (Vers 29). Er sieht durchaus, dass auch andere Frauen viel leisten, aber seine Frau ist eben noch besser als alle anderen. Das ist eine große Wertschätzung und bezieht sich nicht nur darauf, dass sie toll aussieht. »Schönheit vergeht« (Vers 30), wird klar gesagt. Wir wissen nicht, ob die Frau gut aussehend im herkömmlichen Sinne ist, aber sie muss eine beeindruckende Ausstrahlung haben. Die Aussage, dass ihr Wert nicht von ihrer Schönheit abhängt, klingt in unserer heutigen Gesellschaft, in der Schönheit und jugendliches Aussehen einen so hohen Wert haben, fast revolutionär. Der Ehemann bewundert seine Frau. Er stellt *ihre* Leistung in den Mittelpunkt, nicht seine. Das ist eine außergewöhnliche Haltung, nicht nur in der patriarchalischen Welt. Der Ehemann fügt nach seinem Loblied nicht ganz nebenbei noch hinzu:»Aber ich bin der Ernährer und wir leben hauptsächlich von meiner Arbeit!« Er ist auch in keiner Hinsicht eifersüchtig. Im Gegenteil, er ist so stolz auf sie, dass er die Wertschätzung auch von anderen Menschen erwartet:»Sie soll für ihre Arbeit belohnt werden und ihre Taten sollen in der ganzen Stadt ihren Ruhm verkünden!« (Vers 30).

In den Sprüchen der Bibel wird die »tüchtige Frau« nicht nur deshalb gelobt, weil sie so eine tolle Hausfrau ist, sondern auch weil sie eine erfolgreiche Geschäftsfrau und außerordentlich klug ist – und weil ihr der Glaube wichtig ist:»Eine Frau, die Ehrfurcht hat vor dem Herrn, soll gelobt werden« (Vers 30). Die »tüchtige Frau« vertraut also Gott und lebt nach seinem Willen, und dazu gehört, wie hier deutlich wird, bei verheirateten Frauen eine Ehe auf Augenhöhe. Damit wird sichtbar, was Gott wirklich möchte: nicht eine Partnerschaft, bei der der Mann das Sagen hat und die Frau sich unterordnet, sondern eine Beziehung, in der Männer ihren Frauen die Freiheit lassen, ihr Leben zu gestalten, weil sie ihnen vertrauen und wissen, dass sie nicht nur an sich selbst denken. Es geht in den Sprüchen nicht nur um die Traumfrau, sondern auch um den Traummann. Und es geht nicht nur darum, was die Frau leistet, sondern darum, wie der Mann dazu steht, darum, dass er sie nicht bevormundet oder alles besser weiß, sondern sie wertschätzt.

Wer träumt von dieser Frau?

Die beschriebene Frau ist eine Traumfrau, ein Ideal. Doch wer ist es, der von ihr träumt? Wer ist der Verfasser dieser Zeilen? Liest man das »Lob der tüchtigen Frau«, wie der Text in vielen Übersetzungen übertitelt wird, so liegt die Vermutung nahe, dass diese Zeilen aus der Seele eines Mannes entspringen. Sie ist der Traum vieler Männer: eine Frau, die den ganzen Haushalt managt, sich um die Kinder kümmert, genügend Geld nach Hause bringt und ihm den Rücken frei hält, damit er Karriere in der Politik machen kann. Die Zeilen stammen tatsächlich von einem Mann. Doch der Verfasser gibt nach eigener Aussage die Worte seiner Mutter wieder. In diesem Text steht also das, was eine Mutter sich für ihren Sohn wünscht.[41]

Das Lob der tüchtigen Frau findet sich in der Bibel in den Sprüchen. Die Sprüche werden Salomo zugeschrieben. Sie sind jedoch eine Sammlung aus sehr verschiedenen Quellen.[42] Die Sprüche sind Lebensweisheiten, die uns dabei helfen sollen, ein gutes Leben zu führen. Sie sind aber auch Ratschläge für das alltägliche Leben. Diese Worte der Weisheit geben uns Antworten auf Fragen, die auch heute aktuell sind. Es sind eigentlich die ersten Glücksbücher. Die Worte der Mutter an ihren Sohn galten als so wichtig und grundlegend für ein gutes Leben, dass sie an eine breite Leserschaft weitergegeben wurden.

Der Verfasser des Textes »Lob der tüchtigen Frau« ist uns möglicherweise bekannt: Lemuel, ein Mann, der König von Massa war.[43] Kein unbedeutender Mann also, auch wenn er nicht so mächtig wie Salomo war, sondern nur ein Provinzherrscher. Lemuel gibt das weiter, was seine Mutter ihn gelehrt hat, und sie ist immerhin Königinmutter. Er zitiert sie mit den Worten: »Was soll ich dir sagen, Lemuel, mein Erstgeborener?« (Sprüche 31,2; EÜ). Hier wird das Gewicht der Worte deutlich. Sie will ihm nicht einfach irgendeinen Ratschlag mitgeben oder eine ganze Latte von Verhaltensregeln auflisten, sondern sie überlegt sich genau, worauf es ihrer Meinung nach im Leben wirklich ankommt. Das, was sie am wichtigsten findet, fasst sie in vier Punkten zusammen: Lass die Finger von Frauengeschichten, verzichte auf Saufgelage, tritt für die Schwachen ein und such dir die richtige Ehefrau. Die Mutter warnt ihn, seine Zeit und Energie in Liebesaffären und Sex zu investieren, denn das könnte sein Absturz sein. Wie viele hochrangige Männer in der Politik sind schon wegen Frauengeschichten und Sexskandalen gestürzt? Und was Alkohol angeht, so solle er als König die Finger davon lassen, denn sonst könne er nicht mehr verantwortungsvoll regieren. Er würde seine Pflicht vergessen und nicht mehr gerecht urteilen. Die Mutter meint, man solle den Alkohol lieber den verzweifelten Menschen geben, damit sie ihr schweres Leben leichter ertragen können. Das ist sicher nicht die ideale Lösung, aber Psychotherapie gab es damals noch nicht. Zudem ist davon auszugehen, dass die Mutter einen maßvollen Umgang damit meinte, um den Niedergeschlagenen genussvolle Momente zu schenken, und nicht Trunkenheit, um sie durch Alkoholsucht noch weiter ins Elend zu stürzen.

In ihrem dritten Ratschlag betont Lemuels Mutter noch einmal, wie wichtig es ist, gerecht zu sein. Das bedeutet auch, den Benachteiligten der Gesellschaft zu ihrem Recht zu verhelfen. Lemuel solle den Stummen eine Stimme geben. Die Stummen waren diejenigen, die schwiegen, weil sie nichts zu melden hatten, auf die man nicht hörte, arme oder kranke Menschen – und Frauen. Für sie sollte ihr Sohn eintreten. Die Mutter von Lemuel weiß, wovon sie redet. Sie kannte die Benachteiligung als Frau. Ihr war es wichtig, dass ihr Sohn nicht als Despot auf dem Thron sitzt, sondern als ein Herrscher, der sich verantwortungsvoll um die Menschen kümmert.

Als vierten Punkt beschreibt sie die ideale Frau. Dieser Rat ist nicht nur für ihn als König gedacht, sondern auch an andere Männer gerichtet. Diese Passage ist viel ausführlicher als die anderen Ratschläge. Möglicherweise war der Mutter von Lemuel bewusst, wie wichtig es für einen Mann ist, eine starke Frau an seiner Seite zu haben. Sie stellt in ihrem Ratschlag nicht nur die Frau in den Mittelpunkt, sondern zeigt auch, was ein Mann tun kann, um seine Frau zu unterstützen. Er muss ihr Freiheit geben, damit sie ihre Begabungen und Fähigkeiten entfalten kann. Die Mutter stellt eine partnerschaftliche Beziehung auf Augenhöhe und gegenseitige Wertschätzung als ideale Beziehung dar. Es geht um ein Ideal, das man zwar nicht erreichen kann, aber das die Richtung wie ein Kompass vorgibt.

Wenn man sich bewusst macht, wie wenig eine Frau in den Augen der Menschen damals wert war, wiegt die Wertschätzung, die vom Mann gefordert wird, umso mehr. Hier fließt die weibliche Sicht ein. Die Mutter weiß, wie selbstverständlich Frauen ihre Arbeit machen, meistens unsichtbar im Haus und bei den Kindern. Ihre Leistung wird oft nicht wahrgenommen, auch heute. Anerkennung bekommen Frauen für ihre Arbeit daheim selten, schon gar nicht öffentlich. Kaum ein Mann erzählt stolz seinen Kollegen, dass seine Frau die Kinder zum Sport oder Musikunterricht chauffiert, Hausaufgaben betreut, mit dem Kind stundenlang im Wartezimmer des Kinderarztes sitzt, einkauft, kocht, Zimmer aufräumt, Wäsche wäscht und vieles mehr. Wenn ein Mann jedoch seinem Sprössling die Windeln wechselt, bekommt er Bewunderung von allen Seiten.

Interessant ist, dass die Mutter ihrem Sohn Lemuel nicht nur zeigt, was eine gute Ehefrau ausmacht, sondern auch, was der Mann dazu beitragen kann.

Martin Luthers tüchtige Hausfrau

Die beschriebene Frau in den Sprüchen wurde oft als Vorbild einer christlichen Ehefrau herangezogen: fleißig, fromm und selbstlos. So verkürzt entstand aus dem Text die christliche Idealfrau, interpretiert von männlichen Bibelauslegern. Und Frauen übernahmen dieses Bild. Sie kümmerten sich um den Haushalt, um die Kinder und um die pflegebedürftigen Eltern und tun es auch heute noch. Bis vor wenigen Jahrzehnten, als die Kirche noch die Frauenrolle prägte, war die christliche Idealfrau nur für andere da, sie war eine Frau, die Tag und Nacht arbeitet und selbst keine Wünsche hat. Die berühmten drei K – Kinder, Küche, Kirche – bestimmten ihr Leben. Was sollten sie denn sonst tun? Es gab keine Alternativen zur Hausfrau, keine Vorbilder und kaum Frauen, die ein eigenständiges Leben führten. Da die Hausfrauenarbeit früher sehr viel aufwendiger war, hatten die Frauen zu Hause genug zu tun. Und weil Frauen gottgefällig sein wollten, ordneten sie sich den Männern und ihrer Bibelinterpretation unter. Schließlich war der Mann das Haupt der Familie. So predigten es die Kirchengelehrten von der Kanzel und die Männer zu Hause. Die Frau in dem Text wurde als Hausfrau gedeutet. Doch eine Hausfrau war zu Luthers Zeiten etwas anderes, als wir heute darunter verstehen. Damals war sie eine Hausherrin, die nicht nur alles managte, was mit Haushalt und Kindern zu tun hatte, sondern auch mit ihrer Arbeit Geld verdiente. Man muss sich nur Martin Luthers Ehefrau Katharina ansehen. Ähnlich wie die Frau in den Sprüchen führte sie ein eigenständiges Leben neben einem Mann, der als Führungspersönlichkeit in seiner öffentlichen Aufgabe stark eingebunden war – in einer patriarchalen Gesellschaft. Sie zeigte schon vor ihrer Ehe Selbstbewusstsein, denn als Martin Luther die Nonne und einige ihrer Mitschwestern aus dem Kloster befreite und ihnen einen Ehemann suchte, sagte Katharina von Bora unmissverständlich, dass sie nur ihn heiraten würde und sonst keinen, nachdem eine Hochzeit mit Hieronymus Baumgartner nicht zustande gekommen war.

Als Luthers Ehefrau sorgte Katharina dafür, dass Geld in die Haushaltskasse kam. Luthers Einkommen hätte nicht gereicht, um die große Hausgemeinschaft zu versorgen. Außerdem war er mit anderen Dingen beschäftigt als mit der Finanzierung seines Haushalts. Genau wie die tüchtige Frau in den Sprüchen nähte Katharina Kleidung, sorgte dafür, dass jeder zu essen hatte, leitete ihre Dienstboten an, kaufte Äcker, pflanzte einen Weinberg an und braute außerdem noch Bier. Ihr Arbeitstag begann schon früh, wie Martin Luther stolz erzählte:»Meine Käthe ist der Morgenstern von Wittenberg. Sie steht morgens auf in der Früh um vier Uhr, fuhrwerkt, bestellt das Feld, weidet und kauft Vieh, braut und so weiter.«[44]

Doch ihr Tätigkeitsbereich ging weit darüber hinaus. Sie renovierte das Augustinerkloster in Wittenberg, das im Zuge der Reformation aufgelöst worden war und das die Luthers nun bewohnten. Das Refektorium, den Speisesaal der Mönche, baute sie zu einer großen Küche mit mehreren Speisekammern um. Die Mauern der kleinen Mönchszellen ließ sie niederreißen und schaffte dadurch größere Wohnräume. Sie richtete eine Waschküche und später eine Badestube ein.»Meine Katharina macht aus diesem verrotteten Kloster ein Paradies auf dieser dunklen Erd«, freute sich Luther.[45] Neben dem Kloster legte sie einen Gemüse- und Obstgarten an, in dem sie Erbsen, Bohnen, Rettiche, Kürbisse, Steckrüben, Kohl, Salat, Gurken, Kirschen, Birnen, Äpfel, Nüsse, Maulbeeren, Melonen, gelbe Pflaumen, Pfirsiche, Quitten, Pomeranzen, Feigen und Weintrauben erntete – fast wie in einem gut sortierten Bio-Laden! Doch das alles musste erst mal gesät, gepflanzt, geerntet und verarbeitet werden! Übrigens war sie, ebenso wie die»tüchtige Hausfrau« in den Sprüchen, internationaler Kost gegenüber sehr aufgeschlossen: Melonen- und Kürbispflanzen waren erst kurz vorher aus dem Mittelmeergebiet nach Deutschland gekommen.

Aber damit noch nicht genug. Sie schaffte sich Bienen an, um Honig zu machen, und zog Wachskerzen. Auch einen Fischteich legte Katharina Luther an. Außerdem hatte sie eine Landwirtschaft, und zwar eine ziemlich große für die damaligen Verhältnisse, den größten Land- und Viehbesitz in Wittenberg. Mehrere Pferde, fünf Kühe, neun Kälber, acht Schweine, drei Ferkel, eine Ziege und zwei Zicklein, Hühner, Tauben, Gänse und einen Hund namens Tölpel nannte sie in einem Jahr ihr Eigen. Von Luther ist nicht bekannt, dass er die Kühe molk und den Stall ausmistete. Er genoss lieber die Gesellschaft seines Hundes. Man kann deshalb davon ausgehen, dass Katharina Luther mit ihren Mägden und Knechten den Hof bewirtschaftete. Und Luther ließ sie machen:»In häuslichen Dingen füge ich mich meiner Käthe. Im Übrigen regiert mich der Heilige Geist.«[46] Wie der Ehemann in den Sprüchen, so ließ er ihr alle Freiheiten, ohne sie zu bevormunden. Auch wenn er sich manchmal Sorgen machte, ob das Geld reichen würde, vertraute er ihr, wenn sie mal wieder einen Acker kaufte, und wunderte sich nur, dass es funktionierte, denn sein Eindruck war, dass »ich mehr verzehre als einnehme«[47]. Kein Wunder, Katharina Luther wirtschaftete nicht nur klug, sondern sorgte für zusätzliches Einkommen, zum Beispiel indem sie Zimmer an Studenten vermietete, was noch mehr Arbeit machte, denn sie musste für sie kochen und die Zimmer reinigen.

Wie sah Katharina Luther sich selbst? »Ich muss mich in sieben Teile zerlegen, an sieben Orten zugleich sein und siebenerlei Ämter verwalten. Ich bin erstens Ackerbürgerin, zweitens Bäuerin, drittens Köchin, viertens Kuhmagd, fünftens Gärtnerin, sechstens Winzerin und Almosengeberin an alle Bettler in Wittenberg, siebtens aber bin ich die Doktorissa, die sich ihres berühmten Gatten würdig zeigen und mit 200 Gulden Jahresgehalt viele Gäste bewirten soll.«[48]

Bei diesen Worten erwähnte sie nicht einmal etliche ihrer zusätzlichen Arbeiten, wie das Bierbrauen, Schlachten, Brennholzmachen, Getreidemahlen, Butter- und Käseherstellen. Sie hätte mindestens noch Metzgerin, Müllerin, Bäckerin und Imkerin aufzählen müssen, denn das sind heute eigenständige Berufe. Auch die Versorgung ihrer fünf Kinder und zwölf Pflegekinder nannte sie nicht, ebenso wenig wie die der vielen anderen Menschen, die in dem ehemaligen Kloster Zuflucht suchten: entlaufene Mönche und Nonnen, politisch-religiöse Flüchtlinge, Kranke und Waisen. Manche blieben über Wochen da, andere sogar Jahre. Dazu kamen noch Studenten und Gelehrte, sodass Katharina Luther bis zu sechzig Personen zu versorgen hatte.

So viel zum Verständnis, welches Frauenbild Luther im Kopf hatte, als er die Überschrift »Lob der tüchtigen Hausfrau« einsetzte. Mit der Hausfrau, die sich ausschließlich um den Haushalt und die Familie kümmert, hatte das nichts zu tun.

Martin Luther verkündete seine Wertschätzung gegenüber Katharina öffentlich, ebenso wie es der Ehemann der »tüchtigen Frau« in den Sprüchen tat. Etliche Schriften zeugen davon: »Ich habe meine Käthe lieb, ja, ich habe sie lieber denn mich selber, das ist gewisslich wahr; ich wollt lieber sterben, denn dass sie und die Kinderlein sollten sterben.« Und: »Ich würde meine Käthe nicht für Frankreich und Venedig dazu hergeben, denn Gott hat sie mir geschenkt und mich ihr gegeben.«[49] Ihre Tugenden, so fügt er hinzu, seien viel größer als ihre Mängel, obwohl sie auch etliche davon habe.

Auch wenn Martin Luther nicht gerade ein Verfechter der Gleichberechtigung war, hatte er gehörigen Respekt vor ihr und nannte sie scherzhaft »Herr Käthe«, denn schließlich war sie Herr im Hause. In einem Brief von 1529 schreibt er: »Meinem freundlichen, lieben Herrn Katharina Lutherin, Doktorin, Predigerin zu Wittenberg. Gnad und Fried in Christo! Lieber Herr Käth!«[50] Er bezeichnete sie hier außerdem als Predigerin. Man kann deshalb annehmen, dass nicht nur Martin Luther, sondern auch Katharina mit ihren Gästen und Ratsuchenden über das Wort Gottes sprach und seelsorgerisch tätig war.

Wie aus der Powerfrau eine tüchtige Hausfrau wurde

Dieses Bild der eigenständigen Frau, wie sie in den Sprüchen gezeichnet wird, verschwand durch die männlich geprägte Bibelauslegung immer mehr. Ende des 18. Jahrhunderts entwickelte sich eine Gesellschaftsschicht, in der die Frau überhaupt kein Einkommen mehr beisteuerte: das Bürgertum. Die Frauen von Handwerkern, Bauern, Tagelöhnern und Arbeitern trugen durch ihre Arbeit zum Lebensunterhalt bei, doch die bürgerliche Frau wurde zum Maßstab und Ideal der künftigen Frauenrolle. Die Männer verdienten ihr Geld als Kaufmann, Bankier oder Gelehrter. Die Frauen sollten ihrem Mann, der ins feindliche Leben hinausging, ein schönes Heim schaffen, in dem er sich wieder erholen konnte. Es war die Biedermeierzeit. Das Bürgertum war sich seiner privilegierten Situation bewusst und grenzte sich von anderen Gesellschaftsschichten ab, indem es körperliche Arbeit verpönte. Handwerker, Bauern und Arbeiter mussten zupacken, ein kaufmännischer Unternehmer saß am Schreibtisch. Bei der bürgerlichen Ehefrau sah es nicht anders aus. Sie machte die Hausarbeit nicht selbst, sondern hatte Personal: eine Köchin, einen Kutscher, eine Gouvernante für die Kinder und mehrere Dienstmädchen. Doch es gab auch weniger begüterte bürgerliche Familien. Diese leisteten sich wenigstens ein Dienstmädchen, um den äußeren

Schein zu wahren, dass die Ehefrau nicht selbst die Hausarbeit machen musste. Doch hinter verschlossenen Türen sah es anders aus: Mit ihrem Dienstmädchen kochte sie Obst für den Winter ein, flickte Kleidung und putzte das Silber. Nur durfte niemand wissen, dass sie selbst mit anpackte. Deshalb ließ sie die groben Arbeiten das Dienstmädchen machen, damit man es ihren Händen nicht ansah.

Es war nur eine kleine, privilegierte Gesellschaftsschicht, die es Frauen ermöglichte, sich ausschließlich um die Familie zu kümmern. Die meisten Frauen mussten arbeiten gehen, in den Fabriken, als Wäscherin oder eben als Dienstmädchen. Am Sonntag machten sie die Hausarbeit, wuschen die Wäsche oder flickten.

Für Familien aus der hart arbeitenden Bevölkerung war es deshalb ein unerfüllbarer Traum, dass sich eine Frau nur um die Familie zu kümmern brauchte. Es war daher ein Ideal, dem die breite Bevölkerung zu gern gefolgt wäre.

Dieses Idealbild der Hausfrau wurde von der Kirche verstärkt und verbreitet. Als Beleg, dass diese Frauenrolle der göttlichen Ordnung entspricht, zog man die »tüchtige Hausfrau« aus den Sprüchen heran. So auch Michael Faulhaber in seinem 1912 erschienenen Buch »Charakterbilder der biblischen Frauenwelt«: »Das erste Ideal der tüchtigen Frau nach dem Herzen der Heiligen Schrift ist die treue Hingabe an die Familie. Der innerhäusliche Wirkungskreis wird zu allen Zeiten für die weitaus meisten Frauen das Gelobte Land bleiben, in dessen Boden sich die besonderen Gaben des Schöpfers an die weibliche Natur fruchtbar entfalten.«[51]

Michael Faulhaber ignoriert hier völlig, dass die Frau, auf die er sich bezieht, keine Hausfrau, sondern eine Geschäftsfrau ist, und zwar obwohl ihr Mann vermutlich genug Geld verdient, um seine Familie zu ernähren. Das Wort »tüchtig« bekommt in seinen Ausführungen die Bedeutung der braven, fleißigen Hausfrau. Doch als gebildeter Theologe – er war zu dieser Zeit Bischof und später Kardinal – hätte er wissen müssen, dass das Wort *chajil* im Hebräischen mehr als »fleißig« bedeutet und in anderen Kontexten ganz anders übersetzt wird. Ist von Männern die Rede, wird genau dasselbe Wort mit Begriffen wie »kampferprobt«, »streitbar« oder »fähig« übersetzt.[52] An diesem Beispiel wird deutlich, wie männlich geprägte Bibelauslegung und -übersetzung den Blick auf das vielschichtige und oft moderne Frauenbild der Bibel trüben. Dass Frauen so eingeschränkt wurden, hat nichts mit göttlicher Ordnung zu tun.

Das Hausfrauenideal wirkte bis weit in das 20. Jahrhundert hinein. Viele Frauen konnten es sich nicht leisten, zu Hause zu bleiben, sondern mussten arbeiten. Und das waren keine Traumjobs. Von beruflicher Selbstverwirklichung war die Arbeit in den Fabriken und Firmen so weit entfernt wie ein Handysüchtiger von einem Buch. Die Arbeiterinnen schielten also immer noch sehnsuchtsvoll zu den Frauen, die sich nur um die Familie und Haushalt zu kümmern brauchten.

In den 1960er-Jahren ging der Traum vom reinen Hausfrauendasein für viele Frauen in Westdeutschland in Erfüllung.[53] Es ging wirtschaftlich aufwärts, viele Männer verdienten so viel, dass sie stolz verkündigten: »Meine Frau hat es nicht nötig, arbeiten zu gehen.« Auch Frauen sahen dies als ein Privileg an. Das Idealbild wurde nun zu einer gesellschaftlichen Pflicht. Es war die Geburt der »Rabenmütter«. Das waren Mütter, die zur Arbeit gingen. Kinder, die einen Schlüssel bekamen, damit sie nach der Schule in die Wohnung konnten, wurden als Schlüsselkinder bemitleidet.

Selbst das Gesetz war auf die Hausfrauenehe ausgerichtet. Im Bürgerlichen Gesetzbuch war die Frau bis 1977 verpflichtet, den Haushalt zu erledigen, und durfte nur dann arbeiten gehen, wenn sie ihren familiären Pflichten nachkam. Ihr Mann hatte sogar per Gesetz die Möglichkeit, bei ihrem Arbeitgeber ihren Job zu kündigen, wenn er sich vernachlässigt fühlte. Bekam er keine warme Mahlzeit aufgetragen oder keine frische Wäsche in den Schrank gelegt, dann war das ein Scheidungsgrund. Nicht nur das: Die Frau wurde schuldig geschieden, das heißt, sie bekam keinen Unterhalt und verlor zudem das Sorgerecht für ihre Kinder.

Andererseits waren Frauen von Bauern, Gastwirten und Lebensmittelhändlern dazu verpflichtet, unentgeltlich bei ihrem Mann mitzuarbeiten. Eine Gastwirtsfrau konnte nicht zu ihrem Mann sagen:»Wäsche waschen, einkaufen, kochen, den Kindern bei den Hausaufgaben helfen, sie ins Bett bringen und dann noch hinter dem Tresen Bier zapfen und Gäste bedienen, das ist zu viel für mich. Ich mache nur noch den Haushalt.«

Und noch etwas unterschied die Hausfrau der 1960er-Jahre von der tüchtigen Frau in den Sprüchen: Das Geld verwaltete ihr Mann. Bis 1957 durfte sie kein Konto eröffnen. Wenn sie einen Kühlschrank kaufen wollte, brauchte sie die Unterschrift ihres Mannes, selbst wenn sie das Geld durch ihre eigene Arbeit verdient hatte. Einfach einen Acker zu kaufen, wie die Frau in den Sprüchen, wäre ohne die Erlaubnis ihres Mannes überhaupt nicht möglich gewesen. Die Frau in den Sprüchen, die nach Gottes Willen lebt, hatte somit mehr Freiheiten, als die deutsche Gesetzgebung der Frau zugestand, und das bis in die jüngste Vergangenheit hinein.

Doch die jahrhundertelange patriarchalische Interpretation der »tüchtigen« Hausfrau prägt das Bild der christlichen Idealfrau bis heute. Die Leseordnung der katholischen Kirche am 33. Sonntag des Jahreskreises sieht folgenden Text über die »tüchtige Hausfrau« vor: Sprüche 31,10-13.19-20.30-31. Dabei werden genau die Stellen ausgelassen, in denen die Frau als erfolgreiche Unternehmerin dargestellt wird.

In der hebräischen Fassung wäre es nicht so einfach möglich, die als unpassend empfundenen Zeilen verschwinden zu lassen, denn der Dichter hat diese Verse als Gesamtkunstwerk geschrieben, als hebräische Poesie in Form eines Akrostichons. Die Anfangsbuchstaben der Verse bilden das hebräische Alphabet. So ist das Gedicht einprägsam und nebenbei kann man es nicht so leicht zensieren.

Kann die biblische Idealfrau auch heute ein Vorbild sein?

Was kann uns dieser Text heute noch sagen? Zunächst muss klargestellt werden: Es gibt in der Bibel keine Anweisung, wer für den Haushalt zuständig ist und wer das Geld nach Hause bringt. Im Gegenteil: Die Bibel zeigt an dieser Stelle, dass Frauen ebenfalls zum Lebensunterhalt beitragen. Die Aufteilung, dass der Ehemann für das Geldverdienen und die Frau für den Haushalt zuständig ist, ist kein biblisches Familienmodell, wie oft angenommen wird, sondern ein Modell, das aus dem Bürgertum stammt. Wenn ein Paar sich dazu entschließt, dass die Frau zu Hause bleibt und sich ganz um die Familie und den Haushalt kümmert und der Mann das notwendige Geld verdient, dann ist das eine individuelle Entscheidung und kein biblischer Auftrag.

Heute können wir aus sehr verschiedenen Lebensmodellen wählen. Ein Paar kann sich Hausarbeit und Familienarbeit teilen oder der Mann kann zu Hause bleiben und sich um die Kinder kümmern. Meist ist es jedoch immer noch die Frau, die für Haushalt und Kinder zuständig ist. Wenn ein junges, kinderloses Paar heute zusammenlebt, sind die Aufgaben Beruf und Haushalt meist gerecht verteilt. Aber sobald Kinder da sind, wird die Rollenaufteilung traditionell. Der Mann arbeitet und macht nun einige zusätzliche Überstunden – ob aus finanziellen Gründen, weil er nun eine Familie zu versorgen hat, oder einfach nur, weil es in der

Arbeit entspannter ist. Die Ehefrau hingegen pausiert und steigt danach in Teilzeit ein. Auch in der öffentlichen Wahrnehmung sind Frauen für die Familie zuständig. In der Arbeitswelt gilt immer noch: Für Väter ist eine Familie karrierefördernd, für Mütter karrierehinderlich. Bei Vätern vermutet man, dass sie Verantwortung übernehmen, sozial eingebunden sind, einen Ausgleich zur Arbeit haben, vielleicht sogar eine Frau, die die Wäsche macht und ihnen den Rücken frei hält. Bei Müttern befürchtet man, sie könnten wegen der Kinder zu oft ausfallen. Das sagt schon viel aus. Dass die Frau die Hauptlast der Familie schultert, wird auch daran deutlich, dass man bei einer beruflich erfolgreichen Frau fragt, wie sie es schafft, Familie und Beruf zu vereinbaren. Ein Mann in der Vorstandsetage hingegen hört kaum die Worte:»Oh, Sie haben Kinder? Wie schaffen Sie das, Beruf und Familie unter einen Hut zu bringen?«

Ganz anders als in dem Bibeltext über die tüchtige Frau wird heute nur die Berufsarbeit geschätzt, nur die Arbeit, die Geld einbringt. Die Haus- und Familienarbeit, die der Verfasser des Textes in den Sprüchen als herausragende Arbeit hervorhebt – Lebensmittel einkaufen, kochen, für Kleidung sorgen, Kinder erziehen, sich darum kümmern, dass der ganz normale Familienalltag läuft –, wird nicht als Arbeit anerkannt. Dafür gibt es weder Einkommen noch Rente. Eltern übernehmen eine wichtige gesellschaftspolitische Aufgabe, wenn sie Kinder erziehen, denn diese sind die nächste Generation. Diese Generation bestimmt, wie wir im Alter leben. Sie wird die Verantwortung in Schulen, Kirchen, Firmen und Familien übernehmen. Deshalb hat die Erziehungsarbeit einen entscheidenden Einfluss auf unsere Zukunft. Diejenigen, die heute Energie, Klugheit, Liebe und Zuwendung in Kinder investieren und sie zu verantwortungsvollen, empathischen Menschen erziehen, leisten einen Beitrag für die Gesellschaft, der immer noch unterschätzt wird.

In der Bibel wird die Erziehung der Kinder nicht als Frauensache gesehen, sondern als Aufgabe von Vätern und Müttern gemeinsam. Sie werden oftmals beide angesprochen, doch an vielen Stellen werden explizit die Väter ermahnt:»Ihr Väter, schüchtert eure Kinder nicht ein, damit sie nicht mutlos werden« (Kolosser 3,21; EÜ). Wie viele Kinder leiden darunter, dass sie von ihrem Vater zu wenig Anerkennung und Unterstützung bekommen? Wie viel Energie und Stärke kann ein Vater bei seinen Kindern freisetzen, wenn er sie ermutigt! Ein solches Kind ist für das Leben mit all seinen Schwierigkeiten bestens gewappnet.

Der Text über die »tüchtige Frau« drückt eine große Wertschätzung gegenüber der Familienarbeit aus. Weil diese Anerkennung in unserer Gesellschaft fehlt, sind viel zu wenige Männer bereit, sich in die Familienarbeit einzubringen. Gesellschaftliche Anerkennung würde bedeuten, dass die Arbeitswelt es berücksichtigt, wenn Väter und Mütter einige Zeit beruflich aussetzen oder kürzertreten, und sie würde ihnen den Wiedereinstieg erleichtern. Meistens aber ist es für Frauen und Männer sehr nachteilig, wenn sie sich für die Familienarbeit engagieren. Sie bekommen anschließend schlechtere Jobs und sind im Alter schlechter abgesichert. Die Arbeitswelt nennt die Zeit, in der sich Väter und Mütter zu Hause der Familie widmen, »Elternzeit«. Als ob sie nur in dieser Zeit Eltern wären! Wenn sie, meistens Mütter, zurück in den Beruf kommen, wird diese Zeit wie eine Pause gewertet, in der sie sich eine schöne Zeit gegönnt haben: im See schwimmen, Geschichten vorlesen und mit anderen Müttern Kaffee trinken. Dabei haben sie leider berufliche Entwicklungen verpasst, so lautet der Tenor derjenigen, die Menschen einstellen. Die Arbeitgeber erkennen nicht an, welche Fähigkeiten sich Frauen, und auch Männer, in dieser Zeit angeeignet oder ausgebaut haben: Organisationsfähigkeit, Consulting, Zeitmanagement, Coaching, Mediation, Teamfähigkeit, Pädagogik, Medizin, psychologischer

Beratungsdienst, Ernährungswissenschaft mit Food Styling, Entertainment und Eventmanagement, um nur einige Beispiele zu nennen. Vor allem sind sie multitaskingfähig und außerordentlich belastbar. Das sind Fähigkeiten, die im heutigen Berufsleben gefragt sind! Manager werden in teuren Seminaren geschult, um sich diese Qualifikationen anzueignen. Leider werden die in der Familie erworbenen Fähigkeiten nicht anerkannt, weil es keinen schriftlichen Nachweis mit Stempel und Unterschrift dafür gibt. Dabei ist diese Schulung intensiver als ein Wochenendseminar. Nur wenige Firmen haben bisher erkannt, welche ausgezeichneten Qualifikationen Väter und Mütter mitbringen und welch eine hohe Motivation sie einbringen, wenn sie wieder ins Berufsleben einsteigen.

Der Ehemann der »tüchtigen Frau« in den Sprüchen schätzt nicht nur ihre Berufstätigkeit wert, sondern auch die alltägliche Arbeit, die für viele nicht sichtbar ist. Er macht diese Arbeit öffentlich und als Politiker verlangt er diese Wertschätzung auch von anderen. Der letzte Vers ist eine Ermahnung: »Sie soll für ihre Arbeit belohnt werden und ihre Taten sollen in der ganzen Stadt ihren Ruhm verkünden!« Für heute kann das heißen: Die Arbeit von Frauen, auch die Arbeit zu Hause, sollte in der Politik wertgeschätzt werden. Wertschätzung äußert sich nicht nur durch Worte, sondern auch durch Taten. Eine bessere Familienpolitik wäre die Konsequenz daraus. Gute Kinderbetreuung in unserer heutigen Zeit ist enorm wichtig, doch den Fokus nur auf Kinderkrippen zu legen, ist einfallslos und nicht ausreichend. Viel wichtiger ist es, Väter und Mütter durch individuellere Arbeitszeitmodelle zu unterstützen, durch einen besseren Wiedereinstieg und mehr Absicherung im Alter.

Eine größere gesellschaftliche Wertschätzung für Familienarbeit und politische Unterstützung würde offene Türen bei Vätern und Müttern einrennen. Viele Paare wünschen sich, dass sie die

Familienaufgaben teilen können. Väter möchten gern mehr Zeit mit ihren Kindern verbringen und ihnen nicht nur spätabends Gute Nacht sagen. Umfragen zeigen, dass viele Männer weniger arbeiten wollen, um mehr Zeit für ihre Familie zu haben.[54] Frauen hingegen würden häufig mehr arbeiten, wenn ihre Kinder gut versorgt wären. Würde man Müttern und Vätern mehr Zeit für Familienarbeit einräumen und familienfreundliche Arbeitszeitmodelle einrichten, dann wäre das ein Schritt hin zu mehr Gleichberechtigung und eine weitsichtige Investition für die Zukunft. Und was wollen die Kinder? Die wünschen sich mehr Zeit mit beiden Elternteilen, mit ihren Müttern und ihren Vätern.

Zum Schluss: Auch wenn das »Loblied der tüchtigen Frau« auf den ersten Blick so aussieht, als ob es nur um Leistung ginge, als ob die Frau nur für das gelobt würde, was sie arbeitet, darf nicht übersehen werden, dass es auch sehr viel um Beziehung und gegenseitige Wertschätzung geht: Wertschätzung für Personal, das oft so viel leistet. Wie oft werden im Beruf Menschen ausgebeutet und bekommen wenig Anerkennung? Wertschätzung für Arme. In unserer heutigen Zeit herrscht oft die Haltung, dass jeder selbst an seinem Schicksal schuld ist, denn schließlich ist jeder seines Glückes Schmied. Und zuletzt: Wertschätzung für den Partner. Oft sieht man in seinem Anspruchsdenken nur die Mängel des anderen und nicht seine Stärken.

Das »Lob der tüchtigen Frau« zeigt, wie »modern« die Bibel ist. Sie enthält Botschaften, die für alle Zeiten gelten. Auch die Botschaft, dass Frauen und Männer gleichrangig und gleichberechtigt sind.

Hulda – Eine Prophetin für den König

Josia war acht Jahre alt, als er König wurde.[55] Wer die Regierungsgeschäfte übernahm, solange er noch ein Kind war, wissen wir nicht. Er herrschte 31 Jahre in Jerusalem. Es war eine Blütezeit, denn Josia war ein ausgesprochen guter König, der den Willen Gottes suchte:»Josia tat, was dem Herrn gefiel«(2. Könige 22,2) – ganz im Gegensatz zu seinen Vorfahren. Das israelitische Volk hatte sich in den Jahrzehnten zuvor von Gott abgewandt und sich neue Götter geschaffen. Manasse, Josias Großvater, baute Götzenbilder und Altäre und ging so weit, sie im Tempel aufzustellen und den Tempel damit zu entheiligen. Er trieb Zauberei, Wahrsagerei und Beschwörung und opferte sogar seine Söhne im Feuer der Altäre. Auch sein Volk zog er in diesen Okkultismus mit hinein. Erst als Manasse in einer Schlacht gefangen genommen wurde, kehrte er reuevoll zu Gott zurück. Sein Sohn Amon, Josias Vater, war in dieser okkulten Welt aufgewachsen. Er diente wieder den fremden Göttern, bis er nach zwei Jahren Regierungszeit von seinen Dienern ermordet wurde.

Ein historischer Fund ändert alles

Josia konnte also nicht auf eine bestehende Beziehung zu Gott anknüpfen, sondern hatte schwierige Startbedingungen. Dennoch stellte er von Anfang an Gott in den Mittelpunkt. Er ließ den Tempel renovieren und verwendete dafür die Spenden, die im Tempel eingenommen wurden, so wie heute in den Kirchen die Kollekte eingesammelt wird. Der junge König schickte seinen Hofschreiber Schafan zum Hohen Priester Hilkija, um ihm auszurichten, dass die Aufseher mit dem Geld die Zimmerleute, Bauleute und Steinmetze bezahlen sollten. Josia war kein Kontrolltyp. Die Aufseher konnten über das Geld verfügen, ohne ihm Rechnungen vorzulegen. Er vertraute ihnen komplett.

Bei diesen Renovierungsarbeiten entdeckten die Arbeiter alte Schriftrollen, vermutlich aus dem Deuteronomium (dem 5. Buch Mose), denn es waren Gesetzesbücher. Hilkija gab Schafan die Schriftrollen für den König mit. Als Schafan ihm die Texte vorlas, war Josia entsetzt. Er wusste, dass sein Volk nicht nach Gottes Willen lebte, aber er hatte keine Ahnung, in welchem Ausmaß die Israeliten sich von Gott entfernt hatten. Und nun hörte er, was für Konsequenzen diese jahrzehntelange Götzenanbetung hatte. In dem Text stand, dass Gott über Jerusalem und seine Bewohner Unglück bringen würde.

Was sollte Josia tun? Als Erstes ließ er prüfen, ob der Text wirklich Gottes Wort war. Deshalb beauftragte er die Priester Hilkija, Ahikam, Achbor sowie seinen Hofschreiber Schafan und den Diener Asaja, zur Prophetin Hulda zu gehen. Hulda bestätigte, dass Gott Jerusalem zerstören würde, aber sie hatte auch ein tröstendes Wort für Josia:»Dein Herz war berührt und du hast vor dem Herrn Buße getan, als du hörtest, was ich über diese Stadt und ihre Einwohner gesagt habe, dass nämlich dieser ganze Landstrich verflucht und öde daliegen wird. Du hast deine Kleider zerrissen und vor mir geweint. Deshalb habe ich dich erhört, spricht der Herr. Ich will das vorausgesagte Unglück erst nach deinem Tod über diese Stadt kommen lassen, wenn du in Frieden gestorben und begraben bist. Du wirst das Unglück, das ich über diesen Ort bringen werde, nicht mehr sehen« (Verse 19-20).

War es wirklich Gott, der das Unglück»anordnete«? Oder war es eher die Folge des Verhaltens, das die Israeliten viele Jahrzehnte lang an den Tag gelegt hatten? Gott hatte sein auserwähltes Volk immer beschützt, auch vor überlegenen Feinden. Und er hatte sie trotz ihres Eigensinns und ihrer Rebellion immer wieder mit offenen Armen aufgenommen, wenn sie zu ihm zurückgekommen waren, selbst Manasse. Aber wenn die Israeliten sich von ihm abwandten, konnte er nichts für sie tun. Sie mussten mit den Konsequenzen leben. Die Abgeordneten überbrachten dem König Huldas Botschaft. Das war wahrscheinlich nicht das, was sich Josia erhofft hatte. Er konnte sein Volk nicht retten. Das hielt ihn aber nicht davon ab, mit Gott zu leben. Sein Glaube war nicht berechnend. Er sagte nicht: »Es hat ja sowieso keinen Sinn. Jerusalem wird zerstört werden, egal, was ich mache.« Josia hatte eine Herzensbeziehung zu Gott. Und er erlebte Gottes Fürsorge.

Der König setzte Reformen in Gang. Er ließ das Volk im Tempel zusammenkommen, von den bedeutendsten bis zu den einfachsten Leuten. Ob auch die Frauen dabei waren, ist anhand des Textes nicht klar.[56] Im Tempel las er ihnen vor, was in dem Buch stand, das bei den Renovierungsarbeiten entdeckt worden war. Dann erneuerte er den Bund mit Gott und gelobte, die Gebote des Herrn zu halten. Das Volk versprach dies ebenfalls.

Josia ließ alle Götzen vernichten. Mit dieser Reform setzte er das erste Gebot durch, dass es neben Jahwe keinen anderen Gott geben sollte. Dann veranstaltete er ein großes Passahfest und stiftete Tiere aus seinem Besitz, damit jeder mitfeiern konnte: »Alle versammelten Israeliten feierten das Passah und danach sieben Tage lang das Fest der ungesäuerten Brote. Seit der Zeit des Propheten Samuel war kein solches Passahfest mehr in Israel gefeiert worden. Keiner der Könige Israels hatte je ein Passah wie Josia gefeiert, an dem alle Priester und Leviten, alle Einwohner Jerusalems und Besucher aus ganz Juda und Israel teilnahmen« (2. Chronik 35,17-18).

Die Israeliten lebten in Frieden. König Josia war erfolgreich und sehr beliebt. Er starb in einer Schlacht gegen die Ägypter und wurde in der Familiengruft beigesetzt. Wie von Hulda vorausgesagt, musste er den Untergang von Jerusalem und Juda nicht mehr erleben.

Wer war Hulda?

Hulda war eine Prophetin. Wie schon im Kapitel über Debora erwähnt, bewarb man sich nicht um diesen Posten, sondern man wurde auserwählt. Die Propheten bekamen durch die Offenbarung Gottes eine besondere Gabe des Sehens.[57] Jesus hat sich später oft auf Voraussagen berufen, die mit ihm in Erfüllung gingen. Wie die Propheten diese Kenntnisse empfingen, wissen wir nicht, aber sie waren nicht nur leere Gefäße oder Übermittler, die als Sprechautomaten fungierten, sondern Menschen aus Fleisch und Blut, eigenständige Persönlichkeiten mit eigenen Gedanken, Stärken und Schwächen. Wenn sie das vortrugen, was sie gesehen hatten, dann war es gut durchdacht und ausformuliert. Es ging also ein Prozess des Hörens und Nachdenkens voraus, auch im Gespräch mit Gott.

Die meisten Propheten, die uns heute bekannt sind, waren Männer, was in einer patriarchalen Gesellschaft nicht verwunderlich ist. Auch diejenigen, die Wissen weitergaben, waren Männer. Sie wählten aus, dokumentierten und schrieben Chroniken. Es ist durchaus möglich, dass es mehr Prophetinnen gab, als uns heute bekannt ist. So war offenbar auch die Ehefrau von Jesaja eine Prophetin (Jesaja 8,3), auch wenn uns nichts über ihr Wirken und ihre Botschaft überliefert ist. Wahrscheinlich gab es außerdem Frauen, die von Gott mit besonderen Gaben ausgestattet waren, aber nicht zum Zuge kamen, weil ihre Fähigkeiten von Männern nicht anerkannt wurden oder ihnen leitende Ämter verwehrt wurden.

Dennoch – einige Frauen mit geistlichen Ämtern werden in der Bibel genannt, so auch Hulda. Von ihr haben heute viele Menschen noch nie etwas gehört. Selbst viele Christen kennen Hulda nicht. Daran zeigt sich wieder, wie Bibelwahrheiten konstruiert werden, indem manche Geschichten immer wieder erzählt werden und andere nicht mal am Rande auftauchen.

Hulda war mit Schallum verheiratet, einem hohen Staatsbeamten, der die königliche Kleiderkammer verwaltete. Ob Hulda Kinder hatte, wissen wir nicht, genauso wenig wie bei den Prophetinnen Debora oder Mirjam. Das spielte für ihr Amt offensichtlich keine Rolle. Diese Frauen wurden über ihre Aufgabe als Prophetin definiert und nicht darüber, ob sie Mutter waren oder nicht.

Hulda war eine geistliche Leiterin. Frauen in Führungspositionen halten manche Gemeinden heute noch für unbiblisch, doch Gott hatte Hulda als seine Botschafterin berufen, nicht ihren Mann. Eine geistliche Leiterin zu sein, hatte damals mehr Gewicht als heute. Huldas Ehemann hatte zwar eine Führungsposition am Königshof, aber Huldas Einfluss war weit größer. Ihrer Einschätzung und ihrem Rat folgte sogar der König.

Josia war ein Mann Gottes. Und wie so viele andere Männer, die nach Gottes Willen fragten, ließ auch er sich nicht von kulturellen Geschlechtervorstellungen diktieren, was er zu tun hatte. Er war emanzipiert, das heißt frei von versklavenden Geschlechterklischees. Josia hätte den Propheten Jeremia fragen können oder andere männliche Propheten wie Nahum und Habakuk, die vermutlich zur gleichen Zeit tätig waren.[58] Doch Josia wollte Huldas Einschätzung dieser bedeutenden Schrift haben. Sie war eine kluge Frau, aber wie klug jemand ist, sagt nichts darüber aus, wie sehr er als Ratgeber geschätzt wird und wie oft seine Dienste in Anspruch genommen werden. Auch heute werden eher Männer um ihre sachkundige Einschätzung gebeten als Frauen, selbst wenn sie die besseren Universitätsabschlüsse haben. Es lag also auch an der selbstverständlichen, emanzipierten Haltung des Königs, dass er eine Frau konsultierte. Es wird nichts darüber gesagt, dass Josia überlegte, wen er um Rat fragen sollte. Er sah Huldas Weisheit und befragte sie, weil sie kompetent war. Huldas Ruf als außergewöhnlich kluge Frau mit einer besonderen Nähe zu Gott entstand nicht erst, als der König die Schriftrollen von ihr prüfen ließ, sondern sie hatte diesen Ruf schon vorher, sonst wäre der König nicht auf sie aufmerksam geworden. Hulda musste also schon einiges geleistet haben, von dem wir nichts wissen, weil es nicht dokumentiert wurde.

Hulda zeigte sich sehr selbstbewusst. Sie war nicht unterwürfig, sondern wusste um ihre Kompetenz als Botschafterin Gottes. Auch im Umgang mit dem König redete sie klar und ohne Umschweife.

Der Versuch, die Bedeutung von Hulda herunterzuspielen

Wie so viele Frauen in der Bibel wurde Huldas Bedeutung im Laufe der Jahre in das Massengrab der vergessenen Frauen versenkt. Hulda war eine solche Koryphäe, dass die Staatsmacht *sie* aufsuchte, um den gefundenen Text zu überprüfen, und nicht ihre männlichen Kollegen. Und das, obwohl Jeremia zur gleichen Zeit in Jerusalem wirkte. Er wurde später berühmt, Hulda vergaß man.

Um die Bedeutung von Hulda herunterzuspielen, hat man ihre Funktion entsprechend interpretiert. Im Talmud wird zum Beispiel erklärt, dass Josia und seine Regierungsbeamten nur deshalb zu Hulda gegangen seien, weil sie hofften, dass eine Frau ein milderes Urteil über die Zukunft der Israeliten aus dem Text herauslesen würde.[59] Damit tut man nicht nur Hulda unrecht, sondern auch Josia. Man unterstellt ihm, dass er nicht an der Wahrheit über Israels Zukunft interessiert war, sondern sich eine beschönigende Variante zurechtbiegen lassen wollte. Andere Bibelausleger stufen sie als »Hofprophetin« ein.[60] Bei dieser Interpretation geht man davon aus, dass der König eine Prophetin beschäftigte, die er jederzeit konsultieren konnte. Eine Prophetin für den Hausgebrauch, die Consulting-Abteilung des Königshauses sozusagen. Wäre das jedoch der Fall gewesen, dann hätte der König Hulda zu sich kommen lassen und nicht den Aufwand betrieben, eine ganze Delegation von Regierungsverantwortlichen und geistlichen Oberhäuptern zu ihr zu schicken.

Man sieht hier, welche haarsträubenden Argumente herangezogen werden, um die Bedeutung dieser Frau kleinzureden. Vielleicht liegt dies auch daran, dass Huldas Einfluss noch viel weitreichender ist, als es zunächst den Anschein hat. Mit ihrer Beurteilung, dass der gefundene Text Gottes Wort ist, gestaltete sie nämlich den Bibelkanon mit. Vielleicht ist es ihrer Einschätzung zu verdanken, dass Deuteronomium in die Bibel aufgenommen wurde.[61]

Am Beispiel Huldas zeigt sich, dass Gott Frauen in leitende Ämter berufen hat. Selbst eine patriarchale Gesellschaft und ein Volk, das gegen ihn rebellierte, konnten Gott nicht daran hindern, Frauen an entscheidende Stellen zu setzen. Dazu trugen auch Männer bei, die mit ganzem Herzen nach dem Willen Gottes suchten. Gäbe es heute mehr Männer, die nach dem fragen, was Gott wirklich möchte, anstatt sich blindlings auf kirchliche Traditionen zu verlassen, dann hätten Frauen bedeutungsvollere Funktionen in den Kirchen und Gemeinden.

Hiob – Ein Mann mit Idealen

Obwohl Frauen und Männer heute weitgehend gleichberechtigt sind, nutzen manche Männer in wichtigen Positionen ihre Macht aus, um Frauen ihren Willen aufzuzwingen. Immer mehr Fälle von sexueller Belästigung bis hin zu Vergewaltigung werden publik. Die Vielzahl ist erschreckend. Wären alle Männer wie Hiob, dann gäbe es keine »MeToo«-Debatte. Hiob war ein Mann, der Frauen respektierte, seine eigene Frau und andere Frauen. Gleichberechtigung war für ihn selbstverständlich. Das zeigt sich ganz besonders daran, wie er mit seinen Söhnen und Töchtern umging.

Gott sagte über Hiob: »Er ist der beste Mensch, der auf der Erde lebt« (Hiob 1,8). Hiobs Verhalten war »gottgefällig«, das heißt, es gefiel Gott. Sein Umgang mit Frauen ist deshalb ein Schlüssel, um Gottes Willen bezüglich dieses Themas zu erkennen. Leider gibt es nur sehr wenige Verse, die etwas über Hiobs Verhältnis zu Frauen aussagen, denn in der Geschichte von Hiob geht es hauptsächlich um Fragen zum Thema Leid. Warum lässt Gott Leid zu? Prüft Gott den Glauben von Menschen, indem er sie leiden lässt? Ist Leid eine Strafe Gottes für Sünde und Ungehorsam? Kann ein Mensch mit seinem begrenzten Denken den allmächtigen Gott anklagen?

Das Buch Hiob ist kein einfaches Buch. Es wirft mehr Fragen auf, als dass es Antworten gibt. Über Hiob und sein Schicksal haben sich schon viele Bibelausleger den Kopf zerbrochen. Doch in diesem Kapitel geht es nicht um das Leid, sondern darum, wie Hiob als ein Mann Gottes mit Frauen umging, ein Aspekt, der bisher kaum beachtet wurde.

Wer war Hiob?

Hiob war ein unglaublich reicher Mann. Er besaß 7000 Schafe, 3000 Kamele, 500 Ochsengespanne, 500 Esel und darüber hinaus viele Diener. Kann man sich das vorstellen? Schon allein die 3000 Kamele! Und dann noch all die Ochsen, Esel und Schafe, die Futter brauchten und versorgt werden mussten! Es muss ein Riesenunternehmen mit sehr vielen Mitarbeitern gewesen sein. Hiob hatte sieben Söhne und drei Töchter. Kinder, vor allem Söhne, waren damals ebenfalls ein Zeichen des Wohlstands. Hiob war ein hoch geachteter Mann. Für viele Menschen war er ein Vorbild. Seine Meinung galt etwas. Heute wäre er Eigentümer und Manager eines großen Konzerns. Die Wirtschaftsbosse und Politiker würden seinen Rat einholen.

Das Buch Hiob beginnt mit einer Wette. Der Satan forderte Gott heraus. Er behauptete, dass Hiob nur an Gott glauben würde, weil es ihm so gut ginge, und wollte dies beweisen. Gott war so tief von Hiobs Treue überzeugt, dass er einwilligte. Er erlaubte dem Teufel, Hiob seinen Besitz zu nehmen, nur ihn selbst durfte er nicht antasten.

Der Satan machte daraufhin Hiobs ganzes Vermögen zunichte. Sogar seine Kinder, die – entsprechend dem damaligen Denken – ebenfalls zu seinem Besitz gehörten, ließ er in einem einstürzenden Haus umkommen, genau in dem Moment, als alle zusammen feierten. Nur seine Frau blieb ihm noch. Hiob war todunglücklich und verzweifelt. Dennoch hielt er an seinem Glauben fest. Er vertraute Gott, auch wenn er das alles nicht verstand. Der Teufel hatte die Wette verloren.

Doch der Satan war ein schlechter Verlierer. Er forderte Gott ein zweites Mal heraus: Wenn Hiob krank werden würde, dann würde er sich von Gott abwenden, so behauptete er. Aber Gott ließ nichts auf Hiob kommen. Er war immer noch überzeugt, dass

Hiobs Glauben selbst die schwerste Krise aushalten würde, und ging die Wette ein. Nun schlug der Teufel richtig zu. Ohne Gnade und Rücksicht übersäte er Hiob an seinem ganzen Körper mit Geschwüren, vom Kopf bis zu den Zehen. Sie schmerzten und eiterten, Hiob konnte nicht mehr schlafen und nicht mehr essen. Seine Freunde kamen zu ihm, wollten ihm beistehen und ihn trösten, aber sie machten alles nur noch schlimmer, denn sie waren überzeugt, dass es einen Grund haben musste, wenn Gott ihn so bestrafte. Hiob sah jedoch keine Schuld in seinem Leben, die so eine Behandlung rechtfertigte, und fragte sich verzweifelt, warum Gott ihm das antat. Erst als Gott sich persönlich an ihn wandte, wurde ihm die unermessliche Größe Gottes klar. Mit seinem menschlichen Denken konnte er Gottes Handeln niemals erfassen, aber er sah nun deutlich, dass Gott ihn in seinem Leiden nicht allein gelassen hatte. Er spürte Gottes Liebe und bereute, dass er ihn angeklagt hatte. Sein Leiden fühlte sich nun leichter an, weil er sich bei Gott wieder sicher und geborgen fühlte.

Diese Situation, Gott in seinem Leid anzuklagen, wird sehr anschaulich in dem bereits erwähnten Buch »Die Hütte« von William Paul Young dargestellt. Auch dort hadert ein Vater – er heißt Mackenzie – mit Gott. Seine kleine Tochter wurde entführt, missbraucht und ermordet. In einer Hütte verbringt er ein Wochenende mit dem dreieinigen Gott. Gott Vater, als Afroamerikanerin dargestellt, erklärt ihm:

> »Du versuchst die Welt, in der du lebst, zu verstehen, jedoch aus einer sehr engen und unvollständigen Perspektive. ... Du glaubst, Schmerz und Tod seien das ultimative Böse und Gott sei der ultimative Betrüger oder vielleicht, im besten Fall, zutiefst unglaubwürdig. Du diktierst die Bedingungen, urteilst über meine Handlungen und sprichst mich schuldig. Der wahre, grundlegende Makel in deinem Leben, Macken-

zie, ist, dass du mich nicht für gut hältst. Wenn du wüsstest, dass ich gut bin und alles – die Mittel, die Resultate und alle Vorgänge des individuellen Menschenlebens – in meine Güte eingeschlossen ist, dann würdest du zwar mein Handeln nicht immer verstehen, aber du würdest mir vertrauen.«[62]

Gott erklärt Mackenzie später, dass er auch aus dem Leid Gutes entstehen lassen kann. Das würde aber nicht bedeuten, dass er Tragödien orchestriere. Er zeigt Mackenzie, wie begrenzt seine Sichtweise ist, indem er ihn einen Blick auf seine Tochter werfen lässt. Der verzweifelte Vater sieht, wie glücklich sie ist. So wie Hiob erlebt auch Mackenzie am Ende, dass alles einen Sinn ergibt, auch wenn er ihn nicht versteht.

Hiob hält trotz seiner Schmerzen und des Gefühls der Verlassenheit an Gott fest. Er hadert mit ihm, aber er wendet sich nicht von ihm ab. Der Satan verliert auch die zweite Wette. Gott schenkt Hiob am Ende einen Reichtum, der doppelt so groß ist wie vorher. Er bekommt noch einmal sieben Söhne und drei Töchter und lebt ein langes und erfülltes Leben.

Ob Hiob wirklich gelebt hat, wird in der Theologie angezweifelt. Vielleicht wurde diese Geschichte benutzt, um den Menschen Gottes Wesen näherzubringen, so wie Jesus Gleichnisse verwendet hat. Die orientalische Kultur lebt mit starken und einprägsamen Bildern. Der reiche Kornbauer, von dem Jesus erzählt, der immer noch mehr haben wollte, um seine Scheunen zu füllen, und der dann starb und von seinem Reichtum nichts hatte, den gab es nicht.[63] Und doch gibt es ihn überall. Auch Hiob gibt es, genauso wie die leidenden Menschen heute, die fragen, warum Gott das alles zulässt. Ob Hiob lebte oder seine Geschichte als Glaubensbeispiel erzählt wurde, spielt keine Rolle, denn es ändert nichts daran, dass der Bibeltext inspiriertes Wort Gottes ist, in dem sich Gott den Menschen zeigt. Da Hiob als gottgefällig beschrieben wird, kann er uns ein Vorbild sein, egal ob er eine historische oder eine erfundene Figur ist, so wie der fiktive barmherzige Samariter, den Jesus als Beispiel wählt.

Hiob und seine ersten Kinder

Hiob behandelte seine Töchter und Söhne gleich. In der patriarchalen Gesellschaft waren Söhne sehr viel mehr wert als Töchter. In der Bibel werden daher an vielen Stellen nur die Söhne erwähnt. Über die Töchter berichtet sie oft nur dann, wenn sie für die Geschichte relevant sind wie die Schwester von Mose. Hiob jedoch bevorzugte seine Söhne nicht. Er war ein fürsorglicher und liebevoller Vater, dem seine Töchter genauso am Herzen lagen wie seine Söhne. Hiob war es wichtig, dass Gott nicht nur auf ihn wohlwollend schaute, sondern auch auf seine Kinder. Er wollte, dass es ihnen gut ging. Schließlich hatte er ja selbst den Segen Gottes in seinem Leben reichlich erfahren. Deshalb trat er vor Gott für seine Kinder ein. Wenn seine Kinder mal wieder ausgelassen gefeiert hatten, dann machte er sich Sorgen, dass sie vielleicht in ihrer Feierlaune und bei zu viel Wein über Gott gelästert haben könnten, ohne dass es ihnen bewusst war. Deshalb ließ er seine Kinder am nächsten Tag zu sich kommen und heiligte sie. Für jedes Kind brachte er ein Brandopfer dar, für seine Töchter genauso wie für die Söhne. Er machte keine Unterschiede.

Hiob und seine Frau

Hiob war der reichste Mann weit und breit. Wohlhabende Männer zeigten ihren Reichtum gern dadurch, wie viele Frauen sie sich leisten konnten. König Salomo hatte beispielsweise 700 Frauen und 300 Nebenfrauen.[64] 1000 Frauen – das war eine ganze Menge. Dafür musste man erst mal den Platz haben. Hiob reichte eine Frau. Status war ihm offensichtlich nicht so wichtig. Hiob führte ein gutes Leben. Und seine Frau auch. Als Ehefrau eines reichen Mannes, der dazu noch als »bester Mensch, der auf der Erde lebt« beschrieben wird, hatte sie ein Leben, um das sie viele beneideten. Sie war privilegiert, weil sie ihren Mann nicht mit anderen Frauen teilen musste. Hiob zeigte ihr dadurch seine besondere Wertschätzung. Außerdem hatte sie sieben Söhne und drei Töchter auf die Welt gebracht und großgezogen. Hiobs Frau hatte schon einiges geleistet und konnte zufrieden und gelassen in die Zukunft blicken. Sie war von einer großen Familie umgeben und im Alter würden ihre Kinder für sie sorgen.

Doch dann änderte sich ihr Leben auf einen Schlag. Von einem Tag auf den anderen verschwand der ganze Reichtum. Hiob und seine Frau standen vor dem Nichts. Aber das Schlimmste war, dass all ihre Kinder starben. Was für ein Schmerz das gewesen sein muss, kann wohl kaum jemand nachfühlen, der das nicht selbst erlebt hat. Sie hatte über Nacht ihre ganze Familie verloren, außer ihrem Ehemann. Nicht nur der Verlust ihrer Kinder schmerzte, sie hatte auch keine Aussicht auf Enkelkinder. Wenn sie in ihre Zukunft blickte, sah sie nur Leere und Dunkelheit. Hiobs Frau musste sich auf ein Alter in Armut und Einsamkeit einstellen.

In der Bibel steht nichts darüber, wie es ihr erging, als sie aus ihrem behüteten Leben herausgerissen wurde und ins tiefe Nichts stürzte. Und Hiob? Er war am Boden zerstört, doch er versuchte, sein Schicksal anzunehmen:»Der Herr hat mir alles gegeben und der Herr hat es mir wieder weggenommen. Gelobt sei der Name des Herrn!« (Hiob 1,21).

Doch es kam noch schlimmer. Hiob wurde schwer krank. Mit der Zerstörung seines Körpers griff der Satan Gottes Schöpfung an. Hiob bekam am ganzen Körper Geschwüre. Sie eiterten und juckten. Sogar Maden kamen aus den Wunden. Bei der Hitze müssen die Wunden einen entsetzlichen Geruch verbreitet haben. Für Hiob war der Juckreiz so unerträglich, dass er sich eine Scherbe nahm, um sich zu kratzen. Er war völlig am Ende. Auch hier können wir nur spekulieren, wie es seiner Frau dabei erging. Sie hatte alles verloren: Reichtum, Sicherheit und ihre Kinder. Und nun hatte sie nicht mal mehr einen Mann zur Seite, der ihr eine Stütze sein konnte, sondern nur noch ein stinkendes, ekliges Häufchen Elend. Hiob wusste, wie er auf seine Außenwelt wirkte:»Meiner Frau ist mein Atem zuwider und meinen Brüdern ekelt vor meinem Gestank« (Hiob 19,17).

Für Hiobs Frau war die Situation sehr schwer zu ertragen. Sie sagte zu ihm:»Willst du etwa immer noch an deiner Frömmigkeit festhalten? Sag dich von Gott los und stirb!« (Hiob 2,9). Das klingt sehr hart und zynisch. Es war eine bittere Pille, die Hiob schlucken musste, als sich nun anscheinend auch noch seine Frau gegen ihn stellte. Hiob antwortete ihr:»Du sprichst wie eine Frau, die dumm und gottlos ist. Sollen wir das Gute aus Gottes Hand nehmen, das Schlechte aber ablehnen?« (Hiob 2,10).

Hiob sagt nicht, dass seine Frau dumm und gottlos ist, sondern nur, dass sie so redet. Er vergleicht sie mit solchen Frauen und zeigt damit klar, dass sie nicht zu dieser Sorte von Frau gehört. Er erinnert sie daran, dass Gott ihnen sehr viel Gutes gegeben hat, das sie, ohne zu zögern, angenommen haben. Doch Gott ist eben nicht der Weihnachtsmann, der immer nur Geschenke bringt. Hiob stellt sich hier als Einheit mit seiner Frau dar. Sie gehören zusammen. Sie haben das Gute zusammen erlebt und müssen nun auch das Schlechte zusammen durchstehen. Hiob mutet seiner Frau einiges zu, keine Frage, aber für ihn ist Treue selbstverständlich. Den Anspruch stellt er an sich selbst und er erwartet dasselbe von seiner Frau.

Der Ausspruch der Ehefrau – es ist die einzige Stelle im Buch Hiob, in der sie zitiert wird – zeigt sie als knallharte und mitleidslose Frau. Es hört sich an, als verhöhne sie Hiob und als verhöhne sie Gott. Wenn man den Text genauer ansieht, wird jedoch klar, dass das nicht so ist.

Aus der Sicht der Ehefrau sah es aus, als ob Gott Hiob verflucht hätte. Sie wusste ja nicht, dass der Satan mit Gott eine Wette abgeschlossen hatte und dass Hiob keine Schuld traf. Die Frau stand mit ihrer Ansicht nicht allein da. Auch seine Freunde und alle anderen dachten so. Nicht ohne Grund: Im fünften Buch Mose steht, was geschieht, wenn man den Bund mit Gott bricht: »Der Herr wird euch von Kopf bis Fuß mit unheilbaren Geschwüren bedecken« (5. Mose 28,35). Für Hiobs Ehefrau war klar: Hiob musste irgendetwas Schwerwiegendes begangen haben, das den Bruch mit Gott herbeigeführt hatte. Es war nicht ihr Fehlverhalten oder das von ihnen beiden, sondern von Hiob allein, denn nur er hatte die Geschwüre.[65]

Das Zitat von Hiobs Frau klingt zwar auf Deutsch wie ein Vorwurf, aber das hebräische Original lässt eine andere Deutung zu. In den deutschen Bibelübersetzungen wird der erste Satz mit einem Fragezeichen versehen, doch im hebräischen Text deutet nichts auf eine Frage hin.[66] Der Satz bedeutet also: »Halte an deiner Frömmigkeit fest.« Der zweite Teil kann mit »Segne Gott ab«[67] übersetzt werden, womit ein Abschiedssegen gemeint ist. Hiobs Frau rät ihrem Mann also, sich von Gott zu verabschieden.

Und was ist damit gemeint, dass er sterben soll? Für uns hört sich das so an, als ob sie ihm den Tod an den Hals wünscht, um ihn loszuwerden. Doch auch dafür gibt es eine andere Erklärung. Angesichts seiner Qualen, die er kaum aushielt, sah sie möglicherweise Selbstmord als einen Ausweg, um nicht unter der Folter zusammenzubrechen und Gott zu verfluchen. Wenn er den Tod gewählt hätte, hätte die Folterung keine Macht mehr über ihn gehabt.[68] Hiob selbst wünschte sich nichts sehnlicher als den Tod, und zwar genau deshalb, weil er Gott nicht unter den Schmerzen verfluchen wollte: »Ach, wollte sich meine Bitte erfüllen, würde Gott meine Hoffnung wahr machen! Würde er sich doch entschließen, mich zu vernichten! Ich wünschte, er würde seine Hand ausstrecken und mich töten. Dann hätte ich zumindest einen Trost und würde trotz meiner Schmerzen vor Freude springen: Denn die Gebote des Heiligen habe ich nie missachtet« (Hiob 6,8-10). Wäre er gestorben, dann wäre er glücklich gewesen, weil er Gott bis zu seinem Tod treu geblieben wäre. Hiobs Frau bestärkte ihren Mann in dem, was er sich selbst wünschte.

Vielleicht wünschte sie ihm auch den Tod, weil sie sein Leid sah und keinen Ausweg mehr wusste. Hiob klagte: »Ich habe keine Kraft mehr, um noch länger durchzuhalten. Ich habe kein Ziel vor Augen, das mir Mut machen könnte, meinen Weg weiterzugehen« (Hiob 6,11). Hiobs Frau sah seine Hoffnungslosigkeit. Und sie konnte ihm nicht helfen, denn sie war genauso hoffnungslos. Was für ein Leben lag vor ihr, ohne Kinder, mit einem schwer kranken Ehemann, von Gott verlassen, arm und einsam.

Hiobs Zurechtweisung, nicht dumm und gottlos zu reden, lässt sich darauf zurückführen, dass sie sein Leiden als Folge eines früheren sündigen Verhaltens sah. Sie bewertete seine Geschwüre als einen Fluch, mit dem sie nichts zu tun hatte. Er bestand jedoch darauf, dass er kein Verfluchter war, und kritisierte, dass sie ihre Schicksalsgemeinschaft aufkündigen wollte. Hiob sah seine Frau als gleichwertige Partnerin. Beide mussten diese schwierige Zeit gemeinsam durchstehen.[69]

Hiob und seine Ehefrau hatten unerträgliches Leid erlebt. Wahrscheinlich hatte jeder mit seinem eigenen Schmerz genug zu tun. Dennoch brachte es sie nicht auseinander. Hiob war keiner, der sich an seine Frau klammert, wenn es ihm schlecht geht, und sich nach der Krise neu umschaut. Am Schluss, als es Hiob wieder gut ging und er wieder zu Reichtum gekommen war, teilte er auch dieses Gute wieder mit ihr.

„MeToo"-Debatte – Hiob und andere Frauen

Die »MeToo«-Debatte hat gezeigt, in welch erschreckendem Ausmaß Frauen sexuell belästigt werden. Viele Frauen haben den Mut gefunden, darüber zu reden. Wie viele Frauen gibt es wohl, die noch schweigen?

Im Oktober 2017 rückte die sexuelle Belästigung im Filmgeschäft in den Fokus, angefangen mit dem Weinstein-Skandal. Als einige Schauspielerinnen damit an die Öffentlichkeit gingen, brachen auch andere Frauen ihr Schweigen. Frauen wurden dazu ermutigt, unter dem Hashtag #MeToo über erlebte Belästigung zu twittern, damit das Ausmaß deutlich wird. Es wurde seitdem millionenfach verwendet.[70]

Sexuelle Belästigung geschieht meistens dort, wo sich Männer überlegen fühlen, aber auch in sehr vielen anderen Bereichen, unter Kollegen oder bei Festen, besonders wenn Alkohol im Spiel ist.

Hiob war ein Mann, bei dem man sich sicher fühlen konnte. Keine Frau in seiner Nähe hätte befürchten müssen, dass er sie in irgendeiner Weise sexuell belästigt. Auch als Arbeitgeber nutzte er seine Position nicht aus. Die Mägde behandelte er so respektvoll wie jede Frau. Hiob hatte eine sehr strenge Auffassung von sexueller Belästigung. Sie begann für ihn nicht erst, wenn man einer Frau körperlich zu nahe kommt oder ihren Hintern begrapscht, sondern damit, wie man eine Frau ansieht. Hiob hatte mit seinen Augen »einen Bund geschlossen«, niemals ein Mädchen mit begehrlichen Blicken anzusehen (Hiob 31,1). Er nahm sich nicht von Mal zu Mal zusammen, sondern machte es zu einem Lebensprinzip. Hier muss man sich vergegenwärtigen, dass der Text zu einer Zeit geschrieben wurde, als Männer selbstverständlich über Frauen verfügen konnten, wie sie wollten. Trotzdem setzte Hiob sich selbst diese Grenze. Er degradierte Frauen nicht zu Sexualobjekten, sondern er sah sie als Menschen, die genauso Respekt verdienen wie Männer.

Hiob hatte sich selbst verboten, eine Frau mit Begierde anzusehen. Heute gibt es viele Männer, die Frauen begehrlich ansehen, nicht nur im Büro, auf der Straße oder bei Partys, sondern heimlich zu Hause vor dem Bildschirm. Im Internet sind Pornoseiten frei zugänglich. Der einfache Klick ist für viele eine Versuchung, einfach mal reinzuschauen – und dann wieder und wieder. Viele Menschen können nicht mehr frei darüber entscheiden, was sie ansehen, sondern werden von ihrer Sucht bestimmt. Der Pornografie-Markt ist groß. Er kann nur existieren, weil es Menschen gibt, die sich diese Filme ansehen. Wie viel Ausbeutung und Gewalt dahinterstecken, wissen viele nicht.

Die Devise »sex sells« durchdringt schon längst unseren Alltag und hat weitreichende Folgen. Sie schafft nicht nur den Nährboden dafür, Frauen zu Sexualobjekten zu degradieren, sondern beeinflusst auch die Sexualität der Menschen, vor allem von Jugendlichen, die glauben, diese Show auch im eigenen Schlafzimmer liefern zu müssen.

Hiob hätte es heute bestimmt schwer gehabt, seinen Vertrag mit den Augen einzuhalten, denn überall sind Bilder von spärlich oder nicht bekleideten Frauen in sexy Posen zu sehen, auf Werbeplakaten, im Fernsehen, in Zeitschriften, im Internet. Doch Hiobs Haltung zeigt, mit welcher Entschlossenheit er über seine Sexualität bestimmte. Er hat nicht auf Sexualität verzichtet, wie sein Kinderreichtum zeigt, aber er hat sie mit seiner eigenen Frau gelebt und nicht mit anderen. Frauen begegnete er mit Respekt, auf Augenhöhe – nicht auf Busenhöhe –, und zeigte damit eine große Wertschätzung gegenüber Frauen, insbesondere gegenüber seiner eigenen Frau, der er konsequent treu war. Selbst nach dem großen Unglück, als beide schon recht alt gewesen sein müssen, nahm er sich keine zweite Frau, um für mehr Nachkommen zu sorgen. Für Hiob war es ein Tabu, mit einer anderen Frau eine Liebesaffäre anzufangen. Er hielt es für ein gravierendes Vergehen, das mit harten Konsequenzen bestraft werden muss. Als er grübelte, welche Sünde er begangen haben könnte, erforschte er sich selbst: »Wenn ich mich je von einer Frau betören ließ und an der Tür meines Nachbarn auf sie gewartet habe, dann soll meine Frau für einen anderen die Mühle drehen, und andere Männer sollen mit ihr schlafen. Denn ein solches Begehren ist eine schändliche Sünde, ein Vergehen, das bestraft werden muss. Es ist ein verzehrendes Feuer, das einen bis zum Untergang auffrisst und alles ruiniert, was einem gehört« (Hiob 31,9-12).

Hiob gestand seiner Frau die gleichen Rechte zu. Falls er ein Verhältnis mit einer anderen Frau angefangen hätte, dann wäre seine Frau frei gewesen, Beziehungen mit anderen Männern zu haben. Das wird in diesem Text allerdings im damaligen Zeitgeist formuliert: Die Frauen sind der Besitz der Männer. Wenn Hiob fremdgeht, dann können andere Männer seine Ehefrau besitzen. Das hört sich an, als wäre die Frau den Männern völlig ausgeliefert, und das war sie in der Regel auch. Hiob hätte problemlos Liebesbeziehungen mit anderen Frauen anfangen können, seine Frau wäre ihm weiterhin als Besitz geblieben. Aber Hiobs Denken war anders. Es war geleitet von der Gleichberechtigung. Er sagte, dass er keinen Anspruch mehr auf seine Frau hätte, wenn er sich mit einer anderen Frau einlassen würde. Und das wäre die eigentli-

che Strafe für ihn. Oftmals erlauben sich Menschen einen Seiten-
sprung, aber sie würden ihrem Partner das Gleiche niemals zugestehen.

Eine Liebesbeziehung zu einer anderen Frau ist zerstörerisch.
Sie nimmt einem alles, dessen war sich Hiob sicher. Diese Erfahrung machen heute viele Menschen. Frauen und Männer, die
fremdgehen, riskieren alles: ihre Ehe, ihre Kinder und ihren Besitz. Viele Elternteile sehen ihre Kinder nach der Trennung nur
noch in den Ferien, an manchen Wochenenden oder überhaupt
nicht mehr. Häufig leben sie am Existenzminimum, weil das Geld
nicht für zwei Familien reicht. Und vielen droht die Altersarmut,
vor allem alleinerziehenden Müttern.

Hiobs neue Familie und die Gleichberechtigung

Hiobs Geschichte ist eine tragische Geschichte mit einem Happy
End. Gott heilte ihn und schenkte ihm schließlich doppelt so viel,
wie er vorher besessen hatte, nämlich 14 000 Schafe, 6000 Kamele, 1000 Ochsengespanne und 1000 Eselinnen. Man kann sich den
Reichtum kaum vorstellen. Und er wurde sogar wieder Vater! Obwohl er und seine Frau nicht mehr die Jüngsten waren, bekamen
sie erneut sieben Söhne und drei Töchter. Zehn Kinder – da muss
die Fruchtbarkeit noch sehr lange angehalten haben!

Hiob war diesen Kindern ebenfalls ein liebevoller Vater. Erneut
werden nicht nur die Söhne, sondern auch die Töchter erwähnt,
sogar namentlich – im Gegensatz zu den Söhnen. Seine erste
Tochter nannte Hiob Jemima, die zweite Kezia und die dritte Ke-
ren-Happuch, das bedeutet Täubchen, Zimtblüte und Schmink-
töpfchen (Hiob 42,14; GNB). Die Namen drücken aus, mit welcher
Liebe er an seinen Töchtern hing. Sie alle waren bildhübsch.»Im

ganzen Land fand man keine so schönen Frauen wie die Töchter von Hiob« (Vers 15). Die Söhne werden nicht näher beschrieben. Für Hiob waren seine Töchter aber nicht nur Schönheiten, die man als Vater stolz vorzeigt. Er nahm sie genauso ernst wie seine Söhne und behandelte sie gleichberechtigt, denn er setzte sie als Erbinnen ein. Zu dieser Zeit war es völlig unüblich, dass Frauen erbten. Hiob, als ein Mann Gottes, hatte ein emanzipatorisches Verständnis, das dem Zeitgeist völlig entgegenstand. Wenn man bedenkt, welch ein unermessliches Vermögen Hiob besaß, dann wird deutlich, wie wohlhabend die Töchter durch dieses Erbe wurden: 14 000 Schafe, 6000 Kamele, 1000 Ochsengespanne und 100 Eselinnen – das ist eine ganze Menge. Hiob schenkte seinen Töchtern durch die große Erbschaft Freiheit und Unabhängigkeit. Sie waren nicht darauf angewiesen, dass ein Mann für ihren Lebensunterhalt aufkam. Wenn eine Frau finanziell nicht von ihrem Partner abhängig ist, hat das einen großen Einfluss auf Gleichberechtigung in der Ehe.

Da Hiob in dieser Geschichte noch 140 Jahre lebte, begleitete er seine Söhne und Töchter, bis sie erwachsen waren, sogar bis seine Kinder Urgroßeltern waren: »Er sah vier Generationen seiner Kinder und Enkel. Dann starb er als alter Mann nach einem langen erfüllten Leben« (Verse 16-17).

Die Geschichte erzählt von Hiob als einem Mann Gottes. Er stand ihm besonders nahe und verhielt sich so, wie Jesus es später die Menschen lehrte. Ganz besonders deutlich wird dies, wenn man Hiobs Worte mit denen von Jesus vergleicht. Hiob sagte: »Ich habe einen Bund mit meinen Augen geschlossen, dass ich keine Jungfrau mit begehrlichem Blick anschauen will« (Hiob 31,1). Jesus lehrte: »Wer eine Frau auch nur mit einem Blick voller Begierde ansieht, hat im Herzen schon mit ihr die Ehe gebrochen« (Matthäus 5,28).

Hiob behandelte Frauen respektvoll und gleichberechtigt. Er

war seiner Zeit weit voraus. Deshalb müssen wir uns die Frage stellen, warum wir als Christinnen und Christen heute unserer Zeit oft so weit hinterher sind und Frauen und Männern nicht das gleiche Recht zugestehen – und das auch noch als göttliche Ordnung verteidigen.

Neues Testament

Ein Revolutionär in Gottes Auftrag –
Jesus und die Gleichberechtigung

Gott hat Frauen und Männer gleichwertig und gleichberechtigt geschaffen. Doch die meisten Menschen leben nicht nach Gottes Willen. Sie haben sich ihr eigenes Weltbild geschaffen und in diesem hatte lange Zeit der Mann die Herrschaft. Die Frau war nicht mehr ein Gegenüber des Mannes, so wie es Gott vorgesehen hatte, sondern war ihm völlig untergeordnet. Das ging sogar so weit, dass Frauen als Menschen zweiter Klasse angesehen wurden. Fromme Juden beteten morgens nach dem Aufwachen: »Gesegnet sei Er, der mich nicht als Heide schuf; Gesegnet sei Er, der mich nicht als Frau schuf; Gesegnet sei Er, der mich nicht als Ungebildeten (oder Sklaven) schuf.«[71]

Wie mag es wohl den Frauen ergangen sein, wenn ihr Ehemann so betete? Für sie musste der Eindruck entstehen, dass Frausein eine Strafe Gottes war. Wenn ein Mädchen auf die Welt kam, wurde das wie ein Trauerfall behandelt. Gottes Schöpfung als Fehlkonstruktion! Auf die Söhne waren die Eltern stolz, aber Mädchen waren eine Belastung. Ein Vater konnte seine Tochter bis zu ihrem zwölften Lebensjahr als Sklavin an einen Juden verkaufen.[72] Danach konnte er sie loswerden, indem er sie früh verheiratete. Natürlich war das antike Judentum nicht durchgängig eine frauenfeindliche Kultur. Steile Sätze von einzelnen Rabbinern können nicht als bildgetreuer Spiegel der damaligen Gesellschaft angesehen werden. Die Theologin Bernadette J. Brooten schreibt, dass »das antike Judentum bei näherem Hinsehen sich immer mehr als eine äußerst differenzierte Größe erweist, wo ›frauenfreundliche‹ wie ›frauenfeindliche‹ Tendenzen gleichermaßen vorhanden waren«.[73] Diese Einschätzung von 1981 trifft nach heutigem Forschungsstand noch klarer zu als damals. Dennoch kamen Frauen in der offiziell gängigen Anschauung des damaligen Judentums nicht gut weg, es »scheint das offizielle Judentum von der Inferiorität [d.h. Unterlegenheit bzw. niedrigen Stellung] der Frau überzeugt gewesen zu sein«[74].

Auch wenn die Schriften also zeigen, dass Frauen kein hoher Wert beigemessen wurde, so kann damit nicht ohne Weiteres auf eine fehlende emotionale Beziehung geschlossen werden. Jaïrus, ein bedeutender Mann, liebte seine zwölfjährige Tochter so sehr, dass er alles dafür tat, um ihr Leben zu retten. Der Bruder von Marta und Maria hatte eine enge Bindung zu seinen Schwestern. Auch an vielen anderen Stellen zeigt sich die Zuneigung von Männern gegenüber ihren Frauen und Töchtern. Und dennoch gab es ein sehr großes hierarchisches Gefälle. Die Menschen hatten sich von der gottgeschaffenen Gleichrangigkeit weit entfernt.

Doch so leicht gab Gott seine Schöpfung nicht auf. Die ganze Geschichte der Juden zeigt, mit welch großer Liebe er an seinen Geschöpfen hing und wie sehr er sich um sie sorgte. Deshalb ersann er einen neuen Plan: Er kam selbst auf die Welt. Als dreieiniger Gott schickte er seinen Sohn Jesus, um seine Geschöpfe von all dem zu erlösen, was sie von Gott trennte, und die ursprüngliche Schöpfungsordnung wiederherzustellen.

Jesus brachte eine radikale Wende. Nicht mehr Gesetze und Regeln bestimmten die Beziehung zu Gott, sondern Liebe und Freiheit. Und so lebte Jesus auch. Als er am Sabbat die Hand eines Mannes heilte, war ihm das Leid des Mannes wichtiger als die Einhaltung des Sabbats.[75] Er hätte ja die Hand auch am nächsten Tag heilen können, schließlich war es kein medizinischer Notfall. Das hat er aber nicht getan, weil bei ihm der Mensch im Mittelpunkt steht und nicht das Gesetz.

Jesus brachte den Menschen das Denken und Wesen Gottes

nahe. Auch in Bezug auf das Geschlechterverhältnis räumte er mit dem Patriarchat auf. In einem Disput mit den Pharisäern betonte er, dass Gott am Anfang der Schöpfung den Menschen als Mann und Frau geschaffen hatte.[76] Er machte klar, dass Mann und Frau denselben Ursprung haben. Kein Hinweis auf irgendeine Hierarchie. Auch die Rippengeschichte erwähnte er nicht, die oftmals herhalten muss, um die Überlegenheit des Mannes zu begründen. Gott hat Frauen und Männer gleichberechtigt geschaffen und so behandelt Jesus sie auch. Damit befreit er Frauen von der Unterdrückung und gibt ihnen ihren ursprünglichen Wert zurück. »Niemand anders als er hätte die Befreiung der Frau durchsetzen wollen. Weder ein König noch ein Hohepriester oder ein Philosoph. Dazu bedurfte es der Freiheit und Souveränität eines Denkens, das von Gott her denkt. Und niemand anderer als er hätte sie dann auch durchsetzen können. Dazu bedurfte es der Autorität einer Person, der alte Gesetze keine Grenzen setzen«, so erklärt Peter Seewald in seiner Biografie über Jesus.[77]

Doch Jesus schenkte nicht nur Frauen eine ganz neue Freiheit, er befreite die Menschen auch von einengenden Geschlechterrollen. Jesus als Mann zeigte Gefühle, wie der Evangelist Johannes deutlich macht, wenn er schreibt, dass Jesus Marta, Maria und Lazarus liebte oder zu seinen Jüngern sagte: »Ich habe euch genauso geliebt, wie der Vater mich geliebt hat. Bleibt in meiner Liebe« (Johannes 15,9). Er ist empathisch und einfühlsam, als er der Samariterin am Brunnen zuhört oder als er Thomas, der an seiner Auferstehung zweifelt, seine Wunden zeigt. Er ist fürsorglich gegenüber seinen Jüngern und wendet sich liebevoll Kindern zu, für die er sich genauso Zeit nimmt wie für Erwachsene – und die er sogar als Vorbild hinstellt. Jesus hat viele mütterliche Eigenschaften.[78] Und dennoch ist Jesus kein Weichei. Im Gegenteil: Er ist führungsstark, konfliktfähig und mutig. »Jesus ist ganz Mann. Aber ebenjener Mann als Vorbild einer neuen, besseren Gesellschaft, der in seinem Mannsein auch die weiblichen Komponenten in sich vereint, die bei weniger entwickelten Exemplaren seiner Spezies ungenutzt bleiben. Zum Nachteil des Mannes selbst, seiner umfassenden Fähigkeiten, seiner erstrebenswerten Kompetenz, kurz: der wunderbaren Möglichkeiten einer voll entwickelten Männlichkeit«, so schreibt Peter Seewald.[79]

Die Welt des Wissens für Frauen

Der ungezwungene Umgang von Jesus mit Frauen war etwas völlig Neues. Sie gehörten genauso zu seiner Gefolgschaft wie Männer. Bei Jesus gab es keine Trennung der Geschlechter und keine Hierarchie.

Frauen waren bei Jesus nicht nur Mitläuferinnen, die in der letzten Reihe zuhören durften, was Jesus den Männern sagte. Nein, er sah sie als eigenständige Persönlichkeiten und lehrte sie genauso wie die Männer. Das war eine radikale Wende. Ein Rabbinerspruch lautete, dass man das Gesetzeswort lieber verbrennen als den Frauen geben solle.[80] Was für ein drastisches Bild! Jesus machte deutlich, dass Gottes Wort nicht exklusiv Männern vorbehalten ist, sondern genauso von Frauen gehört und gelesen werden darf und soll.

Jesus ließ Frauen nicht nur zum Theologie-Studium zu, sondern er bereitete seine Lehre auch so auf, dass sie ihn verstehen konnten. Das ist vergleichbar mit der digitalen Wende. Da Frauen weniger in technischen Berufen tätig sind, hatten viele Probleme mit dem Umgang mit Computern, die Erklärungen der Männer halfen ihnen nicht weiter. Doch in speziellen Frauencomputerkursen hatten sie ein Aha-Erlebnis nach dem anderen, weil diese Kurse an ihr Wissen anknüpften.

Um Frauen sein Wissen zugänglich zu machen, zog Jesus in

seinen Gleichnissen die Lebenswelten der Frauen genauso heran wie die Lebenswelten der Männer. Auch das ist bemerkenswert. Normalerweise lebten die Männer in ihrer Männerwelt und hatten keine Ahnung, was die Frauen beschäftigte. Doch Jesus wusste es. Er verbrachte Zeit mit Frauen. Maria und Marta gehörten zu seinen engsten Freunden, ebenso die Frauen, die ihn begleiteten. Auf den langen Wanderungen von einem Ort zum anderen gab es mit Sicherheit sehr viele Gespräche, die weit über die Frage hinausreichten, wo man sich im nächsten Dorf etwas zu essen beschaffen könnte. Die Frauen und Männer erzählten über sich und ihr Leben, sie dachten im Gehen darüber nach und diskutierten über Gott und die Welt. Und Jesus hatte immer ein offenes Ohr. Er wusste deshalb genau, was die Menschen beschäftigte.

Wenn Jesus seine Botschaften in Gleichnisse verpackte, erzählte er sie oftmals in zwei verschiedenen Varianten, er nahm ein Beispiel aus der Lebenswelt von Männern und eines aus der von Frauen.[81] Eine seiner Botschaften war, dass das Himmelreich sich unaufhaltsam seinen Weg bahnt und groß wird. Das erklärte er anhand eines Beispiels aus der Landwirtschaft: »Das Himmelreich ist wie ein Senfkorn, das auf ein Feld gesät wird. Es ist das kleinste von allen Samenkörnern, aber es wächst zur größten Pflanze heran und wird so groß wie ein Baum, sodass die Vögel in seinen Ästen Schutz finden« (Matthäus 13,31-32). Anschließend erzählte er eine Variante für Frauen: »Das Himmelreich ist wie Sauerteig, den eine Frau zum Brotbacken gebrauchte. Obwohl sie eine große Menge Mehl nahm, durchdrang der Sauerteig doch den ganzen Teig« (Vers 33).

In einem anderen Gleichnis veranschaulicht Jesus, wie sehr Gott jeden einzelnen Menschen liebt und sich über jeden freut, der zu ihm zurückkehrt. Gott sieht seine Geschöpfe nicht als Menschenmasse wie ein Popstar seine Fans, sondern als kostbare, einzigartige Persönlichkeiten. Das erzählt Jesus am Beispiel eines verlorenen Schafes.[82] Ein Hirte hat hundert Schafe. Am Abend zählt er sie und bemerkt, dass ihm eines fehlt. Er macht sich auf die Suche nach dem einen Schaf und gibt nicht auf, bis er es gefunden hat. Überglücklich bringt er es zur Herde zurück und erzählt allen seinen Nachbarn und Freunden davon. Die gleiche Botschaft verpackt Jesus in einer anderen Geschichte, in der eine Frau die Hauptrolle spielt. Eine Frau zählt ihr Geld und verliert dabei eine Münze.[83] Sie sucht alles ab, leuchtet in jede Ecke und räumt alle Schränke aus. Als sie die Münze findet, freut sie sich so sehr, dass sie es gleich voller Begeisterung ihren Freundinnen und Nachbarn erzählt. Heute würde sie die Nachricht auf Facebook oder Twitter posten.

Jesus hat seine Botschaft an Frauen und Männer gleichermaßen gerichtet. Doch später wurde die Botschaft aus der männlichen Perspektive interpretiert. Wenn das Gleichnis vom verlorenen Schaf erzählt wird, dann ist allen klar: Gott ist der Hirte. So wie sich die Nachbarn und Freunde mit dem Hirten über das wiedergefundene Schaf freuen, so herrscht im Himmelreich eine große Freude über jeden, der zu Gott findet. Aber die wenigsten sehen in der Frau, die nach ihrer verlorenen Münze sucht, ebenfalls Gott. Doch wen sonst sollte diese Frau darstellen? Jesus erzählt seine Botschaften nicht nur Männern und Frauen in ihren unterschiedlichen Lebenswelten, sondern er zeigt auch Gott als männlich und als weiblich, wie es schon in der Schöpfungsgeschichte berichtet wird: Gott schuf den Menschen als sein Ebenbild, als Mann und Frau. Für Jesus war es ganz selbstverständlich, dass Gott Weibliches und Männliches in sich vereint. Damit brachte er den Frauen Gott näher, die Männer vor allem als dominant und beherrschend erlebten.

Es gibt noch viele andere Geschichten, die speziell auf Frauen und Männer zugeschnitten sind. Um den Neuen Bund Gottes zu erklären, erzählte Jesus beispielsweise, dass ein Winzer neuen

Wein nicht in alte Schläuche füllt und eine Näherin alte Kleidung nicht mit neuem Stoff flickt.[84] Wie Jesus mit Frauen umging, war revolutionär. Für Frauen war es eine ganz neue Erfahrung, dass sie gesehen wurden und dass ihre Lebenswelt, die mehr im Verborgenen stattfand, in seinen Gleichnissen genauso Platz fand wie die öffentliche Welt, in der sich die Männer bewegten. In den Gleichnissen zeigt sich sehr deutlich, dass Jesus Frauen und Männer gleichberechtigt behandelt hat. Frauen haben genauso wie Männer das Recht, zu lernen. Die gute Nachricht gilt für beide Geschlechter gleichermaßen. Nirgendwo ist eine Andeutung, dass eine Aussage nur für Frauen gilt oder nur für Männer – außer wenn Jesus sich konkret an Männer wendet wie bei der Warnung vor begehrlichen Blicken.[85] Eine entsprechende Aussage für Frauen fehlt, weil sie im damaligen Kontext wohl nicht nötig war. Heute würde Jesus vermutlich eine entsprechende Mahnung für Frauen hinzufügen.

Hatte Jesus Jüngerinnen?

Dass Jesus der Messias ist, offenbarte Gott nicht nur einem Mann, sondern auch einer Frau. Als Petrus zu Jesus sagte: »Du bist der Christus, der Sohn des lebendigen Gottes« (Matthäus 16,16), erklärte Jesus, dass ihm das nur der Vater im Himmel offenbaren konnte. Auch Marta wusste, dass Jesus der Messias ist: »Ich bin zu dem Glauben gekommen, dass du der Christus bist, der Sohn Gottes, der in die Welt kommen soll« (Johannes 11,27). Der Unterschied zwischen diesen beiden Aussagen ist, dass Petrus' Statement sehr bekannt wurde, Martas aber nicht.

Heute staunen die meisten Menschen aus unserem Kulturkreis vermutlich nicht darüber, wie Jesus Frauen behandelt hat. Wir kennen die Geschichten um Jesus und haben sie oft gehört, sodass sie für uns normal sind, zumal sein Verhalten dem entspricht, wie heute Frauen und Männer miteinander umgehen. Deshalb können wir uns nicht vorstellen, wie revolutionär sein Verhalten gegenüber Frauen war. Peter Seewald schreibt:»Jesus öffnete und befreite, und sein Beitrag zur Emanzipation des weiblichen Geschlechts ist nicht minder bedeutend als seine Öffnung des Glaubens Israels zu den Heiden hin.«[86] Dass Jesus Frauen so selbstverständlich einbezog, war schon sehr provokativ für die Männer. Jesus räumte mit ihrer Vorherrschaft auf und stellte Frauen auf die gleiche Stufe – so wie es Gottes Schöpfung vorsah. Auch die Evangelisten, die über Jesus schrieben, kehrten die neue Gleichberechtigung nicht unter den Teppich, wie es viele Kirchenmänner später taten, sondern sie dokumentierten sie in ihren Berichten. Es waren Männer, die in einer patriarchalen Kultur aufgewachsen waren. Aber durch das Vorbild von Jesus wurden sie zu so emanzipierten Männern, dass sie von den Frauen in ihrer Mitte erzählten, als wäre das damals ganz selbstverständlich gewesen. Wir können heute kaum ermessen, was für einen großen Schritt diese Männer damit gegangen sind.

In den Berichten der Evangelisten kommen die Frauen sogar besser weg als die Männer.[87] Die Männer werden oft als rechthaberisch und berechnend geschildert wie zum Beispiel die Pharisäer. Die Apostel zeigen sich mitunter schwer von Begriff, sie sind skeptisch wie Thomas oder ängstlich wie Petrus, der ihn verrät. Die Frauen um Jesus hingegen werden oft als neugierig und offen dargestellt, als gastfreundlich und vertrauensvoll und als leidensstark, was sich besonders bei der Kreuzigung von Jesus zeigt.

Dass Frauen nicht predigen und kirchliche Leitungsämter übernehmen sollten, wird oft damit begründet, dass Jesus keine Frauen als Jüngerinnen ausgewählt habe. Leitung sei deshalb Männersache. Loren Cunningham, der Gründer von »Jugend mit einer Mission«, hält dagegen:»Wenn dies ein stichhaltiges Argument ist, warum beschränkt man es auf das Geschlecht? Jesus hat auch nur Menschen aus einer Nation und einer Region – Galiläa – ausgewählt. Alle, die er auswählte, sprachen Aramäisch. Sollten wir deshalb nur Aramäisch sprechende männliche Juden zu Leitern ernennen, die in Galiläa geboren wurden?«[88]

Für die Juden war es ein großer Schritt, den christlichen Glauben auch für Heiden zu öffnen. Dass der Messias nicht nur für die Juden gekommen ist, sondern für alle Menschen, war am Anfang sehr umstritten. Aber die ersten Christen haben begriffen, dass die Botschaft von Jesus nicht nur einem exklusiven Kreis gilt. Trotzdem ist es für viele kirchliche Entscheidungsträger immer noch unvorstellbar, dass Führungspositionen nicht einem exklusiven männlichen Kreis vorbehalten sind.

Zwar waren die berühmten Zwölf ausschließlich Männer, aber zur Gefolgschaft von Jesus gehörten auch Frauen. Einige von ihnen werden namentlich genannt: Maria Magdalena, Johanna und Susanna. Einige der Nachfolgerinnen von Jesus waren vermögend und unterstützten ihn und seine Jünger mit ihrem Geld.[89] Die Frauen zogen mit Jesus und den Jüngern von Dorf zu Dorf. Jesus erzählte überall von der Liebe Gottes zu den Menschen und davon, was das für ihr Leben bedeutet. Die Frauen bekamen dadurch ein enormes Wissen in Theologie, Psychologie und Philosophie, nicht nur ein theoretisches, fernes Wissen, sondern eines, das ihr Leben veränderte, ein Wissen, das ihnen die Tür zu Gott öffnete. Wie bereits erwähnt, gab es sicherlich viele weitere Gespräche auf den Wanderungen, die in der Bibel nicht dokumentiert sind. Aber wir können annehmen, dass Frauen die Gelegenheit nicht ungenutzt ließen, um nachzufragen und zu diskutieren.

Frauen hatten bei Jesus die gleichen Aufgaben wie Männer. Ihr Dienst wurde dem der Männer gleichgestellt. Das Verb *diakonéō* wird für Frauen genauso verwendet wie für Männer, die später leitende Funktionen in der frühen Kirche hatten. Die Frauen, die mit diesem Verb in Verbindung gebracht werden, sind die Schwiegermutter von Petrus, Maria Magdalena, Maria (die Mutter von Jakobus), Salome (die Mutter der Zebedäus-Söhne), Johanna (die Frau des Chuza), Susanna und Marta (die Schwester von Maria und Lazarus).[90]

Der Theologe Ulrich Wendel zeigt auf, dass Frauen in der Gefolgschaft von Jesus genauso predigten wie die Jünger, indem er den Text über diese Frauen wörtlich übersetzt und anhand der Satzstellung aufschlüsselt: »In der folgenden Zeit durchwanderte er (Jesus) nacheinander Städte und Dörfer, indem er predigte und die gute Nachricht vom Reich Gottes ausrief und die Zwölf mit ihm und einige Frauen. Jesus predigte die gute Nachricht und seine Jünger und die Frauen ebenfalls.«[91] Nicht nur Jesus predigte, sondern auch die zwölf Jünger und die Frauen in seinem Gefolge. Auf die bedeutende Funktion von Frauen bei der Ausbreitung des Evangeliums wird später noch näher eingegangen.

Wenn in der Bibel von Jüngern die Rede ist und damit nicht nur die Zwölf gemeint sind, dann ist es sehr wahrscheinlich, dass das Wort auch Jüngerinnen umfasst. Im Gegensatz zum Deutschen ist das Altgriechische nämlich androzentrisch, das heißt, Wörter mit männlicher Pluralendung können sowohl ausschließlich Männer als auch Männer und Frauen meinen[92], genauso wie im Spanischen oder Italienischen. Beispielsweise bedeutet das altgriechische Wort *adelphoí* sowohl »Brüder« als auch »Geschwister« beziehungsweise »Brüder und Schwestern«.[93] Das ist sogar für Bibelleser nachvollziehbar, die nur eine deutsche Bibel vor sich haben. Der Kolosserbrief ist nach wörtlicher Übersetzung »den heiligen und gläubigen Brüdern in Christus« geschrieben (Kolosser 1,2; ELB), doch in 3,18 sind eindeutig Frauen angeredet. Schon diese Beobachtung macht es unmöglich, unter »Brüdern« ausschließlich Männer zu verstehen. Für die damaligen Verfasser war es selbstverständlich, dass Frauen mitgemeint sind, so wie wir heute auch Männer und Frauen meinen, wenn wir von »Christen« reden.

Ob das Wort im griechischen Text nur Männer oder Jüngerinnen und Jünger meint, lässt sich nur anhand des Kontextes erschließen. Wenn nicht der enge Kreis der Zwölf gemeint ist, dann »wird dieser Begriff auf alle angewandt, die dem Herrn nachfolgten«[94] – dazu gehören selbstverständlich auch die erwähnten Frauen. Sie hatten eine sehr enge Beziehung zu Jesus. Sie waren mutig, unerschrocken und treu und standen zu ihm bis zuletzt, auch dann, als es lebensgefährlich war, sich zu ihm zu bekennen. Die Frauen harrten bei Jesus aus und waren bei ihm, als er starb. Die Männer hingegen ließen ihn im Stich und flohen. Nur Johannes wird bei der Kreuzigung erwähnt.[95]

Jesus behandelte Frauen und Männer gleich. Das zeigt sich in all seinen Reden und Handlungen. Er erzählte Frauen genauso wie Männern von der Heilsbotschaft Gottes, damit sie diese in die Welt hinaustragen würden. Nirgendwo sagte Jesus, dass nur die Männer davon erzählen sollen und Frauen sich höchstens in Bibelkreisen darüber austauschen und Kinder unterrichten dürfen.

Wenn Jesus erzählte, dann bezog er sich häufig auf alttestamentliche Aussagen. Er öffnete Frauen eine neue Welt des Wissens. Auch für die Jünger war es wahrscheinlich ungewohnt, dass Jesus Frauen wie ihresgleichen behandelte, als wäre es vollkommen selbstverständlich. Die Männer lernten durch Jesus einen ganz anderen Umgang mit Frauen.

Wenn Frauen in Männerwelten eindringen – und die Welt des Wissens war lange Zeit nur Männern vorbehalten –, dann ist das für viele Männer nicht ganz einfach. Als vor gut hundert Jahren die ersten Frauen zur Universität zugelassen wurden, gab es sehr viele Gegner. Man musste die Studenten ganz schonend an die neue Situation heranführen und trennte im Hörsaal die Studentinnen am Anfang mit einem Vorhang von ihren Kommilitonen ab.

Jesus hat vor 2000 Jahren die Ungerechtigkeit zwischen den Geschlechtern beseitigt und den Frauen die Welt des Wissens geöffnet, aber Männer, die Macht und Einfluss hatten, haben die Tür wieder verschlossen und so getan, als gäbe es diese Seite von Jesus und seine Botschaft nicht. Stattdessen wurden Aussagen aus der Bibel herausgegriffen, die die Macht der Männer stärkten. Viele Männer in der Kirche haben ein großes Machtstreben an den Tag gelegt, manche tun es bis heute. Sie ignorieren das, was Jesus über Macht sagte: »Ihr wisst, die als Herrscher gelten, halten ihre Völker nieder, und ihre Mächtigen tun ihnen Gewalt an. Aber so ist es unter euch nicht; sondern wer groß sein will unter euch, der soll euer Diener sein; und wer unter euch der Erste sein will, der soll aller Knecht sein« (Markus 10,42-44).

Die Frau am Brunnen

Jesus behandelte Frauen nicht nur gleichwertig, sondern wies ihnen oftmals eine Schlüsselrolle zu. Sie hatten einen aktiven Part bei der Verbreitung seiner Botschaft. Das zeigt die Geschichte von der Frau am Brunnen.[96] Sie war die erste Evangelistin, die Gottes Heilsbotschaft verkündigte. Jesus vertraute ihr das an, was er bisher noch niemandem gesagt hatte, nämlich, dass er der Messias ist.

Diese Begegnung war für damalige Verhältnisse außergewöhnlich. Jesus war mit seinen Jüngern auf dem Weg nach Galiläa und reiste durch Samarien, eine Region, die fromme Juden normalerweise mieden. Es war heiß und staubig. Jesus und die Jünger waren müde und wünschten sich nichts mehr als ein frisches Brot, einige Feigen und einen kühlen Krug Bier – oder zumindest Wasser. Als sie an einen Brunnen kamen, ruhte sich Jesus dort aus, während die Jünger ins Dorf gingen, um etwas zu essen zu kaufen.

Kurze Zeit später kam eine Frau, um Wasser zu holen. Sie erschrak, als sie einen Mann am Brunnen sah, denn normalerweise war um die Mittagszeit, wenn es am heißesten ist, niemand dort. Genau das war der Grund, warum sie nicht wie die anderen Frauen morgens oder abends zum Brunnen ging, wenn es etwas kühler war. Die Frau wusste um ihren Ruf. Sie galt als leichtlebig, eine Frau mit wechselnden Affären. Die anderen wollten nichts mit ihr zu tun haben und redeten nicht mit ihr, sondern nur über sie. Vielleicht zögerte sie kurz, als sie Jesus dort sitzen sah. Aber jetzt wieder umdrehen? Wahrscheinlich eilte sie mit gesenktem Blick zum Brunnen, um Wasser zu schöpfen und rasch wieder zu verschwinden, und dachte, der Mann würde sie als Frau sowieso nicht beachten. Doch stattdessen sprach er sie an:»Bitte, gib mir zu trinken« (Johannes 4,7). Das brachte sie aus der Fassung. Eine Frau auf der Straße anzusprechen war für fromme Juden weit unter ihrer Würde, sogar eine Schande. Und sie war noch nicht mal eine Jüdin, sondern eine Samariterin! Die Samariter galten als zweifelhaft in Glaubensfragen, als eine Art»Ketzer«. Juden vermieden jeden Kontakt mit ihnen. Und nun bat dieser Mann sie, ihm etwas zu trinken zu geben. Die Hitze hatte ihm offensichtlich den Verstand vernebelt. Deshalb machte sie ihn darauf aufmerksam, wer sie war, falls es sich doch um ein Versehen handelte:»Du bist ein Jude und ich bin eine Samariterin. Warum bittest du mich, dir zu trinken zu geben?« (Vers 9). Jesus antwortete daraufhin:»Wenn du wüsstest, welche Gabe Gott für dich bereithält und wer der ist, der zu dir sagt: ›Gib mir zu trinken‹, dann wärst du diejenige, die ihn bittet, und er würde dir lebendiges Wasser geben« (Vers 10).

Die Samariterin verstand nicht, was er damit meinte, daher erzählte Jesus ihr in seiner anschaulichen Sprache von seinem Wasser, das jeden Durst stillt. Wenn sie sein Wasser trinken würde, wäre sie nie mehr durstig. Das klang verlockend! Nie mehr Wasser holen müssen! Sie bat Jesus, ihr dieses Wasser zu geben. Darauf sagte er, sie solle ihren Mann holen. Sie antwortete, dass sie nicht verheiratet sei. Jesus erwiderte:»Das stimmt! Du hast keinen Mann. Du hattest fünf Ehemänner, und mit dem Mann, mit dem du jetzt zusammenlebst, bist du nicht verheiratet« (Verse 17-18).

Jesus schafft mit diesen Worten einen Bezug zu dem Wasser, das ihre Bedürfnisse stillt. Die Suche nach Anerkennung und Liebe durch Männer konnte den Lebensdurst der Frau nicht stillen. Doch Jesus erfüllt diese Sehnsucht. Er führt sie Schritt für Schritt an den Punkt, an dem sie erkennen kann, dass er die Antwort auf ihre Sehnsüchte ist. Er zeigt ihr, dass er ihre Lebenssituation und ihr Innerstes genau kennt. Eine völlig neue Erfahrung! Jesus schenkt ihr seine ganze Aufmerksamkeit, er weiß alles über sie und bringt ihr trotzdem Wertschätzung entgegen – keine Spur von Verachtung oder Überheblichkeit, wie sie es sonst gewohnt war.

Jesus nahm sie als Diskussionspartnerin ernst und sprach auf Augenhöhe mit ihr, auch über die Glaubenskonflikte zwischen den Samaritern und Juden. Ein theologisches Gespräch am Brunnen – mit einer Frau! Das konnten selbst die Jünger, die ja schon einiges von Jesus gewohnt waren, bei ihrer Rückkehr nicht fassen: »Sie waren erstaunt, ihn im Gespräch mit einer Frau zu sehen« (Vers 27). Dieses Ereignis war offensichtlich so ungewöhnlich, dass Johannes das Erstaunen der Jünger in seinem Text festhielt.

Was die Jünger wohl gesagt haben, als sie erfahren haben, dass sich Jesus mit dieser Frau nicht nur über das Wetter unterhalten hat, sondern ihr offenbart hat, dass er der ersehnte Messias ist? Das bedeutendste Ereignis der Menschheitsgeschichte für Christen, die Menschwerdung Gottes, erfährt zuerst eine Frau. In der Bibel ist kein ausführlicheres Gespräch mit Jesus aufgezeichnet als das mit der Samariterin. Selbst die Unterhaltung mit Nikodemus, mit dem sich Jesus ebenfalls über theologische Fragen unterhalten hat, wird nicht so ausführlich wiedergegeben.[97] Und Nikodemus war nicht nur ein Mann, sondern zudem ein angesehener jüdischer Gelehrter, ein Pharisäer. Auch unter ihnen gab es Männer, die nicht selbstgefällig waren, sondern sich ernsthaft mit dem Willen Gottes auseinandersetzten. Das Gespräch mit der Samariterin verdeutlicht, dass Jesus Männern keine Vorrangstellung einräumt. Diese haben sich Männer selbst genommen.

Die Samariterin war aber nicht nur die Erste, die erfuhr, dass Jesus der versprochene Retter war, sie wurde auch zur ersten Evangelistin. Sie rannte überwältigt in ihr Dorf und erzählte den anderen, dass sie dem Messias begegnet war. Ihre Freude war ansteckend und überzeugend. Viele glaubten ihr, der Außenseiterin, vermutlich weil ihre Veränderung nach außen sichtbar war. Die Dorfbewohner eilten schnell mit ihr zum Brunnen und baten Jesus, bei ihnen zu bleiben. So verbrachte er zwei Tage mit ihnen. Viele kamen, um ihn zu hören, und sagten dann zu der Samariterin: »Nun glauben wir, weil wir ihn selbst gehört haben, und nicht nur aufgrund deiner Worte. Jetzt wissen wir, dass er wirklich der Retter der Welt ist« (Vers 42).

Die Samariterin war die Erste, die Jesus als den Messias verkündete, denn Jesus gab sich ihr zuerst zu erkennen – obwohl sie eine Frau war. Oder vielleicht gerade weil sie eine Frau war und eine besondere Offenheit für diese unglaubliche Botschaft hatte? Für ihn waren Männer und Frauen gleichwertig, doch er setzte ein Zeichen, als er sich einer Frau gegenüber als Messias offenbarte. Damit gab er Frauen eine Bedeutung, die völlig konträr zur damaligen Ansicht der Juden war. Er wählte eine Frau als erste Evangelistin aus. Wie ist es da möglich, dass Frauen heute immer noch davon abgehalten werden, ihn auf der Kanzel zu verkündigen?

Marta und Maria – Haushalt oder Studium?

Wenn Jesus Frauen begegnete, sah er ihre unverwechselbare Persönlichkeit. Er nahm sie genauso ernst wie Männer und begegnete ihnen auf Augenhöhe. Und er zeigte ihnen die gleiche Wertschätzung. Frauen gehörten genauso zu seinen Freunden wie Männer. Zu den Geschwistern Marta, Maria und Lazarus hatte er eine innige Beziehung. Johannes schreibt: »Jesus aber liebte die Marta und ihre Schwester und den Lazarus« (Johannes 11,5; ELB).

Vor dem Zeitalter des Briefeschreibens und des Social Networking konnten Freundschaften nur durch persönliche Begegnungen entstehen. Wenn Jesus nach Jerusalem ging, besuchte er Marta, Maria und Lazarus öfter, denn ihr Dorf lag ganz in der Nähe. Die drei Geschwister waren unverheiratet, das war damals eher unüblich. Besonders für Frauen war es ein großer Makel, denn ihre Lebensaufgabe war, zu heiraten und Kinder zu bekommen. Es war die einzige Möglichkeit für sie, versorgt zu sein. Frauen waren vollkommen von Männern abhängig. Kinderlose Witwen gehörten deshalb zu den Ärmsten der Gesellschaft. Die beiden Schwestern waren durch ihren Bruder Lazarus abgesichert. Auch wenn sie als ledige Frauen nicht denselben Status hatten wie eine verheiratete Frau, so waren sie wahrscheinlich freier als die Ehefrauen, die ihren Männern völlig ausgeliefert waren. Wir wissen nicht viel über das Zusammenleben der Geschwister, aber es scheint ein gutes Miteinander gewesen zu sein. Jesus fühlte sich offensichtlich sehr wohl bei ihnen.

Marta und Maria waren sehr unterschiedlich. Marta war wahrscheinlich die Ältere. Sie übernahm Verantwortung, war pragmatisch und konnte zupacken. Außerdem war sie eine aufmerksame Gastgeberin und wollte, dass Jesus und seine Jünger sich wohlfühlten. Maria hingegen war ein Freigeist. Sie unterwarf sich nicht gern Zwängen. Und sie war interessiert, aufgeschlossen für Neues und wissbegierig. Eine der Geschichten, die in der Bibel von Marta und Maria erzählt wird, ist ein weiteres Beispiel dafür, wie Jesus mit traditionellen Geschlechterrollen aufräumte.

Eines Tages besuchte Jesus wieder mit seiner Gefolgschaft seine drei Freunde.[98] Meistens hatte er eine ganze Menge Leute im Schlepptau, seine Jünger und wahrscheinlich noch einige andere, die sich ihm angeschlossen hatten. Es ist anzunehmen, dass sie nicht gesättigt dort ankamen und nur kurz auf einen Kelch Wasser vorbeischauten, sondern dass sie wirklich hungrig waren. Gastfreundschaft hatte und hat im Nahen Osten einen hohen Wert. Auch wenn jemand unangemeldet kommt – und das ist der Normalfall –, tischt man auf. Marta und Maria waren in eine traditionelle Frauenrolle hineingewachsen. Sie waren es gewohnt, dass ihr Platz in der Küche war und sie die Gäste bewirteten. Marta machte sich gleich an die Arbeit. Der Pizza-Service war noch nicht erfunden, deshalb musste Marta selbst Fladen machen. Sie hatte alle Hände voll zu tun. Wahrscheinlich hatte sie nicht mal eine Tüte Mehl vorrätig, sondern musste erst Getreide mahlen, um genug Fladen für alle Gäste backen zu können.

Marta verhielt sich so, wie man es von einer Frau erwartete. Sie arbeitete in der Küche, während die Männer nebenan über theologische Fragen diskutierten, ähnlich wie heute in vielen Kirchen und Gemeinden. Die Frauen kochen Kaffee, backen Kuchen, dekorieren die Tische und Männer predigen. Und Maria? Sie scherte aus und fügte sich ganz und gar nicht der Frauenrolle. Statt Marta in der Küche zu helfen, tat sie etwas, das normalerweise nur Männern gestattet war. Sie setzte sich Jesus zu Füßen und hörte ihm zu, genauso wie die Jünger. Es war damals üblich, dass sich die Gelehrtenschüler zu Füßen des Rabbis setzten; das war die Unterrichtshaltung. Die Männer waren unter sich. Dass eine Frau sich daruntermischte, war undenkbar. Maria wusste das, aber es kümmerte sie nicht. Oder vielleicht doch? Vielleicht kostete es sie Mut, sich zwischen all den Männern niederzulassen. Vielleicht war ihr Wissensdurst größer als ihre Ängstlichkeit und ihre kulturelle Prägung. Wie die Männer um Jesus wohl reagierten? Waren sie erstaunt? Oder schockierte sie nichts mehr, weil sie tagtäglich erlebten, dass bei Jesus alles anders war, als sie es gewohnt waren? Maria saß bei Jesus und hing wie gebannt an seinen Lippen. Dass Marta sich in der Küche abhetzte, war ihr anscheinend egal. Marta ärgerte sich darüber. Kann man gut verstehen. Sie sagte zu Jesus:»Ist es nicht ungerecht, dass meine Schwester hier sitzt, während ich die ganze Arbeit tue? Sag ihr, sie soll kommen und mir helfen« (Lukas 10,40). Warum sagte Marta ihr das nicht selbst? Vielleicht hatte sie Maria schon aufgefordert, ihr zu helfen, und diese hatte sie einfach ignoriert? Jetzt suchte sie sich Verstärkung. Oder vielleicht wollte Marta, dass Jesus bemerkte, wie sehr sie arbeitete, und hoffte auf seine Anerkennung. Vordergründig ärgerte sich Marta darüber, dass die ganze Arbeit an ihr hängen blieb. Aber möglicherweise steckte etwas ganz anderes dahinter. Vielleicht beneidete sie ihre Schwester, dass sie sich eine Freiheit herausnahm, die sie sich selbst nie erlaubt hätte. Dass Maria sich nicht an die Regeln hielt und sich nicht in ihre Frauenrolle einfügte, hat schon etwas Provokantes. Wir wissen nicht, was der tiefere Grund von Martas Ärger war. Aber Marta war keine Frau, die einfach alles hinnahm, sondern eine, die ihrem Ärger Luft machte. Eine fügsame Frau war sie genauso wenig wie ihre Schwester. Zu Jesus hatte sie ein so enges Vertrauensverhältnis, dass sie offen mit ihm reden konnte. Marta erwartete, dass Jesus die Sache genauso sehen würde wie sie und sie unterstützen würde, schließlich setzte sie sich voll und ganz dafür ein, dass Jesus und seine Jünger versorgt wurden, während Maria ihren eigenen Interessen nachging. Man kann sich gut in Marta einfühlen. Viele Christen engagieren sich bis an den Rand ihrer Kräfte und hoffen, dass Jesus ihren Fleiß sieht und ihn mit Wohlwollen betrachtet.

Doch Jesus reagierte völlig anders, als Marta erwartete. Er sagte zu ihr: »Meine liebe Marta, du sorgst dich um so viele Kleinigkeiten! Im Grunde ist doch nur eines wirklich wichtig. Maria hat erkannt, was das ist – und ich werde es ihr nicht nehmen« (Verse 41-42).

Vielleicht schaute Marta ihn entgeistert an. Aber vielleicht war sie nicht mal überrascht, weil sie oft genug erlebt hatte, dass Jesus eine ganz andere Sicht auf die Dinge hatte. Jesus liebte Marta genauso wie Maria. Er sah, wie sie sich bemühte, und sagte ihr das. Aber er erklärte ihr auch, dass das pflichtgetreue Tun zweitrangig ist. Viel wichtiger ist die Beziehung zu Jesus. Ihm zuzuhören und von ihm zu lernen, darauf kommt es an. Jesus machte ihr klar, dass seine Lehren sich nicht nur an Männer richten, sondern genauso an Frauen. Marta hätte sich auch dazusetzen und ihm zuhören dürfen, mehr noch: Sie hätte es tun sollen!

Auch hier wird wieder deutlich, dass Jesus Frauen und Männer absolut gleich behandelt. Bei ihm gibt es keine Sonderstellung für Männer. Er sieht Frauen nicht nur als arbeitende und dienende Wesen, sondern als denkende Persönlichkeiten. Jesus lehrte sie und öffnete ihnen die Tür zu einer Welt des Lernens und des Wissens. Damit setzte er am Schalthebel der Gleichberechtigung an, denn Bildung ist der wichtigste Schritt zur Emanzipation.

Jesus hat die Rollenüberschreitung von Maria nicht einfach nur toleriert, sondern er hat sie darin bestärkt: »Es soll ihr nicht weggenommen werden«, übersetzt Luther. Jesus hat die einengenden Geschlechterrollen aufgebrochen und die Geschlechterklischees gesprengt. Frauen betrachtete er als den Männern intellektuell ebenbürtig. Diese Sichtweise wurde von den kirchlichen Bibelinterpreten leider nicht übernommen. Frauen galten fast 2000 Jahre lang als intellektuell weit unter dem Mann stehend und mussten lange dafür kämpfen, studieren zu dürfen.

Maria wird noch an einer anderen Stelle in der Bibel erwähnt, wo sie ebenfalls durch ihr ungewöhnliches Verhalten auffiel.[99] Als Jesus seine Freunde wieder einmal besuchte, veranstalteten sie ein Festessen. Marta war wieder die perfekte Gastgeberin. Die Männer saßen zusammen, genossen das köstliche Essen, das Marta, vielleicht zusammen mit Maria, zubereitet hatte, und unterhielten sich angeregt. Plötzlich kam Maria in die Männerrunde, in der Hand ein Fläschchen mit kostbarem Öl. Es war ein wirklich teures Öl! Der Wert entsprach ungefähr einem Jahreslohn der damaligen Zeit. Das wären heute vielleicht 20 000 Euro oder mehr. Wir wissen nicht, warum Maria ein so teures Öl besaß. Vielleicht war es ihre Aussteuer. Wir können aber annehmen, dass es das Kostbarste war, das sie hatte, wahrscheinlich sogar ihr einziger wertvoller Besitz. Sie öffnete das Ölfläschchen und salbte mit dem unsagbar teuren Öl die Füße von Jesus. Die Männer waren fassungslos. Welch eine Verschwendung! Judas rief, dass man das Öl hätte verkaufen und das Geld den Armen geben können. Wie vielen Menschen hätte man damit helfen können! Mit so viel Geld! Stattdessen schüttete Maria das ganze teure Öl einfach über Jesus. Judas empörte sich, doch auch hier nahm Jesus Maria in Schutz: »Lass sie. Sie hat es als Vorbereitung für mein Begräbnis getan. Die Armen habt ihr immer bei euch, aber ich werde nicht mehr lange bei euch sein« (Johannes 12,7-8).

Ob Maria spürte, dass die Zeit mit Jesus begrenzt sein würde? Hatte sie eine vage Ahnung, dass er bald nicht mehr da wäre? Oder hatte sie ein größeres Wissen als die anderen? Sie hatte viel Zeit mit ihm verbracht. Wenn er lehrte, setzte sie sich ihm zu Füßen und hörte ihm aufmerksam zu. Nichts entging ihr. Sie war eine Schülerin, die wirklich das erfasste, was Jesus lehrte. Vielleicht wusste sie tatsächlich mehr als die Männer, die um Jesus herum waren und vieles erst im Nachhinein begriffen.[100]

Ehefrauen und Ehemänner – Gleiches Recht für alle

Frauen waren im alten Israel vollkommen vom Wohlwollen ihres Mannes abhängig. Ein Mann konnte sich jederzeit scheiden lassen. Dazu brauchte es nicht viel. Es reichte schon, wenn das Essen verbrannt war oder wenn sie älter wurde und nicht mehr attraktiv genug aussah.[101] Ein Mann konnte auch mehrere Frauen haben, wenn er es sich finanziell leisten konnte, oder zu Prostituierten gehen. Das galt alles nicht als Ehebruch. Schlief ein Mann mit der Frau eines anderen Mannes, sahen die Gesetze im Alten Testament die Todesstrafe für beide vor.[102] Im ersten Jahrhundert nach Christus wurde in Israel jedoch offensichtlich nur die Frau als schuldig angesehen, wie ein Bericht aus dem Johannesevangelium zeigt. Dort wird eine Frau »auf frischer Tat beim Ehebruch ertappt« (Johannes 8,4) – das ist wohl kaum möglich, ohne auch den Mann zu ertappen, doch dieser wird nicht erwähnt.

Dass Jesus die religiösen Vorschriften scheinbar überging oder sie auf seine ganz eigene Weise interpretierte, gefiel den geistlichen Oberhäuptern überhaupt nicht. Und dass er Frauen behandelte, als wären sie den Männern gleichgestellt, gefiel ihnen noch weniger. Jesus schien sich in allem gegen Gottes Gesetze zu stellen. Das Erschreckende in den Augen der Pharisäer und Schriftgelehrten war, dass Jesus so viele Anhänger hatte. Jeden Tag wurden es mehr. Die Pharisäer sahen in seiner Botschaft eine gefährliche Irrlehre. Das musste der Bevölkerung klargemacht werden. Deshalb versuchten sie, Jesus zu überführen.[103]

Sie brachten eine Frau zu Jesus und sagten: »Diese Frau ist auf frischer Tat beim Ehebruch ertappt worden. Nach dem Gesetz Moses muss sie gesteinigt werden. Was sagst du dazu?« (Johannes 8,4-5). Sie wollten ihn damit in eine Zwickmühle bringen. Hätte Jesus gesagt: »Ja klar, so steht es im Gesetz. Nur zu!«, dann hätte er sich gegen die Gepflogenheiten unter der römischen Besatzung gewendet, die Todesstrafe nicht zu vollstrecken, und er hätte die Menschen von sich entfremdet. Sie hätten nicht verstanden, dass Jesus Liebe predigte, aber Vergeltung ausübte. Wenn sich Jesus jedoch gegen eine Steinigung ausgesprochen hätte, dann hätte er die jüdischen Gesetze missachtet.

Hier zeigt sich, wie ungerecht der Ehebruch bewertet wurde. Die Frau wurde vorgeführt, der am Ehebruch beteiligte Mann nicht. Schuldig war für die Pharisäer allein die Frau.

Jesus ließ sich mit einer Antwort Zeit. Die Pharisäer und Schriftgelehrten standen um ihn herum und warteten, was er wohl sagen würde. Gleich würde die Falle zuschnappen. Auch die Jünger waren gespannt auf seine Antwort. Jesus aber bückte sich und schrieb mit dem Finger in den Sand. Darüber, was er schrieb, sagt die Bibel nichts. Die Schriftgelehrten und die Menschen, die sich inzwischen angesammelt hatten, wurden ungeduldig: »Sag schon! Was sollen wir in diesem Fall tun?« Da schaute Jesus sie an und sagte: »Wer von euch ohne Sünde ist, der soll den ersten Stein auf sie werfen!« (Vers 7). Mit so einer Antwort hatten sie nicht gerechnet. Manch einer, der schon einen Stein in der Hand hatte, legte ihn auf den Boden. Keiner warf einen Stein. Einer nach dem anderen gingen sie betroffen und nachdenklich weg. Schließlich waren nur noch Jesus und die Frau da, und vielleicht die Jünger.

Die Frau stand noch unbeweglich an dem Platz, wo ihre Ankläger sie vorgeführt hatten. Der Schreck saß ihr noch in allen Gliedern. Bis vor wenigen Minuten war nicht klar gewesen, ob ihre letzte Stunde geschlagen hatte. Sie konnte nicht fassen, dass sie nun frei sein sollte, und blieb wie versteinert stehen. Sie war der Hinrichtung entronnen, aber was erwartete sie nun?

Jesus stand auf und fragte die Frau: »Wo sind sie? Hat dich keiner von ihnen verurteilt?« »Niemand, Herr«, antwortete sie.

»Dann verurteile ich dich auch nicht«, sagte Jesus. »Geh und sündige nicht mehr« (Verse 10-11).

Die Frau war frei. Jesus begann nicht, der Frau ihr Fehlverhalten vorzuhalten. Es spielte keine Rolle mehr, was sie falsch gemacht hatte. Es ging nur darum, einen anderen Weg einzuschlagen und ihr Leben zu ändern. Jesus sah sie nicht als handlungsunfähiges Opfer, sondern als eine eigenständige Persönlichkeit, die Verantwortung für ihr Leben hat und daraus etwas machen kann. Erst schenkt Jesus die Freiheit und dann die Chance, das eigene Leben zu ändern. Nicht umgekehrt. Man muss nicht erst sein Leben ändern, um sich Freiheit zu verdienen. Die Gnade kommt zuerst.

Gott unterscheidet die Sünde nicht nach Schweregrad. Jesus machte die Männer moralisch auf gleicher Ebene verantwortlich. Die Sünde der Frau hatte das gleiche Gewicht wie das Fehlverhalten der Pharisäer, die sich so viel besser fühlten als die Frau. Was für eine völlig andere Sichtweise! Für die Männer war es sicher unfassbar, dass sie mit einer Frau auf eine Stufe gestellt wurden, dazu noch mit einer so unmoralischen Frau. Wir können heute kaum nachvollziehen, was diese Gleichberechtigung, die Jesus demonstrierte, für die damalige Welt bedeutete.

Die Gleichberechtigung zeigt sich auch darin, dass Jesus die Männer für Ehebruch genauso verantwortlich macht. Galten für sie die Frauen als die Alleinschuldigen, so setzte Jesus in seiner Bergpredigt ganz andere Maßstäbe: »Wer eine Frau auch nur mit einem Blick voller Begierde ansieht, hat im Herzen schon mit ihr die Ehe gebrochen« (Matthäus 5,28). Das ist ein hoher Anspruch. Was bedeutet er für uns heute in einer sexualisierten Welt? Wie viele Männer betrachten Frauen heimlich oder offen mit begehrlichen Blicken, auf der Straße, im Fernsehen oder im Internet? Und etliche Frauen tun das Gleiche mit Männern, auch wenn es deutliche Unterschiede gibt.

Als Jesus über die männliche Begierde sprach, räumte er mit

der Ungleichbehandlung völlig auf. Vorher galten Frauen als Verführerinnen, die der Auslöser sind, wenn ein Mann schwach wird. Die betreffenden Passagen z.b. im Buch der Sprüche (Kapitel 5) wenden sich zwar an den Mann und stellen ihn in die Verantwortung für sein Verhalten. Doch die Quelle der Verführung war die Frau, sie schien Ursache der Probleme zu sein. Sie verführte aktiv. Bei Jesus hingegen war es das Auge des Mannes, das aktiv verführt. Jesus erklärte, dass Männer für ihr sexuelles Verhalten selbst verantwortlich sind. Sie können ihre Schuld nicht einfach auf die Frauen abwälzen, die etwa mitbeteiligt gewesen seien. Auch heute noch wird Frauen oftmals eine Mitschuld vorgeworfen, wenn sie vergewaltigt werden. In der MeToo-Debatte verteidigen sich viele Männer damit, dass die Frauen sie verführt hätten. Jesus war in seiner Auffassung von Gleichberechtigung so konsequent, dass wir selbst heute noch – in einer Zeit, in der die Gleichberechtigung gesetzlich verankert ist – weit hinter seinen Forderungen liegen.

Auch was die Frage der Scheidung angeht, schaffte Jesus Gerechtigkeit. Er schützte die Frauen, indem er Männern ganz klar sagte, dass jeder Ehebruch begeht, der sich von seiner Frau scheiden lässt.[104] Da Frauen sich damals nicht scheiden lassen konnten, war die umgekehrte Aussage nicht notwendig. Jesus machte nur eine Ausnahme: Wenn die Frau ihrem Mann untreu ist, dann darf er sich scheiden lassen, denn dann hat sie sich von ihm abgewandt. Die Treue, die von Frauen erwartet wurde, galt nun auch für Ehemänner. Die Pharisäer hielten Jesus entgegen, dass Mose die Scheidung erlaubt hatte, doch Jesus antwortete ihnen:»Nur weil euer Herz so hart ist, gab euch Mose diese Anweisung. Doch der Wille Gottes wird schon mit Beginn der Schöpfung deutlich, als er sie als Mann und Frau schuf« (Markus 10,5-6). Gott möchte, dass Ehepartner einander lieben und sich mit gegenseitigem Respekt und Treue begegnen.

Jesus löste die traditionellen Machtverhältnisse in der Ehe auf und schuf ein gleichberechtigtes Verhältnis, indem er noch einmal darauf hinwies, wie Gott Ehe bei der Schöpfung vorgesehen hatte. Er zitierte aus 1. Mose 2,24:»Deshalb wird ein Mann Vater und Mutter verlassen und sich an seine Frau binden und die beiden werden zu einer Einheit«, und erklärte weiter:»Dann sind sie nicht mehr zwei, sondern eins, und niemand darf sie trennen, denn Gott hat sie zusammengebracht« (Verse 7-8). Normalerweise war es die Frau, die nach ihrer Heirat alles verlassen musste: ihr Zuhause, ihre Familie, ihre Nachbarn und ihre Freundinnen. Sie zog zu ihrem zukünftigen Ehemann und musste sich dort ihm und den Schwiegereltern unterordnen. Und nun erklärte Jesus, dass der Mann seine vertraute Umgebung aus Liebe zu seiner Frau aufgeben sollte. Niemand sollte sich in die Ehe einmischen, auch nicht die Eltern und Schwiegereltern. Kein Wort davon, dass sich die Frau dem Mann unterordnen soll. Im Gegenteil: Jesus spricht sich gegen jegliche Hierarchie aus. Die beiden werden eins sein. Es gibt keinen Chef und keinen Untergeordneten.

Liest man die Worte von Jesus, erstaunt es umso mehr, dass heute bei manchen Christen noch die Auffassung herrscht, in der Ehe solle sich die Frau dem Mann unterordnen. Das war damals die Regel, doch Jesus hat sich dagegen gewandt. Manchmal scheinen wir Christen den Pharisäern ähnlicher zu sein, als uns lieb ist. Wir versuchen, vermeintliche Gesetze einzuhalten, um Gottes Willen zu tun, und nehmen die befreiende Botschaft von Jesus nicht an.

Eine Frau mit zweifelhaftem Ruf als Vorbild

Wenn Männer in der Zeit, in der Jesus lebte, zusammen waren, diskutierten sie über das, was gerade geschah, über Politik und Theologie. Man sprach in dieser Zeit viel über den Wanderprediger, der durch die Lande zog, provokante Aussagen über Gott anstellte, sich mit Außenseitern und Frauen abgab und Menschenmassen begeisterte. Auch die Pharisäer waren neugierig auf ihn und luden Jesus zum Essen ein.[105] Jesus nahm die Einladung an, denn er interessierte sich für alle Menschen, für den Bettler an der Straße genauso wie für die hochgebildete Elite der Gesellschaft.

Für die Pharisäer, die einen ausgeprägten Standesdünkel besaßen, war es wahrscheinlich ein gewaltiger Schritt, einen Straßenprediger in ihre illustre Runde einzuladen. Die Neugier siegte, doch sie ließen ihn spüren, dass er nicht ihren Kreisen angehörte. Er wurde nicht zuvorkommend begrüßt und musste sich mit staubigen Füßen am Tisch niederlassen, weil kein Diener sie ihm gewaschen hatte.

Nicht nur die Pharisäer hatten erfahren, dass Jesus in der Stadt war, sondern auch eine Frau, die in der Bibel als »Sünderin« bezeichnet wird, vermutlich eine Prostituierte. In vielen Texten wird geschrieben, dass es sich dabei um Maria aus Magdala handelt, aber in der Bibel finden sich dafür keinerlei Hinweise. Diese unbenannte Frau hatte schon so viel Gutes von Jesus gehört: wie sehr sich das Leben derjenigen veränderte, die mit ihm in Berührung kamen, und dass er auch für Frauen ein offenes Ohr hatte. Ein Gelehrter ohne Berührungsängste! Diese Frau war unglücklich. Vielleicht litt sie an ihrem eigenen Leben, vielleicht daran, dass sie ausgegrenzt wurde. Sie erhoffte sich Hilfe von Jesus. Vermutlich wusste sie nicht mal genau, wie er ihr helfen könnte, aber auf ihm lag ihre ganze Hoffnung.

Doch wie sollte sie es schaffen, ihm zu begegnen? Heute war

er in der Stadt, morgen würde er wahrscheinlich weiterziehen. Wenn sie jetzt keine Möglichkeit fand, ihn zu treffen, wäre ihre Chance vielleicht vertan. Als sie hörte, dass Jesus bei den hochgestellten Pharisäern zum Essen eingeladen war, ging sie zum Haus von Simon, dem Gastgeber. Dieses Haus war wie eine unüberwindliche Schranke: drinnen die Mächtigen und draußen das einfache Volk. Aber sie nahm ihren ganzen Mut zusammen und trat ein. Vielleicht brauchte es auch keinen Mut, weil sie so verzweifelt war. Sie sah Jesus und ging auf ihn zu. Dann warf sie sich vor ihm nieder. Sie weinte und küsste seine Füße. Vielleicht weinte sie, weil all ihre Traurigkeit herausbrach. Oder sie weinte, weil sie sich in der Gegenwart von Jesus so befreit und angenommen fühlte. Mit ihren langen offenen Haaren trocknete sie seine Füße. Dass sie ihre Haare offen trug, zeigt, aus welchem Gewerbe sie kam, denn »anständige« Frauen trugen ihre Haare zusammengebunden und meist auch verdeckt. Sie machte offensichtlich keinen Versuch, etwas zu verbergen, um besser dazustehen. Dann goss sie ein Fläschchen wertvolles Öl über seine Füße. Teures Öl, das sie sich wahrscheinlich durch Prostitution verdient hatte oder das ihr einer ihrer Freier geschenkt hatte. Es war nicht das einzige Mal, dass eine Frau Jesus' Füße salbte. Auch Maria, die Schwester von Marta, salbte ihn mit dieser Kostbarkeit, wie bereits erwähnt.

Wir können kaum ermessen, was es bedeutete, dass eine Frau, noch dazu eine Prostituierte, in diese gehobene Männergesellschaft eindrang. Hätte es damals schon Zeitungen gegeben, wäre das wahrscheinlich eine Schlagzeile wert gewesen. Es war eine unerhörte Grenzüberschreitung. Selbst wenn heute eine Pornodarstellerin in Latexkleidung in eine Bischofskonferenz reinplatzen würde, wäre das nicht annähernd so skandalös, denn heute sind die Gesellschaftsgruppen viel durchlässiger als zu biblischen Zeiten. Damals war die Welt der Gläubigen und Ungläubigen, der Gebildeten und Ungebildeten, der Frauen und Männer streng getrennt. Fromme Juden schauten eine Frau nicht mal an, und so eine Frau erst recht nicht. Die anwesenden Männer waren schockiert. Sie konnten sich nicht erklären, warum Jesus das Verhalten dieser Frau zuließ. Daher zogen sie ihre eigenen Schlüsse. Vermutlich wusste er nicht, was für eine Frau er vor sich hatte. Damit war für die Pharisäer klar: Ein Prophet konnte er nicht sein. Also wohl doch nur ein kleiner Wanderprediger.

Simon war gespannt, wie Jesus diese Situation erklären würde, und auch die anderen schauten ihn interessiert an. Da erzählte Jesus eine Geschichte:»Ein Mann lieh zwei Leuten Geld – dem einen fünfhundert Denare und dem anderen fünfzig. Als keiner der beiden ihm das Geld zurückzahlen konnte, erließ er ihnen ihre Schulden. Wer von den beiden liebte ihn danach wohl mehr?«(Lukas 7,41-42). Simon antwortete:»Ich nehme an, derjenige, dem er die größere Schuld erließ«(Vers 43). Jesus bejahte dies. Dann sagte er:»Schau dir die Frau an, die da kniet. Als ich dein Haus betrat, hast du mir kein Wasser angeboten, um mir den Staub von den Füßen zu waschen; sie hat meine Füße mit ihren Tränen gewaschen und mit ihrem Haar getrocknet. Du hast mir keinen Begrüßungskuss gegeben; sie hat mir unaufhörlich die Füße geküsst, seit ich hereingekommen bin. Du hast es versäumt, mir Gastfreundschaft zu erweisen und mir den Kopf mit Olivenöl zu salben; sie hat meine Füße mit kostbarem Salböl gesalbt. Ich sage dir, ihre Sünden – und es sind viele – sind ihr vergeben; also hat sie mir viel Liebe erwiesen. Ein Mensch jedoch, dem nur wenig vergeben wurde, zeigt nur wenig Liebe«(Verse 44-47).

Welch eine völlig neue Sicht! Für Jesus zählte nicht das äußerliche Frommsein und das pflichtbewusste Einhalten von Gesetzen, sondern die Herzenshaltung. Er deckt alle Scheinheiligkeit auf. Auch dass Simon so selbstgefällig war und seinem Gast nicht die geringste Ehrerbietung gezeigt hatte, brachte er klar zur Sprache. Und dann stellte Jesus die Prostituierte den frommen Pharisäern auch noch als Vorbild hin! Eine Frau als Vorbild! Dazu noch eine solche Frau! Ihnen, den Pharisäern, die stolz darauf waren, ein tadelloses, gottgefälliges Leben zu führen! Das war eine völlige Umkehrung der sozialen Verhältnisse! Aber das war noch nicht alles. Bevor sich die Pharisäer von ihrem Schock erholt hatten, lieferte Jesus noch nach. Er sagte zu der Frau:»Deine Sünden sind dir vergeben« (Vers 48). Die anderen Männer am Tisch schnappten nach Luft und sagten empört:»Für wen hält sich dieser Mann eigentlich, dass er Sünden vergibt?« (Vers 49). Jesus ignorierte sie und sagte zu der Frau:»Dein Glaube hat dich gerettet; geh in Frieden« (Vers 50).

Müssen wir uns nicht manchmal genau wie die Pharisäer von Jesus fragen lassen, ob wir zu wenig lieben? Ob wir als Christen zu selbstgerecht sind? Klopfen wir uns nicht oftmals auf die Schulter, weil wir so treue und tüchtige Christen sind? Die Prostituierte führte ein»unmoralisches« Leben, aber sie war sich bewusst, wie sehr sie Jesus brauchte. Viele Christen legen den Fokus auf einen moralisch einwandfreien Lebenswandel, als ob sie sich dadurch selbst retten könnten. Doch Gottes Maßstäbe sind andere. Wir sehen oft nur das Äußere, aber Jesus sieht das Herz der Menschen.

Frauen kämpfen für ihre Sache

Die Frauen, die im Neuen Testament erwähnt werden, sind ganz besondere Frauen. Sie fallen auf, weil sie sich nicht àn die gesellschaftliche Frauenrolle halten. Und erstaunlicherweise werden sie nicht von Jesus ermahnt, sondern darin bestärkt: Maria, die sich Jesus zu Füßen setzt, um von ihm zu lernen, und die Prostituierte, die in eine Männergesellschaft eindringt, um Jesus zu salben. Die Verhaltensweisen der Frauen schockieren uns heute nicht mehr, denn wir sehen sie aus unserer heutigen Perspektive. Wir können es nur verstehen, wenn wir versuchen, uns in diese Zeit hineinzuversetzen. Entgegen den damaligen Gepflogenheiten hat Jesus Frauen und Männer stets gleichberechtigt behandelt. Jesus hat ihre Sorgen und ihr Leiden genauso ernst genommen wie die der Männer. Das verdeutlicht auch die Geschichte der Frau, die an Blutungen litt.[106] Wie immer, wenn Jesus unterwegs war, umringten ihn viele Menschen. Es war ein Geschiebe und Gedränge und er konnte sich kaum fortbewegen. Jeder wollte ihn sehen und ihn hören und viele hofften auf eine Heilung, schließlich hatte er schon so viele Menschen gesund gemacht. Auf einmal drängte sich ein Mann zu Jesus vor. Es war Jaïrus, der Vorsteher der örtlichen Synagoge, ein bedeutender Mann. Er war völlig verzweifelt, denn seine Tochter lag im Sterben. Deshalb bat er Jesus inständig, mit ihm zu kommen, und zwar möglichst schnell. Jede Minute zählte. Jesus sah seine Verzweiflung. Er nickte und sagte vielleicht:»Ja natürlich komme ich. Führ mich zu ihr.«Jaïrus bahnte sich einen Weg durch die Menge. Vielleicht halfen sogar seine Freunde, die Menschen zur Seite zu schieben, um eine Art Rettungsgasse zu bilden. Man kann sich vorstellen, wie Jaïrus Jesus zur Eile drängte. Doch auf einmal blieb Jesus stehen. Er drehte sich um und fragte:»Wer hat meine Kleider berührt?«(Markus 5,30). Die anderen hielten das für einen Witz. Bei so einem Gedränge konnte man sich überhaupt nicht bewegen, ohne den anderen zu berühren! Jaïrus raufte sich verzweifelt die Haare. Das konnte doch nicht wahr sein! Wieso hielt Jesus sich damit auf, herauszufinden, wer zufälligerweise seine Kleidung gestreift hatte, anstatt zu seinem todkranken Kind zu eilen?»Das ist doch jetzt egal«, sagte er vielleicht.»Bitte komm! Mein Kind stirbt sonst.«

Doch Jesus ließ sich nicht beirren. Er spürte, dass es kein unabsichtliches Berühren in der Menschenmenge gewesen war, sondern dass jemand seine Kraft gesucht hatte und seine Hilfe brauchte. Und dieser Jemand stand in der Menschenmenge, zitternd vor Angst. Es war eine Frau, die eigentlich nicht hier sein durfte, denn sie galt als unrein. Seit über zwölf Jahren litt sie an Vaginalblutungen. Das bedeutete nicht nur Schmerzen und in Zeiten vor Tampons einen großen Aufwand an Körperhygiene, sondern auch Müdigkeit und körperliche Schwachheit. Aber das Schlimmste war, dass sie aus der Gesellschaft ausgestoßen war. Man vermied jede Berührung mit ihr. Auch alles, was sie anfasste, galt als unrein. Die Frau war verzweifelt. Sie war von einem Arzt zum anderen gegangen und hatte ihr ganzes Vermögen ausgegeben, doch niemand konnte ihr helfen. Jesus war ihre letzte Hoffnung. Sie wusste genau, dass sie einen großen Bogen um Menschenansammlungen machen musste. Die Gefahr war zu groß, dass sie andere berührte und damit verunreinigte. Doch sie war so verzweifelt, dass sie sich über das Verbot hinwegsetzte. Wenn sie es nur in seine Nähe schaffen würde! Eine Berührung seiner Kleidung könnte ihr vielleicht helfen. Ja, sie würde ihn damit entweihen, aber sie hoffte, dass es unbemerkt bleiben würde. Die Frau verhüllte sich und zog ihr Tuch weiter ins Gesicht, als sie aus dem Haus ging, damit niemand sie erkannte. Dann mischte sie sich unter die Menschenmenge und drängte sich zu Jesus vor. Schließlich schaffte sie es, ihm so nahe zu kommen, dass sie ihn berühren konnte. Und das tat sie. Ganz vorsichtig streckte sie ihre Hand aus und fasste an sein Gewand. Schlagartig hörten die Blutungen auf, wie wenn man einen Wasserhahn zudreht.

Doch er hatte es bemerkt. Jesus drehte sich um. Alle Menschen blieben stehen. Die Frau war wie erstarrt. Sie konnte nicht einfach in der Menschenmenge verschwinden. Das wäre aufgefallen. Keiner rührte sich vom Fleck. Jeder war gespannt, was jetzt passieren würde. Die Frau blickte verschämt zu Boden. Wenn das herauskam, dass sie sich als Unreine unter die Menschenmenge gemischt und Jesus berührt hatte! Sie hoffte, dass Jesus nun einfach weitergehen würde. Jaïrus drängte ja zur Eile. Aber Jesus ließ nicht locker. Es blieb ihr nichts anderes übrig – sie musste ihre Tat eingestehen. Sie fiel vor ihm nieder. Vor allen Leuten erzählte sie, warum sie ihn berührt hatte. Jesus sah sie an. In seinem Blick lag weder die Herablassung noch die Ablehnung, die sie als Frau, noch dazu als kranke Frau, von Männern gewohnt war. Wahrscheinlich sah er sie liebevoll an, vielleicht auch anerkennend, weil sie so mutig gewesen war und ihm vertraut hatte. Dann sagte er zu ihr: »Dein Glaube hat dich gesund gemacht. Geh in Frieden. Du bist geheilt« (Vers 34). Was müssen diese Worte für die Frau bedeutet haben! Wenn Jesus sagt: »Geh in Frieden«, dann geschieht das auch. Die Frau war nicht nur von ihrem körperlichen Leid befreit worden, sondern empfand auch einen tiefen Frieden in ihrer Seele.

Diese Geschichte zeigt erneut, welche Achtung Jesus Frauen entgegenbrachte. Er nahm ihre Nöte genauso ernst wie die der Männer. In diesem Moment war das Leiden der blutflüssigen Frau sogar wichtiger als das des hochrangigen Mannes. Dabei war das Anliegen von Jaïrus viel gravierender. Bei ihm ging es um Leben und Tod. Sein Kind lag im Sterben. Doch für Jesus war das Leiden der Frau genauso wichtig, auch wenn es »nur« Blutungen waren. Welch eine unglaubliche Wertschätzung!

Und dennoch verlor Jesus den Schmerz von Jaïrus nicht aus dem Blick, auch wenn es für die Außenstehenden so aussehen musste. Denn nun kamen Boten und berichteten, dass das Mädchen gestorben war. Was ging bei diesen Worten wohl in den Menschen und vor allem in den Jüngern und Jaïrus vor? Vielleicht dachten die Jünger: »Warum hat sich Jesus denn von dieser Frau aufhalten lassen, nur weil sie seinen Mantel berührt hat? Jetzt ist es zu spät für Jaïrus' Tochter.« Wie verzweifelt muss Jaïrus gewesen sein. Doch Jesus sah seinen Kummer und sagte zu ihm: »Hab keine Angst. Glaube nur« (Vers 36). Das mag für Jaïrus wie blanker Hohn geklungen haben. Gerade eben hatte er seine Tochter verloren. Es war zu spät. Aber Jesus kommt niemals zu spät. Er ging in Jaïrus' Haus und erweckte das Mädchen wieder zum Leben. Dann sagte er zu den Eltern, dass sie ihr etwas zu essen geben sollten. Jesus denkt an alle. Er weiß, was die Menschen brauchen. Die Geschichte der Frau, die an Blutungen litt, zeigt, dass Jesus Frauen, die für ihre Sache kämpfen, unterstützt. Er belohnt ihr Vertrauen und bestärkt sie darin, nicht aufzugeben, bis sie ihr Ziel erreichen. Das zeigt auch sein Gleichnis von einer Witwe, die vor einem Richter für ihr Recht kämpft.[107] Als Witwe gehört die Frau zu den am meisten benachteiligten Menschen der damaligen Gesellschaft. Sie ist alleinstehend und völlig auf sich gestellt. Der Richter hingegen ist ein mächtiger Mann. Menschen sind von seinem Wohlwollen abhängig. Er entscheidet, ob er ihnen helfen wird oder nicht. Der Richter in dem Gleichnis ist dazu noch von einer üblen Sorte. Er will von Gott nichts wissen, verachtet die Menschen und ist korrupt. Als die Witwe ihr Recht gegenüber jemandem fordert, der ihr Unrecht getan hat – um was es genau geht, wird hier nicht gesagt –, schickt er sie weg. Doch sie kommt wieder. Der Richter schickt sie erneut weg. Die Witwe gibt jedoch nicht auf. Sie reicht einen Antrag nach dem anderen ein. Langsam wird sie dem Richter lästig, aber er denkt, dass er mit einer Witwe leicht fertig werden wird. Er täuscht sich. Die Witwe lässt sich nicht abwimmeln, sondern fordert beharrlich ihr Recht. Schließlich wird dem Richter die Frau unheimlich. Er denkt, sie sei zu allem fähig. Um seine Ruhe zu haben, gibt er ihr schließlich das Recht, das ihr zusteht.

Die Witwe kämpft mit allen Mitteln. Jesus stellt sie als Vorbild dar: »Aus dem Handeln dieses ungerechten Richters sollt ihr etwas lernen: Wenn selbst er schließlich ein gerechtes Urteil fällte – wird Gott da nicht seinen Auserwählten, die ihn Tag und Nacht anflehen, ihr Recht verschaffen? Wird er sie vertrösten? Ich sage euch, er wird ihnen Recht verschaffen, und zwar schnell! Doch wenn der Menschensohn wiederkommt, wie viele wird er dann vorfinden, die solch einen Glauben haben?« (Lukas 18,6-8). Eine kämpferische Frau passt nicht unbedingt zum christlichen Frauenideal. Auch sonst werden Frauen, die hartnäckig ihr Ziel verfolgen, negativ beurteilt. Das gilt als unweiblich. Als nach dem Zweiten Weltkrieg die Rechtsanwältin Dr. Elisabeth Selbert im Parlamentarischen Rat für die gesetzliche Gleichberechtigung im Grundgesetz kämpfte, erlebte sie sehr viel Ablehnung. Sie war eine von vier Frauen im Parlamentarischen Rat gegenüber 61 Männern, und das, obwohl Frauen nach dem Krieg in der Bevölkerung weit in der Überzahl waren.[108] Die Frauen waren nicht alle einer Meinung und die Männer waren sowieso gegen gesetzliche Gleichberechtigung, erst recht im Grundgesetz. Die Diskussionen waren dementsprechend hitzig. In der Zeitung wurde das heftige Debattieren der Frauen damals kritisiert. Es würde »keinen guten Eindruck« machen. Frauen könnten auch auf charmante Art und Weise ihr Ziel durchsetzen. Dass Frauen damit nicht sehr weit kommen, hat sich oft genug gezeigt. Wo stünden wir heute, wenn nicht eine Frau wie Elisabeth Selbert die gesetzliche Gleichberechtigung beharrlich gefordert hätte? Mehrmals wurde ihr Antrag, die Gleichberechtigung ins Grundgesetz aufzunehmen, abgelehnt. Aber sie gab nicht auf. Mögen Kämpfergeist und Hartnäckigkeit auch manchen als unweiblich erscheinen, Jesus hat diese Eigenschaften als vorbildlich dargestellt.

Rechtlose Frauen als Zeuginnen

Jesus stellte Hierarchien auf den Kopf. Seine Geburt wurde zuerst einfachen Hirten verkündet statt der Bildungselite und den Reichen. Bei seinem Tod waren hauptsächlich Frauen, zwei Verbrecher und heidnische Römer anwesend. Und von seiner Auferstehung erfuhren die Frauen als Erste. Gott gab ihnen Schlüssel-positionen, um seine Botschaft in die Welt hinauszutragen. Frauen bezeugten das größte und folgenreichste Ereignis der Christenheit vor den Jüngern und später durch die Berichte in den Evangelien vor der gesamten Menschheit. Böse Zungen behaupten zwar, Jesus habe sich den Frauen zuerst gezeigt, damit sich die Neuigkeit schneller verbreiten würde, aber die Männer standen ihnen in nichts nach, wie die Pfingstpredigt zeigt.

Am Morgen nach der Sabbatruhe gingen Maria aus Magdala, Johanna und Maria, die Mutter von Jakobus, und einige andere Frauen zum Grab, um Jesus zu salben, so erzählt Lukas.[109] Die elf Jünger hatten sich indessen in ihre Häuser zurückgezogen, enttäuscht, dass alle ihre Hoffnungen auf den Retter mit dem Tod von Jesus am Kreuz zunichte waren, und ängstlich, weil sie um ihr Leben fürchteten. Doch die Frauen ließen sich nicht davon abhalten, Jesus die letzte Ehre zu erweisen. Als sie beim Grab ankamen, war zu ihrem Erschrecken der schwere Stein weggerollt. Sie gingen hinein und fanden das Grab leer vor. Damit hatten sie nicht gerechnet. Was sollten sie jetzt tun? Während sie ratlos dastanden, erschienen plötzlich zwei Männer in strahlend weißen Gewändern vor ihnen. Die Frauen erschraken und hatten Angst. Die beiden Männer, die wohl Engel waren, fragten: »Warum sucht ihr den Lebenden bei den Toten? Er ist nicht hier! Er ist auferstanden« (Lukas 24,5-6). Dann erinnerten die Engel die Frauen daran, dass Jesus vor seinem Tod gesagt hatte, dass er am dritten Tage auferstehen würde. Da fiel es ihnen wieder ein! Voller Freude eilten sie zu den Jüngern, um ihnen davon zu erzählen: »Das Grab ist leer, Jesus ist auferstanden, genau so, wie er es angekündigt hat!« Die Jünger hielten das für Unsinn – Wunschfantasien von Frauen. Nur Petrus hoffte, dass sie vielleicht doch recht hatten. Er sprang auf und rannte zum Grab. Der schwere Stein war weggerollt, genau wie es die Frauen gesagt hatten. Er schaute hin-

ein und fand nur die losen Leinentücher. Petrus war genauso ratlos wie die Frauen zuvor. Er wusste nicht, was er davon halten sollte, und ging nachdenklich nach Hause.

Die Evangelisten erzählen die Auferstehungsgeschichte etwas
unterschiedlich.[110] Johannes berichtet, dass Maria von Magdala
sehr früh morgens, als es noch dunkel war, zum Grab ging und
es leer vorfand.[111] Sie eilte zu Petrus, um ihm davon zu berichten.
Daraufhin gingen zwei der Jünger mit ihr zum Grab und fanden
es ebenfalls leer. Nur die Leinentücher lagen da. Die beiden Jünger
gingen nach Hause, doch Maria blieb am Grab und weinte. Als sie
hineinschaute, sah sie zwei Engel, die sie fragten, warum sie wei-
ne. Sie erklärte ihnen, dass Jesus fortgetragen worden sei und sie
nicht wisse, wohin. Da trat noch ein anderer Mann hinzu, den sie
für den Gärtner hielt. Doch als er sie mit ihrem Namen ansprach,
erkannte sie in ihm Jesus. Sie war außer sich vor Freude. Jesus gab
ihr den Auftrag, den Jüngern seine Auferstehung zu verkündigen.

Markus nennt als erste Zeuginnen am Grab Maria von Magdala, Maria, die Mutter von Jakobus, und Salome.[112] Auch sie begegneten Engeln, doch es war Maria von Magdala, der Jesus sich zuerst zeigte.

Matthäus erwähnt Maria aus Magdala und die andere Maria.[113]
Auch sie begegneten zuerst Engeln und sie bekamen ebenfalls den
Auftrag, den Jüngern von der Auferstehung zu erzählen. Als sie
auf dem Weg dorthin waren, begegneten sie dem auferstandenen
Jesus, der sie beauftragte, den Jüngern auszurichten, dass er sie in
Galiläa treffen würde.

Alle Evangelisten berichten davon, dass die Frauen Jesus oder
auch Engel in weißen Gewändern antrafen und den Auftrag bekamen, die Auferstehung von Jesus zu bezeugen. Und alle Evangelisten erzählen einhellig, dass Frauen als Erste das leere Grab entdeckten. Es war kein einziger Mann darunter. Was das bedeutet,
wird erst dann klar, wenn man sich vergegenwärtigt, dass die Aus-

sage von Frauen damals als Zeugenaussage wertlos war, denn das Wort von Frauen galt vor Gericht nichts. Es hatte keine juristische Kraft. Wenn hundert Frauen einen Mord gesehen hätten und bereit gewesen wären, es zu bezeugen, hätte der Mörder nicht verurteilt werden können. Man brauchte zwei Männer als Zeugen, um einen Mörder schuldig zu sprechen.

Jesus wusste das. Und trotzdem bestimmte er nicht Männer, sondern Frauen als Erste dazu, seine Auferstehung zu bezeugen. Die Frauen rannten nicht zu den Jüngern, weil es endlich wieder mal etwas Spektakuläres zu erzählen gab, sondern weil Jesus es angeordnet hatte. Natürlich waren sie auch voller Freude und Aufregung und hätten es kaum für sich behalten können, aber dennoch darf die Beauftragung durch Jesus nicht geschmälert werden.

Es ist bemerkenswert, dass Jesus Frauen als Zeuginnen seiner Auferstehung wählte, obwohl er genau wusste, dass ihr Wort vor der damaligen Welt niemals als Beweis gelten konnte. Damit hatte er den juristischen Grundsatz, der Frauen ungleich behandelte, ausgehebelt. Jesus stellte sie rechtlich auf die gleiche Ebene wie Männer, indem er sie als Zeuginnen auswählte. Das war auch für die Jünger schwer zu schlucken und machte es ihnen sicherlich noch schwerer, an die Auferstehung zu glauben. Erst als Jesus den Jüngern ebenfalls erschien, hatten sie keinen Zweifel mehr.

Was es für die Männerwelt bedeutete, dass Jesus Frauen als Zeuginnen des bedeutendsten Ereignisses des christlichen Glaubens auswählte, können wir uns kaum vorstellen. Für die Jünger war dies sicher peinlich und eine menschliche Reaktion wäre gewesen, diesen Vorfall zu vertuschen. Immerhin waren es Männer, die die Geschichte dokumentierten. Die PR-Abteilung hätte ihnen sicher geraten, den Bericht erst dort zu beginnen, wo Jesus seinen Jüngern begegnete. Es gibt schließlich vieles aus dem Leben von Jesus, das nicht erzählt wird. Doch sie taten es nicht. Das zeigt, wie sehr die Auffassung von Gleichberechtigung von Jesus sich auf die Jünger übertragen hatte. Um Jesus herum waren die Männer emanzipiert. Sie betrachteten Frauen als ebenbürtig und gleichwertig. Selbst wenn die Jünger am Anfang Zweifel an dem hatten, was die Frauen ihnen erzählten, so versuchten sie dennoch nicht, diese Geschichte später zu ihren Gunsten zurechtzubiegen. Und das hatte Folgen. Die Tatsache, dass nicht verschwiegen wurde, dass Frauen die ersten Zeuginnen waren, ist ein sicheres Zeichen für die historische Glaubwürdigkeit der Evangelien, argumentiert der Kapuzinerpater Raniero Cantalamessa.[114]

Als Jesus seinen Weg zum Kreuz ging, zeigten sich Frauen besonders stark, wie Peter Seewald beschreibt:»Bezeichnend, dass am Ende dann die Frauen des Evangeliums das herkömmliche Geschlechterbild durchkreuzen. Denn hier sind sie, und nicht die Männer, die Treuen, die im Gefolge bleiben; die Starken, die unter dem Kreuz verweilen; die Demütigen, die nicht schon berechnend nach den besten Plätzen im Paradies fragen; und die Mutigen, die auch eine Passion durchstehen, weil sie ihre Gefolgschaft nicht aufgeben und Manns genug sind, der Wahrheit ins Auge zu blicken.«[115]

Frauen sind die Letzten, die bei Jesus ausharren, und die Ersten, die ihm nach der Auferstehung begegnen. Die Diskussion, ob Frauen leiten oder predigen sollen, erübrigt sich anhand der Auferstehungsgeschichte. Es gibt keinen größeren Auftrag, als den Menschen zu verkündigen, dass Jesus lebt. Das ist die Grundlage des christlichen Glaubens. Und diesen Auftrag hat Jesus zuerst Frauen und dann seinen engsten Freunden anvertraut.

Wie würden die Evangelien heute aussehen, wenn auch Männer mit den Frauen am Grab gewesen wären? Dann hätten die Geschichtsschreiber vermutlich nur die Männer als Zeugen genannt. Die Frauen wären nicht erwähnt worden, weil ihre Aussage sowieso keine Beweiskraft hatte. Falls die Jünger und Evangelisten die Frauen dennoch erwähnt hätten, wären diese später vermutlich nur noch Statisten gewesen wie auch andere Frauen der Bibel, sobald aus der Urgemeinde eine mächtige Kirche entstand und die Männer das Predigen übernahmen.

Doch weil es ausschließlich Frauen waren, die die Auferstehung von Jesus bezeugen konnten, verlief die Geschichte anders. In keiner Osterpredigt können sie ignoriert werden.

Macho oder Frauenförderer? –
Paulus und die Gleichberechtigung

War Paulus ein Macho? Immerhin hat er geschrieben, dass Frauen in der Gemeinde schweigen sollen und der Mann das Haupt der Frau ist. Diese Aussagen werden oft zitiert, wenn Leiter und Entscheidungsträger in der Kirche die Vorherrschaft der Männer begründen. Paulus würde sich wahrscheinlich im Grab umdrehen, wenn er wüsste, was aus seinen Aussagen gemacht wurde.

Und dann würde er noch einen Brief hinterherschicken, um zu erklären, wie Jesus das Miteinander von Frauen und Männern sieht, oder er würde – da heute alles viel einfacher und schneller geht – alle Möglichkeiten des Internets nutzen: YouTube, Twitter, Facebook, Instagram.

Viele von Paulus' Aussagen sind ungenau übersetzt oder aus dem Zusammenhang gerissen. Wenn man sie jedoch im historischen und kulturellen Kontext betrachtet, dann zeigt sich, dass er seiner Zeit weit voraus war und Jesu Auffassung von Gleichberechtigung radikal umsetzte. Bei seiner Bekehrung wurde Paulus nicht nur vom Christenverfolger zum Christ, sondern auch vom Macho zum Feminist. Wobei – der Begriff Feminist trifft es nicht ganz, denn Paulus setzte sich nicht nur für Frauen ein, sondern für alle Benachteiligten, und proklamierte absolute Gleichwertigkeit für alle: »Nun gibt es nicht mehr Juden oder Nichtjuden, Sklaven oder Freie, Männer oder Frauen. Denn ihr seid alle gleich – ihr seid eins in Jesus Christus« (Galater 3,28).

Wie bereits erläutert, hatte die Frau damals oft wenig Rechte, zumal wenn sie aus ärmeren Schichten kam, und war dem Mann völlig ausgeliefert. Auch Paulus wurde in diesem Sinne erzogen.

Er war gebildet und sehr religiös, ein Pharisäer, für den Frauen Menschen zweiter Klasse waren. Gemessen daran, welche großen Schritte Paulus hinsichtlich der Emanzipation gemacht hat, haben wir das Tempo einer Schnecke. Aber auch eine Schnecke kommt voran – dauert halt ein bisschen länger. Wir sehen es als einen bewundernswerten, emanzipatorischen Schritt, wenn ein Mann seine Arbeitszeit reduziert, um mit seiner Frau Berufs- und Familienarbeit zu teilen. Das ist auch höchst lobenswert, aber dieser Schritt geschieht auf der Grundlage unseres Grundgesetzes, das Frauen und Männern Gleichberechtigung zusichert. Welch ein emanzipatorischer Schritt war es dagegen für Paulus, entgegen den kulturellen Gepflogenheiten und religiösen Vorschriften mit Frauen zusammenzuarbeiten, sie in den Gemeindeaufbau einzubinden und ihnen leitende Positionen zu geben? Er selbst kannte es ja nicht anders, als dass Frauen nur einen abgetrennten Platz in der Synagoge erhielten, dass sie Gottes Wort nicht hören sollten und zu theologischen Fragen auf keinen Fall den Mund aufmachen durften. Frauen im Patriarchat als gleichwertig zu behandeln, ihnen Klugheit und Führungskraft zuzuschreiben, ist eine ganz andere Nummer, als dies in einer Gesellschaft zu tun, die Gleichberechtigung als Grundprinzip hat.

Um die Haltung des Apostels zu Frauen und Gleichberechtigung zu beurteilen, darf man nicht einzelne Sätze aus dem Zusammenhang reißen, sondern muss seine Haltung insgesamt betrachten und den historischen Hintergrund mit einbeziehen.

Paulus wurde in Tarsus, der Hauptstadt der römischen Provinz Zilizien, geboren und ist dort aufgewachsen.[116] Zilizien liegt im Gebiet der heutigen Türkei. Ab wann er neben seinem hebräischen Namen Saulus den Namen Paulus verwendete, ist nicht bekannt. Das Sprichwort »Vom Saulus zum Paulus werden« beruht auf der falschen Annahme einer Namensänderung bei der Bekehrung.[117] Saulus genoss eine exzellente Ausbildung. In Jerusalem wurde er zum Pharisäer ausgebildet und erhielt Unterricht von renommierten Lehrern in rabbinischer Tradition, das ist vergleichbar mit einem Harvard-Abschluss. Als Jesus am Kreuz von Golgatha hingerichtet wurde, war Paulus vermutlich etwa zwanzig Jahre alt und hatte seine Ausbildung bereits beendet.

Saulus war intelligent und gehörte als römischer Bürger zu einer besonders privilegierten Gesellschaftsschicht. Und er war ein Mann mit Überzeugungen. Wenn er etwas tat, dann richtig. Als gläubiger Jude sah er in den Jesus-Nachfolgern eine gefährliche Sekte, die bekämpft werden musste, und dafür setzte er sich mit voller Leidenschaft ein – bis er Jesus persönlich begegnete. Saulus war gerade auf dem Weg nach Damaskus, um Jesus-Anhänger aufzuspüren, sie zu verhaften und in Ketten nach Jerusalem zurückzubringen, egal, ob Mann oder Frau. Doch vor den Toren von Damaskus erschien ein blendend helles Licht vor ihm. Er fiel auf den staubigen Boden. Dann hörte er eine Stimme:»Saul, Saul! Warum verfolgst du mich?«Saulus fragte:»Wer bist du, Herr?«, und die Stimme antwortete:»Ich bin Jesus, den du verfolgst!« (Apostelgeschichte 9,4-6). Dieses Erlebnis änderte alles. Es war ein radikaler Wendepunkt in seinem Leben, der Moment, als er die Seiten wechselte. Aus dem gnadenlosen Verfolger wurde ein leidenschaftlicher Prediger, der selbst verfolgt wurde.

Sein altes Leben hatte ihn sehr geprägt. Er konnte es nicht einfach ablegen, auch wenn er nun alles mit anderen Augen sah. Paulus war ein Mann voller Widersprüche, eine spannungsgeladene Persönlichkeit: Er war leidenschaftlich, zartfühlend, wütend, verzweifelt, liebevoll. Mit all diesen Eigenschaften setzte er sich voller Hingabe für die Verbreitung des Evangeliums ein. In allem erlebte er auch eine große Gottesnähe. Gottes Botschaft war für ihn Befreiung. Und doch war er sich des Aufeinanderprallens des alten und des neuen Menschen, des Guten und des Bösen in sich, sehr bewusst.»Dieses weitgespannte Innenleben hat Paulus auch dazu fähig gemacht, die Widersprüche des menschlichen Lebens wahrzunehmen. Wenn der Satz, dass jemandem ›nichts Menschliches‹ fremd sei, auf einen zutrifft, dann auf Paulus«, so schreibt Alois Prinz.[118]

Paulus öffnete die Botschaft von Jesus für die Heiden. Um Christ zu werden, muss man kein Jude sein, man muss sich nicht beschneiden lassen und nicht alle Gesetze der Thora befolgen. Jesus nachzufolgen, ist an keine Bedingung geknüpft. Was das für die Juden damals bedeutete, können wir heute kaum ermessen. Die Judenchristen empfanden das als Verrat an ihrer Religion, denn die Unterschiede zwischen Heiden und Juden wurden damit aufgehoben. Paulus stieß auf erbitterten Widerstand.

Was für einen großen Schritt war Paulus gegangen! Er, der einst gesetzestreue Pharisäer, befreite die Menschen von der Gesetzlichkeit.

Wertevorstellungen prallen aufeinander

Für viele Nichtjuden war der christliche Glaube sehr anziehend. Alle waren willkommen, sogar Frauen. Bei Paulus hatten sie eine Stellung, die in seiner Zeit einzigartig war. Sie waren Gemeindeleiterinnen, sie durften lernen und lehren. Das faszinierte viele. Dennoch gab es auch viele Gegner. Christen wurden brutal verfolgt, gefoltert und hingerichtet. Es war eine Gratwanderung zwischen freiem Christenleben und Anpassung an die kulturellen Gepflogenheiten, um nicht zu provozieren. Auch Frauen mussten sich immer wieder zurücknehmen, um nicht öffentlichen Anstoß zu erregen.[119]

Glaubensgespräche und Gemeindegründungen fanden in Privathäusern statt. Das erleichterte den Frauen den Zugang zum christlichen Glauben, denn das Haus war der Raum, der Frauen vertraut war, der Ort, der ihnen von Männern zugewiesen wurde. Der öffentliche Raum hingegen war Männern vorbehalten. Die Häuser, in denen die Gemeindeversammlungen abgehalten wurden, waren halböffentlich. Einerseits waren es private Häuser, andererseits waren die Versammlungen für alle zugänglich. Der christliche Glaube geschah nicht hinter verschlossenen Türen. Jeder sah, wie anders die Christen sich verhielten. Frauen mussten in der Öffentlichkeit besonders vorsichtig sein, um den Anstand zu wahren. Und die Grenzen des »Anstands« waren sehr eng.

In den neuen Gemeinden stießen also zwei Wertevorstellungen aufeinander: einerseits die Gleichberechtigung von Frauen und Männern und die Freiheit als Christ und andererseits die damaligen Vorstellungen der römischen und jüdischen Ehrenkultur, die eine Unterordnung von Frauen verlangte. Auf diesem schmalen Grat bewegte sich Paulus. Wenn Paulus von Unterordnung der Frauen redet, dann hatte das den Grund, dass Christen ein vorbildhaftes Leben führen und liebevoll miteinander umgehen sollten, um damit Gott zu bezeugen. Und das bedeutete für die Frauen auch, den Ehemann durch selbstbewusstes Verhalten nicht bloßzustellen. Für die Männer war die neue Stellung der Frau im christlichen Leben eine große Herausforderung, wie Hanna Schmalenbach erklärt: »So war es für einen Ehemann schon ein Unterschied, ob er zu Hause bereit war, seine Frau als gleichrangige geistliche Partnerin zu behandeln, sie in ihrer Stellung zu heben und ihr zur Entfaltung zu helfen, oder ob er in der öffentlichen Gemeindeversammlung zuschauen musste, wie sie sich vor allen Versammelten exponierte und prophetisch redete. Für ein ehrenorientiertes Familienoberhaupt war dies eine ungewohnte und nach seinem natürlichen Empfinden eher beschämende Situation.«[120]

Die Frauen wurden in den Gemeinden grundsätzlich als gleichberechtigt behandelt. Dennoch schrieb Paulus an verschiedenen

Stellen, dass Frauen sich zurücknehmen sollten. Seine Empfehlung – es war weder eine Forderung noch ein Gesetz – hatte damals einen ganz anderen Stellenwert als den, den wir ihr heute geben. Es war eine Unterordnung, um in der Gesellschaft kein Ärgernis zu erregen, ein Kompromiss. Dieser Sinn ist heute aber völlig abhandengekommen. Die Verhaltensempfehlung, dass Frauen ihren Kopf bedecken sollen, weil es damals für Frauen üblich war, ist heute sinnlos und das empfinden die meisten auch so. Nur in sehr wenigen christlichen Gemeinden müssen Frauen heute noch ihren Kopf bedecken, beispielsweise in den amischen und mennonitischen Glaubensgemeinschaften in den USA. Paulus empfahl den Frauen, sich unterzuordnen, um nicht zu provozieren. Das ergibt heute keinen Sinn mehr, denn Frauen müssen sich nicht mehr unterordnen, um in der Gesellschaft nicht anzuecken.

Im Gegenteil: Heute provozieren Frauen, wenn sie ein völlig überholtes kulturelles Geschlechterverständnis leben, noch dazu ein Geschlechterverständnis, das dem Gesetz widerspricht. Es geht doch darum, Gottes befreiende Botschaft zu leben und nach außen zu zeigen und diese Botschaft so zu vermitteln, dass es Menschen nicht abschreckt, sondern begeistert. Würden wir uns heute den kulturellen Gegebenheiten anpassen, um die Frohe Botschaft zu vermitteln, so wie es Paulus getan hat, dann würden wir Frauen ermutigen, zu predigen oder ein Bischofsamt anzustreben. Und wir würden Männer ermahnen, Frauen nicht mehr von Führungspositionen fernzuhalten, sondern sie zu fördern. Das wäre wahrscheinlich das, was Paulus empfehlen würde.

Es ist erstaunlich, dass Bibelausleger sich auf die wenigen Sätze stürzen, in denen die Unterordnung von Frauen gefordert wird, aber bei anderen Verhaltensweisen sehr viel großzügiger sind. Neid oder Völlerei bekommen nicht dieselbe Aufmerksamkeit wie Unterordnung. Sich den Bauch vollzuschlagen wird als eine menschliche Schwäche gesehen, während die weibliche Unterordnung in vielen Kreisen wie ein Gebot betrachtet wird. Diese Unterordnung zu befolgen, gilt oft als Kriterium von besonderer Bibeltreue. Begründet wird das damit, dass Christen nicht dem Zeitgeist entsprechen, sondern das leben sollen, was in der Bibel steht. Und das stimmt auch. Aber dafür muss man die Bibel richtig interpretieren. Paulus hat sich ganz und gar nicht dem Zeitgeist angepasst, sondern sich ihm widersetzt. Er hat das umgesetzt, was Jesus gelebt und gelehrt hat, und ist damit seinen Lehren mehr gefolgt als dem, was gerade in der Gesellschaft angesagt war. Darum geht es: nicht um ein strenges Befolgen einzelner Bibelverse, sondern um die Freiheit, das zu tun, was Jesus getan hätte.

Paulus hat Frauen einen Wert gegeben, den sie damals nicht hatten. Wenn wir uns Paulus zum Vorbild nehmen und genauso wie er fragen:»Wie hat Gott uns geschaffen? Wie hat Jesus Frauen behandelt? Wie kann die Frohe Botschaft wirklich als frohe Botschaft vermittelt werden?«, dann kommen wir gar nicht umhin, Frauen und Männer als gleichberechtigt zu behandeln.

Kulturelles Fingerspitzengefühl

Paulus erwartete nicht nur von Frauen eine Anpassung an die kulturellen Verhältnisse, um damit der Verbreitung des Christentums den Weg zu ebnen, sondern auch von Männern. Weil das Verhältnis zwischen Juden und Heiden so fragil war und er Juden nicht provozieren wollte, ließ er Timotheus vor einer gemeinsamen Missionsreise beschneiden.[121] Im Brief an die Galater klingt Paulus ziemlich sauer, als er fragt, warum die Gläubigen ihre gewonnene Freiheit aufgegeben und sich dem Gesetz unterworfen haben, indem sie sich beschneiden ließen. Er schreibt:»Ihr blöden Galater, wer hat euch denn diesen Quatsch eingeredet?« Oder biblisch formuliert: »O ihr unverständigen Galater! Wer hat euch so durcheinandergebracht?« (Galater 3,1). Er wünscht sogar denjenigen, die die Beschneidung als ein Muss verkündigen, dass ihnen das Messer ausrutscht und sie sich selbst kastrieren. »Von mir aus können diese Unruhestifter, die euch durch die Beschneidung verstümmeln wollen, sich selbst verstümmeln« (Galater 5,12). Warum hat Paulus dann Timotheus die Beschneidung empfohlen? Weil für ihn die Verbreitung des Evangeliums an erster Stelle stand. Die Galater hingegen hatten sich durch das Gesetz wieder knechten lassen, was eine Abwendung von Christus bedeutete. Mit der Beschneidung von Timotheus, dessen Vater ein Grieche war, nahm Paulus dagegen Rücksicht auf die Gefühle der Juden. Paulus ging in verschiedenen Situationen Kompromisse ein, wenn es erforderlich war. Er nahm Rücksicht auf die kulturellen Verhältnisse und zeigte Feingefühl.

Paulus überrollte nicht die gesellschaftlichen Gegebenheiten wie eine Planierraupe, um die christliche Botschaft zu verkünden. Sein kulturelles Gespür und Einfühlungsvermögen wird kaum deutlicher als bei seiner Rede auf dem Areopag, westlich der Akropolis, ein öffentlicher Ort, an dem Gerichtsverhandlungen stattfanden: »Männer von Athen, ich habe bemerkt, dass ihr den Göttern besonders zugewandt seid, denn als ich umherging, sah ich eure vielen Altäre. Einer davon trug die Inschrift: ›Dem unbekannten Gott‹. Ihr habt ihn angebetet, ohne zu wissen, wer er ist, und nun möchte ich euch von ihm erzählen« (Apostelgeschichte 17,22-24). Und dann verkündet er seine Botschaft von Gott. Paulus sagt nicht: »Alles, was ihr glaubt, ist Unsinn. Eure Götter taugen nichts«, sondern er lobt ihre Frömmigkeit, knüpft an die Lebenssituation der Menschen an und hakt äußerst geschickt dort ein, wo er eine Lücke sieht, in diesem Fall bei dem »unbekannten Gott«.

Das kulturelle Feingefühl von Paulus ist der Grund, warum er von Frauen Zurückhaltung oder ein angepasstes Verhalten verlangt. Er hat nicht grundsätzlich Unterordnung empfohlen, sondern nur dort, wo er bemerkte, dass das selbstbewusste Verhalten der Frauen auf Ärger stieß.

Wenn man Paulus' Äußerungen als Gebote nimmt oder ihm gar Frauenfeindlichkeit unterstellt, wird man ihm nicht gerecht. Er war ein Mensch, der ein unglaubliches Freiheitsverständnis als Christ hatte, oder wie er es ausdrückt:»Mir ist alles erlaubt. Aber nicht alles ist gut« (1. Korinther 6,12). Im Übrigen würde hier kein Mensch, und sei er noch so bibeltreu, den Text so wörtlich nehmen wie die Passagen, in denen Paulus sagt, dass die Frau dem Mann untertan sein soll. Niemand würde sagen:»Aha! Paulus ist alles erlaubt. Und was ist mit mir?« Selbst wenn man die Aussage auf alle Christen bezieht, würden wir dem nicht vorbehaltlos zustimmen, denn wörtlich genommen bedeutet es, dass man beispielsweise auch Drogen nehmen kann, es ist nur nicht so gut. Wir wissen genau, was mit dieser Bibelstelle gemeint ist: Wir sollen uns als Christen nicht durch Regeln knechten lassen, sondern uns von dem leiten lassen, was gut ist, was dazu beiträgt, in Gottes Sinne zu leben.

Doch wer legt fest, welche Bibelstellen wörtlich genommen werden müssen und welche nicht? Das lässt sich nur anhand des Kontextes klären, und zwar sowohl im Gesamtzusammenhang der Bibel als auch im historischen Kontext.

Wenn Paulus den Gemeinden Rücksichtnahme auf die kulturellen Verhältnisse empfiehlt, dann nicht nur, um das Evangelium zu verbreiten, sondern auch zum Schutz der Christen. Wenn ihr Verhalten Ärger erregte, konnten die Christen leicht als Zerstörer der geltenden Werte und der Kultur gesehen und ins Gefängnis geworfen werden. Die Christen mussten sich vorsichtig verhalten. Heute haben wir in Deutschland jede Freiheit, Christus zu folgen, doch in einigen muslimischen Ländern können Christen ihren Glauben nicht einfach offen leben. Jeder vernünftige Christ würde den Frauen empfehlen, weiterhin Kopftücher zu tragen, nicht weil Gott dies befohlen hat, sondern um sich zu schützen, weil es der Kultur entspricht und sie sich sonst in große Gefahr begeben. So müssen auch die Aussagen von Paulus gesehen werden.

Selbstbewusste Frauen waren in der Antike vielen Menschen ein Dorn im Auge. Die Aussagen, in denen Paulus von Unterordnung redet, sind keine theologischen Grundsatzfragen, sondern sie »reflektieren das Ringen des Apostels und der Gemeinden um die rechte Lebensweise als Kinder Gottes mitten in ihrer sozialen Situation«[122].

Aber nicht hinter jeder Bibelstelle, in der Paulus von Unterordnung redet, steckt die Intention nach Anpassung an die Kultur, wie in den folgenden Kapiteln genauer aufgezeigt wird. In einigen Fällen ist gar keine Unterordnung gemeint, sie wurden nur so interpretiert. Manchmal beziehen sich seine Empfehlungen auf ein spezifisches Problem einer Gemeinde. Zudem sind seine Äußerungen in den Briefen nur ein Teil der Kommunikation. Wir kennen die andere Seite nicht. Wir wissen nicht, auf welche Probleme und Fragen Paulus antwortet. Deshalb muss man genau hinsehen, um zu unterscheiden, wann Paulus sich auf ein spezielles Anliegen der Gemeinde bezieht und wann er sich an die allgemeine Christenheit wendet.

Begabungen sind unabhängig vom Geschlecht

Dass Paulus die Ungleichheit von Frau und Mann befürwortet, ist sehr unwahrscheinlich, denn er zeigt an vielen Stellen, dass er Frauen und Männer als absolut gleichberechtigt sieht. Beispielsweise bezeichnet er alle Christen als lebendige Steine des Tempels Gottes.[123] Hier ist keine Rede von Unterschieden zwischen den Steinen.

Auch in der folgenden Aussage macht er keinen Unterschied:

»So wie euer Körper viele Teile und jeder Körperteil seine besondere Funktion hat, so verhält es sich auch mit dem Leib Christi. Wir sind alle Teile seines einen Leibes, und jeder von uns hat eine andere Aufgabe zu erfüllen. Und da wir alle in Christus ein Leib sind, gehören wir zueinander, und jeder Einzelne ist auf alle anderen angewiesen. Gott ist gnädig und hat uns unterschiedliche Gaben geschenkt. Hat Gott dir zum Beispiel die Gabe der Prophetie gegeben, dann wende sie an, wenn du überzeugt bist, dass Gott durch dich redet. Besteht deine Begabung darin, anderen zu dienen, dann diene ihnen gut. Bist du zum Lehren berufen, dann sei ein guter Lehrer. Wenn du die Gabe hast, andere zu ermutigen, dann mach es auch! Wer Geld hat, soll es aus freien Stücken und ehrlich mit anderen teilen. Hat Gott dir die Fähigkeit verliehen, andere zu leiten, dann nimm diese Verantwortung ernst. Und wenn du die Begabung hast, dich um andere, die es nötig haben, zu kümmern, sollst du es mit fröhlichem Herzen tun« (Römer 12,4-8).

Paulus spricht nicht davon, dass die Begabungen nach Geschlechtern aufgeteilt wären. Mit keinem Wort sagt er, dass Frauen besonders begabt sind, zu dienen, oder dass die Gabe, zu leiten, nur Männern vorbehalten wäre. Im Gegenteil: Paulus ermutigt diejenigen, denen Gott die Begabung zur Leitung gegeben hat, dies auch zu tun. Sie sollen sich nicht davor drücken, sondern ihre Verantwortung ernst nehmen. Und das gilt für Frauen genauso wie für Männer.

Es gibt noch viele andere Aussagen von Paulus, in denen er Frauen und Männer gleichermaßen anspricht, ohne einen Unterschied zu machen. Ist es nicht eine Verfälschung der Bibel, wenn einige wenige Sätze herausgenommen werden, um eine bestimmte Haltung zu begründen, auch wenn der gesamte Rest diesen Aussagen widerspricht?

Paulus und sein Dream-Team – Evodia, Syntyche und Phöbe

Für Paulus war die Mitarbeit der Frauen in leitenden Positionen so selbstverständlich, dass er sie nur nebenbei erwähnte. Sie war für ihn nichts Besonderes, sodass er keinen Grund sah, sie irgendwie zu erklären oder zu begründen. Er war ein Teamplayer durch und durch, eine Arbeitsweise, die den meisten Frauen auch heute noch sehr entgegenkommt. Zwar gab es auch Konflikte, aber er schätzte seine Mitarbeiterinnen und Mitarbeiter sehr. Geht man nach dem, wie lobend sich Paulus über seine Missions-Kollegen äußerte, dann gehörten Evodia, Syntyche und Phöbe zu seinem Dream-Team.

Evodia und Syntyche waren sehr engagiert und nicht immer einer Meinung. Man könnte sagen, sie waren sehr diskussionsfreudig. So wie Paulus. Er hatte seinen eigenen Standpunkt und vertrat ihn auch. Mit Barnabas geriet er so aneinander, dass sie getrennte Wege gingen. Dennoch war es Paulus sehr wichtig, dass Christen versöhnt zusammenleben und liebevoll miteinander umgehen. Deshalb versuchte er, zwischen Evodia und Syntyche Frieden zu stiften.

Er schreibt in seinem Brief an die Gemeinde in Philippi:

>»Und nun habe ich eine herzliche Bitte an Evodia und Syntyche: Beendet doch eure Meinungsverschiedenheiten, denn ihr gehört beide dem Herrn. Und dich, mein treuer Freund, bitte ich, diesen Frauen zu helfen. Sie haben doch mit gro-

ßem Einsatz mit mir gearbeitet, um anderen von der guten Botschaft zu erzählen. Auch mit Klemens und meinen anderen Mitarbeitern haben sie zusammengearbeitet, deren Namen im Buch des Lebens geschrieben stehen. Freut euch im Herrn. Ich betone es noch einmal: Freut euch! Lasst alle sehen, dass ihr herzlich und freundlich seid« (Philipper 4,2-5).

Paulus stellt sich auf keine Seite. Er tadelt die beiden Frauen auch nicht, weil sie einen Konflikt miteinander haben, denn dazu kennt er das Menschliche zu gut. Er bittet sie nur, ihre unterschiedlichen Meinungen zu respektieren. Paulus hält große Stücke auf sie, er beschreibt sie als herzlich und freundlich, genauso wie seine anderen Mitarbeiter. Das sollten sie auch nach außen zeigen.

Paulus hängt sehr an den Menschen seiner Gemeinde in Philippi:»Darum, meine geliebten Brüder und Schwestern, nach denen ich mich sehne, meine Freude und mein Ehrenkranz, steht fest im Herrn, Geliebte!« (Vers 1; EÜ). Wie bereits erwähnt, kann nur aus dem Kontext geschlossen werden, ob *adelphoí* mit »Brüder« oder »Geschwister« übersetzt werden muss. Dass hier die Brüder und Schwestern gemeint sind und nicht nur die Brüder, wie es in vielen anderen Übersetzungen[124] steht, ist offensichtlich, denn Paulus schreibt diesen Satz, unmittelbar bevor er sich an Evodia und Syntyche wendet.

In welcher Form der treue Freund den Frauen helfen sollte, ist nicht klar. Es ist jedoch unwahrscheinlich, dass er die Meinungsverschiedenheiten der beiden Frauen als Mediator lösen soll. Das traut Paulus den Frauen selbst zu, sonst hätte er sie nicht direkt angesprochen. Vermutlich bezieht sich seine Bitte darauf, den beiden Frauen generell zur Seite zu stehen.

Wie Paulus in dem Brief schreibt, haben Evodia und Syntyche mit ihm zusammen gepredigt, um Gottes Botschaft zu verbreiten, und dabei waren sie außerordentlich engagiert. Paulus verwendet das griechische Wort »synathleo«, ein Wort aus dem sportlichen Wettkampf, das »Seite an Seite kämpfen« meint.[125] Von einer untergeordneten Stellung der Frauen kann hier keine Rede sein. Eine andere Mitarbeiterin von Paulus war Phöbe. In seinem Brief an die römische Gemeinde schreibt Paulus: »Ich empfehle euch unsere Schwester Phöbe, eine Diakonin der Gemeinde von Kenchreä. Nehmt sie im Namen des Herrn auf, wie es jemand, der zu Christus gehört, verdient. Unterstützt sie in allem, denn auch sie ist vielen eine Hilfe gewesen, mich eingeschlossen« (Römer 16,1-2). Vermutlich war Phöbe eine reiseerfahrene und vermögende Frau. Sie lebte in Kenchreä, einer Hafenstadt in Griechenland. Durch die Seeverbindung war Kenchreä eine bedeutende Großstadt für internationalen Handel.

Phöbe spielte eine sehr wichtige Rolle in der Gemeinde. Das sagt Paulus deutlich, indem er schreibt, sie sei vielen eine Hilfe gewesen, auch ihm. Dabei meint er nicht eine Assistentenfunktion. Das griechische Wort, das hier mit »Hilfe« übersetzt wird, ist *prostátis*, die weibliche Form des damals geläufigen Ausdrucks *prostátēs*. Der Begriff wird im Griechischen für einen Trainer verwendet, jemand, der seinem Sportler zum Sieg verhilft, sozusagen ein Coach.[126] Was für eine hohe Bedeutung der Trainer hat, zeigt sich beim Fußball. Von ihm hängt alles ab. Er trägt die Verantwortung, dass sein Team gewinnt. Wenn seine Mannschaft mehrmals verliert, ist er seinen Job schneller los, als sein Stürmer ein Tor schießen kann. *Prostátēs* beschreibt jemanden, der Verantwortung, Macht und Einfluss hat. In anderen Schriften wird *prostátēs* auch für angesehene und mächtige Männer wie Könige, Edelleute und Patriarchen verwendet.[127] Schließlich kann das Wort auch einen Patron bezeichnen. Ein Patron war ein Schutzherr für niedergestellte Personen, für die er in juristischen oder finanziellen Angelegenheiten Verantwortung übernahm und denen er half.[128] Wenn Paulus also schreibt, Phöbe sei ihm eine Hilfe gewesen, dann drückt er damit ihre überaus wichtige Position aus. Er spielt nicht den Superhelden, der alles alleine managt und auf niemanden angewiesen ist. Im Gegenteil, als Teamplayer weiß Paulus, wie wichtig es ist, sich gegenseitig zu helfen. Phöbe stellt er als Unterstützerin besonders heraus. Paulus zeigt sich sehr souverän und frei von allen kulturellen Zwängen. Eine Frau als Coach und Förderin? Da haben heute noch manche Männer ihre Schwierigkeiten. Fußballer würden sich bestimmt ungern von einer Frau coachen lassen, obwohl viele Trainerinnen große Erfolge vorweisen können. Welch eine emanzipatorische Haltung zeigt Paulus, wenn er in einer patriarchalen Gesellschaft, in der Frauen weit unter den Männern stehen, ganz selbstverständlich schreibt, dass er gern die Hilfe einer Frau in Anspruch nimmt!

Phöbe war Diakonin. Das griechische Wort für Diakon *(diákonos)* wird manchmal mit Diener übersetzt, wobei Verkündiger oder Pastor treffender wäre. Wichtig ist jedoch, dass Paulus hier für Phöbe den gleichen Begriff wie für seine männlichen Mitarbeiter wählt, zum Beispiel Apollos, der als großartiger Redner bekannt war. Phöbe hatte als Diakonin also gleichbedeutende Aufgaben wie die männlichen Diakone. Sie war Predigerin in ihrer Gemeinde. Diakoninnen gab es, bis das Konzil im Jahr 441 beschloss:»Niemand soll weiterhin weibliche Diakone einsetzen.«[129] Aus der Diakonin Phöbe wurde damals kurzerhand eine Diakonisse gemacht. Aus der Predigerin wurde eine Pflegerin oder eine Dienerin. Und damit entstand ein völlig verfälschtes Frauenbild. Den Frauen wurde eine Geschlechterrolle verpasst, die nie in Paulus' Sinn gewesen war.»Der wirtschaftliche oder politische oder juristische Einfluss, von dem Paulus damals profitierte, wurde heruntertransformiert zum bloßen ›Beistand‹ – fast sieht man Phöbe, wie sie am Krankenlager dem fiebernden Apostel den Puls misst«, so schreibt Ulrich Wendel.[130]

Diese Diakonin hatte noch eine andere sehr wichtige Aufgabe:

Sie war es nämlich, die im Jahr 55 n.Chr. den Brief von Paulus an die Gemeinde von Rom überbrachte.[131] Das war etwas anderes, als das Gemeindeblatt auszutragen! Phöbe hatte vermutlich geschäftlich in Rom zu tun. Als Patronin hatte sie wahrscheinlich Juristisches oder Finanzielles zu erledigen. Das war eine gute Gelegenheit für Paulus, ihr seinen Brief mitzugeben. Vor Einführung der Post war es eine aufwendige Sache, einen Brief zu überbringen. Man musste persönlich zum Adressaten reisen oder einen Boten schicken, und das ohne Flugzeug oder Zug. Das war nicht ungefährlich. Reisen an sich barg schon Risiken, und in Zeiten der Christenverfolgung war doppelte Vorsicht geboten. Es erstaunt etwas, dass Phöbe in der patriarchalen Welt reisen und Geschäfte erledigen konnte. Doch es gab damals auch selbstständige Frauen, vor allem im städtischen Bereich.[132] Eine von ihnen war Phöbe.

Sie war eine engagierte Christin. Das Evangelium zu verbreiten lag ihr sehr am Herzen. Deshalb war sie bereit, diese Aufgabe zu übernehmen. Außerdem profitierte sie selbst davon. Paulus schrieb eine Empfehlung in den Brief.»Ich empfehle euch unsere Schwester Phöbe ... Nehmt sie im Namen des Herrn auf ... Unterstützt sie in allem« (Verse 1-2). Phöbe hatte also damit zugleich eine Unterkunft bei Christen. Und da die Christen bekannt dafür waren, dass sie freundlich und herzlich miteinander umgingen, hatte sie in Rom gleich so etwas wie eine Familie. Das war für alle eine Win-win-Situation.

Einen Brief von Paulus an eine Gemeinde zu überbringen, bedeutete jedoch nicht, dass man den Brief einfach nur ablieferte. Es beinhaltete auch, dass der Überbringer der Gemeinde den Inhalt erklärte, wenn die Christen etwas nicht verstanden, denn schließlich konnten sie nicht kurz per Skype oder E-Mail beim Absender nachfragen. Paulus vertraute Phöbe also völlig, dass sie alles in seinem Sinne weitervermitteln würde, und hatte den Text vermutlich vorher mit ihr durchgesprochen. Damit hatte Phöbe eine zentrale Bedeutung bei der Ausbreitung des Evangeliums.

Priska und Aquila – Paulus' beste Freunde

Zu Paulus engsten Mitarbeitern gehörte das Ehepaar Priska und Aquila.[133] In der Apostelgeschichte wird sie Priszilla genannt, eine Verkleinerungsform, die nicht despektierlich, sondern liebevoll gemeint war, wie es heute noch in romanischen Sprachen der Fall ist. Doch Paulus nannte sie mit ihrem richtigen Namen Priska. Priska und Aquila führten vermutlich eine Ehe auf Augenhöhe und arbeiteten beruflich auf gleicher Ebene, denn beide waren Zeltmacher. Es ist eher unwahrscheinlich, dass Aquila die Zelte nähte und Priska die Buchhaltung machte.

Paulus lernte das Ehepaar kennen, weil er einen Job suchte. Er hatte seine aussichtsreiche Karriere als Pharisäer an den Nagel gehängt, nachdem er Jesus begegnet war und auf Missionar umgesattelt hatte. Und da man als Missionar nichts verdiente und er den Gläubigen nicht auf der Tasche liegen wollte, musste er sich nach einer Erwerbstätigkeit umschauen. Die Zeltmacherei von Priska und Aquila in Korinth lief so gut, dass sie noch einen Mitarbeiter einstellen konnten. Paulus bewarb sich, weil er auch ein Handwerk gelernt hatte, nämlich Zeltmacher. Als Angestellter war er auf der Seite der Befehlsempfänger. Das war für ihn am Anfang vielleicht gar nicht so einfach. Immerhin hatte er als Theologe eine exzellente Ausbildung vorzuweisen. Er war überqualifiziert, wie man heute sagen würde. Und er war ein Alphatier. Immer preschte er voraus. Noch dazu war einer seiner beiden Chefs eine Frau. Aber das dürfte kein Problem für ihn gewesen sein, denn zu dieser Zeit hatte er bereits viel Erfahrung in der Zusammenarbeit mit Frauen und schätzte ihre Kompetenz. Offensichtlich war das Arbeitsverhältnis der drei Zeltmacher nicht hierarchisch, sondern sehr kollegial.

Paulus war zu dieser Zeit schon viel herumgereist, um überall von der Frohen Botschaft zu predigen. Voller Begeisterung erzählte er von Jesus. Viele nahmen die Botschaft erfreut auf, aber es gab etliche, die ihn verspotteten oder gar verfolgten. Doch Paulus ließ sich nicht den Mund verbieten, er war von Anfang an Feuer und Flamme. Ob Priska und Aquila erst durch ihn zum Glauben kamen oder schon vorher Christen waren, wissen wir nicht. Aus dem Angestelltenverhältnis wurde jedenfalls bald eine innige Freundschaft. Ihr Glaube und ihr Ziel, dass die ganze Welt von der befreienden Botschaft Gottes hören sollte, verband sie. Paulus war es ein Herzensanliegen, die Juden davon zu überzeugen, dass Jesus der versprochene Messias ist, ebenso Priska und Aquila. Sie redeten während der Arbeit viel über Jesus und ihren Glauben. Menschen kamen und wollten mehr darüber wissen. So wurde die Werkstatt gleichzeitig zum Missionszentrum.

Die Verbundenheit von Priska und Aquila mit Paulus war so eng, dass die beiden mehrmals mit ihrer Zeltmacherei umzogen und Paulus nachreisten, um ihn bei seiner Arbeit zu unterstützen. Und damals bestellte man nicht einfach einen Umzugswagen. Auch in Ephesus wurde die Werkstatt von Priska und Aquila zum Glaubenszentrum, aus dem sogar eine Gemeinde entstand.

Paulus arbeitete von Anfang an mit Frauen genauso zusammen wie mit Männern. Auch zwischen Priska und Aquila machte er keinen Unterschied. Er debattierte nicht mit Aquila über theologische Fragen, während Priska Tee und Gebäck reichte. Priska war nicht nur zusammen mit ihrem Mann beim Aufbau der Gemeinde beteiligt, sondern sie hatte offensichtlich eine führende Funktion, so auch, als sie nach Rom umzogen. Dies stellt Paulus in seinen Briefen heraus, indem er sie als Erste nennt, noch vor ihrem Mann. Siebenmal werden sie genannt und dabei steht Priska fünfmal an erster Stelle. Während es heute heißt:»Ladies first«, war das damals völlig unüblich. Der Wichtigste wurde zuerst genannt, und das war der Mann. Wenn Paulus davon abweicht und Priska zuerst nennt, dann muss sie wirklich bedeutend gewesen sein, mehr noch als ihr Ehemann.

Wie kann man Paulus Frauenfeindlichkeit unterstellen, wenn er bewusst damalige kulturelle Gepflogenheiten ignorierte, um die Arbeit der Frau besonders hervorzuheben? Gemeindeleitung war damals etwas anderes als bei uns heute. In einer Zeit, in der Christen verfolgt wurden, war das ein gewagtes Unternehmen, vergleichbar mit der Situation von Christen in geschlossenen Ländern. Davon ließen sich Priska und Aquila jedoch nicht abschrecken. Paulus schreibt in seinem Brief an die römische Gemeinde, dass die beiden äußerst couragiert waren und ihr Leben riskierten, um Paulus zu schützen.[134] Gemeindearbeit bestand aus ganz anderen Herausforderungen, als wir sie kennen. Es war Grundlagenarbeit. Man hatte keine Vorbilder, sondern musste bei null anfangen. Die Gemeinde bestand nicht aus einigen wenigen frommen und treuen Gottesdienstbesuchern, sondern war ein Pool aus Menschen verschiedener Nationen und Kulturen. Juden und Heiden befanden sich darunter, Menschen, die zuvor eine Vielzahl von Göttern angebetet hatten. Verschiedene Lebensstile und Kulturen prallten aufeinander. Für viele Menschen bedeutete ihre Bekehrung, dass sich ihr ganzes Weltbild völlig umkrempelte. Auf einmal sollten alle Menschen gleich sein? Sogar die Frauen? Und die Sklaven?

In den neuen Gemeinden hatten die Frauen die gleichen Ämter wie die Männer. Sie waren sogar Lehrende. Das war bisher undenkbar gewesen. Eine Frau, die Männer lehrte? Wir können uns kaum vorstellen, welch ein unglaublich großer Schritt das war! Aber genau das tat Priska, und zwar auf akademischem Niveau. Einer ihrer Schüler war Apollos, ein hochgebildeter und redegewandter Jude:»Hochschulabsolvent einer der bedeutendsten Universitätsstädte, Alexandrien in Ägypten, ein glänzender Rhetoriker, bibelfest und lebendig erfüllt mit dem Heiligen Geist«[135], so beschreibt ihn Ulrich Wendel. Warum Apollos eine Fortbildung brauchte, erklärt er folgendermaßen:»Er machte da weiter, wo Paulus aufgehört hatte, und redete öffentlich über Jesus. Ein willkommener evangelistischer Input für die Hausgemeinde. Mit einem Haken aber: Apollos war theologisch nicht überall gleichmäßig auf der Höhe. In Sachen Taufe vertrat er eine veraltete Version (die Auffassung von Johannes dem Täufer), er hatte – um es technisch auszudrücken – das letzte theologische Update verpasst.«[136]

Das hörten auch Priska und Aquila. Daher luden sie Apollos zu sich nach Hause ein und gaben ihm Privatunterricht. Sie nahmen»ihn beiseite und erklärten ihm den Weg Gottes genauer«, so heißt es (Apostelgeschichte 18,26). Dass Apollos ein außerordentlich kluger Mann gewesen sein muss, zeigt sich spätestens hier. Er lässt sich von einer Frau unterrichten, einer Frau, die keinen Schulabschluss besaß, geschweige denn eine Universität jemals von innen gesehen hatte. Doch ihm war es wichtig, zu lernen, zu studieren. Und da war es ihm egal, ob ihn eine Frau oder ein Mann unterrichtete.

Wie viele Männer bleiben in ihrem begrenzten Denken, weil sie sich von einer Frau nichts sagen lassen wollen! Wie viele Frauen in der Kirche und in den Gemeinden hätten etwas zu sagen, aber man hört ihnen nicht zu! Man gibt ihnen keinen Raum, ihr Wissen oder ihre Erkenntnisse weiterzugeben. Paulus und Apollos waren da anders. Sie wussten, dass Gott durch alle Menschen redet, egal ob es Frauen oder Männer sind.

Der Unterricht durch Priska und Aquila war sehr erfolgreich, denn von Apollos heißt es, dass er den Christen mit seiner Begabung eine große Hilfe war:»Er widerlegte die Juden in öffentlichen Auseinandersetzungen mit überzeugenden Argumenten.

Anhand der Schrift wies er ihnen nach: ›Der Messias, auf den ihr wartet, ist Jesus‹« (Vers 28). Er behauptete nicht nur, dass Jesus der Messias war, sondern er belegte das durch Quellenangaben. Apollos arbeitete wissenschaftlich auf hohem Niveau.

Paulus lobte die Arbeit von Priska und Aquila in den höchsten Tönen: »Grüßt Priska und Aquila, die meine Mitarbeiter im Dienst für Christus Jesus gewesen sind. Sie haben sogar ihr Leben für mich aufs Spiel gesetzt. Und nicht nur ich bin ihnen dankbar, sondern auch alle Gemeinden. Bitte grüßt auch die Gemeinde, die sich in ihrem Haus trifft« (Römer 16,3-5). Für Paulus waren die beiden gleichwertige Mitarbeiter. Nirgendwo taucht die leiseste Kritik an Priskas Arbeit auf. Im Gegenteil, Paulus dankt ihr und nennt auch hier ihren Namen zuerst. Wenn Paulus es völlig in Ordnung fand, dass Priska Apollos unterrichtete, wie kann man dann behaupten, Paulus sei dagegen, dass Frauen das Wort Gottes lehren? Um dies zu begründen, sind die Gegner von lehrenden Frauen sehr erfinderisch: Bibelausleger argumentieren damit, dass das Wort erklären *(ektíheimi)*, das in diesem Zusammenhang erwähnt wird, etwas anderes sei als das Wort lehren *(didáskō)*, das Paulus verwendet, um den Frauen das Lehren angeblich zu verbieten.[137] »Doch was ist Lehren anderes als jemandem die Wahrheit erklären?«, fragt David Hamilton.[138] Als Paulus den Juden in Rom das Evangelium erklärte, indem er das Reich Gottes bezeugte und sie für Jesus zu gewinnen versuchte, verwendet die Apostelgeschichte genau jenen Begriff *ektíheimi*, der zuvor auch bei Priska und Aquila stand. Paulus ging dabei von den Schriften des Alten Testaments aus – »lehrhafter« geht es kaum.

Es wäre sogar möglich, dass Priska den Hebräerbrief geschrieben hat – eine These, die schon von dem höchst gelehrten Theologen Adolf von Harnack (1851–1930) aufgestellt worden war.[139] Dafür gibt es einige Argumente, so zum Beispiel, dass der Brief anonym verfasst wurde, eine nicht seltene Praxis von schreibenden Frauen, damit ihre Texte ernst genommen wurden. Die Kompetenz als Autorin hätte Priska auf jeden Fall gehabt, immerhin hat sie Gemeinden geleitet und Apollos unterrichtet. Andere Argumente sind, dass in dem Brief häufiger Frauen als Glaubensheldinnen erwähnt werden, außerdem gibt es praktische Beispiele zu Kind- und Elternschaft. Zudem enthält der Text Ausdrücke aus der Schifffahrt und Priska hat mindestens vier Seereisen unternommen. Der- oder diejenige, die den Brief geschrieben haben, müssen enge Mitarbeiter von Paulus gewesen sein und in seinem letzten Brief hebt der Apostel Timotheus, Priska und Aquila besonders hervor. Wir wissen nicht, ob tatsächlich Priska die Verfasserin war, aber es ist nicht auszuschließen.

Priska und Aquila sind weitere Mitarbeiter von Paulus, an denen deutlich wird, wie selbstverständlich Frauen und Männer zusammengearbeitet haben. Es gab keine geschlechterspezifischen Vorgaben, wer was zu tun hatte. Es gab kein Gerangel um Macht. Die ersten Christen lebten das, was Jesus ihnen vorgelebt hatte.

Lydia – Die erste Gemeindeleiterin in Europa

Auch Lydia spielt in der Missionsarbeit von Paulus eine wichtige Rolle, denn sie war der erste Mensch in Europa, der durch sein Zeugnis Christ wurde.[140]

Lydia lebte in Philippi, einer römischen Koloniestadt in Mazedonien, im Norden von Griechenland. Sie war eine »Zugereiste«, eine Fremde. Wahrscheinlich war sie ziemlich auf sich allein gestellt, denn sie hat keine Verwandten in Philippi. Man nannte sie Lydia, weil sie aus Lydien stammte.[141]

In vielen biblischen Übersetzungen wird sie als wohlhabende Purpurhändlerin dargestellt. Das liegt daran, dass Purpur ein sehr teures Färbemittel war. Ulrich Wendel ist der Ansicht, dass sie eher eine hart arbeitende Frau war, die Purpur herstellte und Wolle färbte.[142] Diese Tätigkeit wurde von Frauen ausgeführt, die in Teams arbeiteten. Da die Gewinnung des Färbestoffs aus der Purpurschnecke eine übel riechende Angelegenheit war, bei der man viel Wasser brauchte, siedelte man die Purpurhersteller außerhalb der Ortschaften an. Lydia wohnte offensichtlich mit anderen Frauen außerhalb des Ortes an einem Fluss. Deshalb spricht viel dafür, dass sie im Handwerk und nicht im Handel arbeitete. Lydia war zwar keine Jüdin, aber sie war sehr gläubig. Deshalb hatte sie sich Juden angeschlossen. Allerdings gab es in Philippi nur sehr wenige Juden, vor allem kaum Männer, und ein Gottesdienst konnte nur dann abgehalten werden, wenn zehn Männer anwesend waren. Wie viele Frauen da waren, war unwichtig. Weil die Männer fehlten, nahmen die Frauen die Sache selbst in die Hand und feierten gemeinsame »Untergrund«-Gottesdienste. Sie trafen sich am Fluss, wo Lydia arbeitete, und hatten dort möglicherweise ein einfaches Bethaus.[143]

Auf ihrer Missionsreise kamen Paulus, Silas, Timotheus und eventuell weitere Christen nach Philippi. Am Sabbat suchten sie eine Synagoge, um zu beten. Weil Synagogen oft am Wasser gebaut wurden, gingen sie am Flussufer entlang. Dort fanden sie aber nur einige Frauen, die gemeinsam Gottesdienst feierten, darunter auch Lydia. Paulus, Silas und Timotheus ließen sich bei ihnen nieder.

Als die Männer erzählten, dass sie den Messias kannten und ihm persönlich begegnet waren, war Lydia überrascht, aber sie fühlte sich von Paulus' Worten sehr angesprochen. In der Bibel steht, dass Gott ihr das Herz auftat. Sie nahm Jesus an und ließ sich taufen und mit ihr die anderen aus ihrem Haus.

Anschließend lud Lydia die Männer in ihr Haus ein. Sie drängte die Missionare geradezu, ihre Gäste zu sein: »Wenn ihr wirklich der Meinung seid, dass ich dem Herrn treu bin, dann kommt und bleibt in meinem Haus« (Apostelgeschichte 16,15). Vielleicht wollte sie von Paulus und den anderen mehr über Jesus und den christlichen Glauben erfahren. Doch der Apostel zögerte zunächst, die Einladung anzunehmen. Er war ein bisschen ratlos und überlegte, ob er bleiben oder weiterreisen sollte. Es war zwar sein Plan, hier in Mazedonien eine Gemeinde aufzubauen, und es sah ganz so aus, als ob es klappen würde, denn Lydia war mit Feuereifer dabei und hätte sofort mit der Gemeindegründung angefangen. Aber Paulus hatte eine Vision gehabt. Darin hatte er gesehen, dass jemand ihm winkte und ihn um Hilfe bat. Das war der Grund, warum er nach Mazedonien gereist war. Der winkende Mensch in seiner Vision war jedoch ein Mann gewesen und Lydia war eindeutig eine Frau. Nun hatte Paulus ein Problem. War seine Vision unscharf gewesen? Immerhin hatte er sie in der Nacht gehabt, und da kann man schon mal etwas nicht ganz so klar erkennen. Oder hatte Gott seinen Plan geändert? Wie auch immer, Lydia überzeugte Paulus und die Männer gaben nach. So begann die Gemeindegründung in Mazedonien in Lydias Haus.

Lydia zeigte Selbstbewusstsein. Sie ließ nicht locker, sondern bestand darauf, dass Paulus und seine Kollegen einige Tage bei ihr blieben. Jesus hatte ihr Herz berührt und sie wollte sich für diesen Glauben einsetzen. Sie öffnete ihr Haus für die Versammlungen der ersten Christen. Unbeirrt machte sie auch dann noch weiter, als Paulus und Silas festgenommen, ausgepeitscht und ins Gefängnis geworfen wurden. Dazu gehört Mut. Daran, dass eine christliche Gemeinde in Europa entstehen konnte und unaufhaltsam weiterwuchs, hatte Lydia einen entscheidenden Anteil.

Junia – Wie aus einer Frau ein Mann wurde

Paulus lobte seine Mitarbeiter und Mitarbeiterinnen sehr und machte bei seinem Team keine geschlechtsspezifischen Unterschiede. Diskriminierung gab es erst später, als das Christentum eine Staatsangelegenheit wurde. Ab da ließen die Bibelausleger die Mitarbeit der Frauen in den ersten Gemeinden unter den Tisch fallen oder redeten sie zumindest klein. Notfalls machte man aus einer Frau einfach einen Mann, wie zum Beispiel aus Junia einen Junias. Die Diskriminierung besteht darin, dass die Kirchenmänner Frauen verantwortungsvolle Ämter einfach nicht zutrauten. Sie konnten sich nicht vorstellen, dass Paulus Frauen gleichberechtigt behandelt hatte, und bogen die Textstellen so zurecht, dass es ihrem patriarchalischen Weltbild entsprach.

Möglicherweise erging es einer anderen Frau ebenso, nämlich Stephana.[144] Dieser Name wird in seltenen Fällen als Verkleinerung des Männernamens Stephanos benutzt, ist normalerweise aber ein Frauenname. Weil aber Stephana als eine Autoritätsperson geschildert wird, kam für die Bibelausleger eine Frau nicht infrage. Dass es noch viel unwahrscheinlicher ist, für eine männliche Autoritätsperson die Verkleinerungsform zu wählen, bedachten sie nicht. Schließlich käme auch niemand auf die Idee, die Apostel Pauli oder Peterchen zu nennen.

Es ist kaum nachzuvollziehen, dass Paulus in einem offiziellen Brief, der in den Gemeinden herumgereicht und vorgelesen wurde, die Verkleinerungsform benutzt haben soll, die er ja auch bei Priska nicht verwendete, noch dazu, wenn er in dem Brief ausdrücklich darum bat, Stephana mit »großer Achtung« zu begegnen. Das würde ja seinen Absichten völlig widersprechen! Paulus schreibt über diese Person: »Ihr wisst, dass Stephanas und alle in seinem (oder ihrem; Anm. d. Autorin) Haus die Ersten waren, die in Griechenland gläubig wurden. Sie widmen ihr ganzes Leben dem Dienst für die anderen Gläubigen. Ich bitte euch inständig, liebe Brüder, ihnen und auch anderen Mitarbeitern, die sich mit solcher Hingabe einsetzen, mit großer Achtung zu begegnen. Ich bin froh, dass Stephanas, Fortunatus und Achaikus gekommen sind. Sie haben euch ersetzt, da ihr mich hier nicht unterstützen könnt. Sie sind eine große Ermutigung für mich, wie sie es auch für euch waren. Deshalb gebührt ihnen eure Wertschätzung« (1. Korinther 16,15-18). Eine Frau als gleichrangige Mitarbeiterin von Männern war für die Bibelausleger völlig undenkbar. Es ist zwar wissenschaftlich nicht gesichert, ob Stephana tatsächlich eine Frau war – die Meinungen gehen hier auseinander –, dennoch ist es sehr vielsagend, dass man Stephana für einen Mann hält, ohne es zu hinterfragen.

Zu Paulus' engsten Mitarbeitern gehörten Junia und Andronikus, der höchstwahrscheinlich ihr Mann war.[145] Die beiden waren Landsleute des Apostels und wahrscheinlich schon länger Christen als er. Als er seine ersten Glaubensschritte tat, hatten Junia und Andronikus schon erlebt, was es bedeutete, Christus nachzufolgen und Verfolgungen ausgesetzt zu sein. Das hielt sie jedoch nicht davon ab, ihren Glauben unerschrocken zu leben.

Junia war Jüdin und lebte in Israel, wo sie Jesus begegnete. Seinen Auftrag, das Christentum zu verbreiten, nahm sie sehr ernst. Möglicherweise war das der Grund, warum Junia nach Rom umzog. Sie saß sogar mit Andronikus und Paulus im Gefängnis. Für die anderen Apostel war das Ehepaar ein Vorbild. Paulus schreibt in seinem Brief an die Römer, als er Grüße an sie ausrichtet: »Die beiden genießen hohes Ansehen unter den Aposteln« (Römer 16,7).

Junia selbst war Apostelin, wie der Theologe Ulrich Wendel nachweist, und in den ersten Jahrhunderten wurde der Vers auch so aufgefasst, dass sie »als Apostel« angesehen waren und nicht »bei den Aposteln«.[146] Äußerungen aus der alten Kirche belegen, dass man kein grundsätzliches Problem mit einer Apostelin hatte.

Junia als Apostelin gehörte zu denen, die von Jesus Christus ausgesandt worden waren.[147] Und sie machte einen hervorragenden Job. Wie viele Frauen unter den Aposteln waren, weiß man nicht, aber für die damaligen Christen war es offensichtlich überhaupt kein Problem, mit Frauen zusammenzuarbeiten und ihre Fähigkeiten neidlos anzuerkennen. Auch hier muss man sich vergegenwärtigen, was für ein emanzipatorischer Schritt das war angesichts der geringen Stellung, die Frauen damals hatten. Doch wieso deuteten die späteren Bibelausleger den Namen Junia als Junias? Ulrich Wendel erklärt, wie diese Geschlechtsumwandlung möglich war: »Rein grammatikalisch ist es tatsächlich möglich, statt Junia auch den Männernamen Junias zu lesen. Denn der Name steht grammatisch im Akkusativ.«[148] Im Deutschen hilft der Apostroph dabei, zu verdeutlichen, dass »Andreas' Buch« einem Mann gehört. Im Altgriechischen werden die Unterschiede normalerweise mit Akzenten markiert, aber nicht, wenn man mit Großbuchstaben schreibt. Da die ältesten Schriftdokumente des Neuen Testaments in Großbuchstaben stehen, fehlen die Akzente. Sie wurden erst in späteren Abschriften hinzugefügt. Könnte Junia also doch ein Mann gewesen sein?

Grammatisch ja, aber zur Zeit des Neuen Testaments gab es den Namen Junias überhaupt nicht – zumindest wurde dafür bisher noch kein Beleg gefunden. Dagegen kommt der Frauenname Junia in vielen Texten aus dieser Zeit vor. Für die frühen Schreiber war es deshalb völlig klar, dass es sich um eine Frau handelte. Sie setzten in ihren Abschriften den Akzent so, dass Junia klar als Frau erkennbar war. Erst in späteren Jahrhunderten machte man aus Junia einen Junias.

Interessanterweise gab es keinen Zweifel daran, dass Andronikus und Junia(s) Apostel waren, solange man sie beide für Männer hielt. Aber als sich herausstellte, dass Junia(s) eine Frau ist, zog man auf einmal eine andere Übersetzungsvariante in Betracht, nämlich dass Junia »bei den Aposteln« oder »unter den Aposteln« hohes Ansehen genoss und nicht »als Apostel«. Es ist schon sehr bemerkenswert, wie kreativ die Bibelinterpretation ist und war, um Frauen aus Leitungspositionen der frühen Kirche herauszudeuten!

„Das Weib schweige in der Gemeinde" – Verbietet Paulus Frauen den Mund?

Der Satz »Das Weib schweige in der Gemeinde«[149] wird immer noch als Begründung dafür herangezogen, um Frau das Predigen zu verbieten. Nicht nachvollziehbar ist, warum diese Bibelausleger die Frauen oft gleichzeitig ermuntern, in der Gemeinde Bibeltexte vorzulesen, Zeugnis zu geben, zu singen oder laut zu beten. Soll sie nun schweigen oder nicht?

Paulus' Mitarbeiterinnen hatten, wie bereits erläutert, die gleichen Aufgaben wie Männer. Sie predigten, sie lehrten, sie weissagten, sie gründeten Gemeinden und sie gingen auf Missionsreisen, auch die Ehefrauen der Apostel und Jünger.[150] Sie begleiteten ihre Männer auf diesen Reisen bestimmt nicht nur, um die Wäsche zu waschen und sich um das Essen zu kümmern. Betrachtet man das Miteinander von Frauen und Männern in der damaligen Zeit, kann man davon ausgehen, dass sie genauso wie ihre Männer von Jesus erzählten. Der Diakon Philippus hatte vier unverheiratete Töchter, die die Gabe der Prophetie besaßen und weissagten.[151] Weissagen und prophezeien heißt »das vollmächtige Wort Gottes verkünden« und das ist von gleichem Gewicht wie das Predigen.[152] Die missionarische Arbeit der Töchter muss eine große Wirkung gehabt haben. In der Urkirche hatte ihr prophetisch-charismatisches Wirken eine Ausstrahlungskraft, die weit bekannt war.[153] Frauen wurden genauso wegen ihres Glaubens verfolgt, manche saßen deswegen im Gefängnis oder wurden hingerichtet. Auch Philippus und seine Töchter wurden nach außerbiblischen Quellen gekreuzigt und dazu noch gesteinigt, wobei nicht sicher ist, ob es sich bei dem erwähnten Mann um den Apostel oder den Evangelisten Philippus und seine Töchter handelt, weil ihre Biografien in der Überlieferung vermischt wurden.[154] Aber es zeigt, dass Frauen nicht verschont wurden.

Wie passt es zusammen, dass Paulus auf der einen Seite seine predigenden Mitarbeiterinnen lobt und auf der anderen Seite den Frauen das Predigen verbietet? Mehr noch: dass er ihnen in der Gemeinde das Wort verbietet? Wieso schrieb der Apostel: »Das Weib schweige in der Gemeinde«, oder wie es in der heutigen Übersetzung nach Luther heißt: »Wie in allen Gemeinden der Heiligen sollen die Frauen schweigen in den Gemeindeversammlungen; denn es ist ihnen nicht gestattet zu reden, sondern sie sollen sich unterordnen, wie auch das Gesetz sagt« (1. Korinther 14,33-34; LUT)?

Um diesem Widerspruch auf die Spur zu kommen, ist es wichtig, zunächst den Zusammenhang zu betrachten, in dem der Satz gesagt wurde, und diesen anschließend in den historischen und kulturellen Kontext einzuordnen.

In dem Absatz geht es darum, wie ein Gottesdienst ablaufen sollte. Der Absatz, in dem der Vers steht, lautet:

> »Wenn ihr euch versammelt, wird der eine singen, der andere lehren, wieder ein anderer wird eine besondere Offenbarung Gottes weitergeben. Einer wird in einer anderen Sprache reden, während ein anderer erklärt, was gesagt wurde. Doch alles, was geschieht, soll für alle hilfreich sein und sie im Herrn aufbauen. Nicht mehr als zwei oder drei sollen in einer anderen Sprache reden. Sie sollen das nacheinander tun, und einer muss bereit sein auszulegen, was sie sa-

gen. Wenn niemand anwesend ist, der die anderen Sprachen auslegen kann, sollen sie in der Versammlung der Gemeinde schweigen und in Sprachen zu Gott sprechen, wenn sie allein sind. Lasst zwei oder drei prophetisch reden und die anderen beurteilen, was gesagt wurde. Wenn jedoch jemand prophetisch redet und ein anderer eine Offenbarung vom Herrn empfängt, soll der, der gerade spricht, schweigen. Auf diese Weise können alle prophetisch reden, doch einer nach dem anderen, damit alle lernen und ermutigt werden. Wer prophetisch redet, hat Kontrolle über sich selbst und kann warten, bis er an der Reihe ist. Denn Gott ist nicht ein Gott der Unordnung, sondern ein Gott des Friedens, wie auch in allen anderen Gemeinden. Die Frauen sollen in den Gemeindeversammlungen schweigen. Es gehört sich nicht, dass sie sprechen. Sie sollen sich unterordnen, wie es im Gesetz steht. Wenn sie Fragen haben, sollen sie zu Hause ihre Ehemänner fragen, denn es steht ihnen nicht zu, in der Gemeindeversammlung zu sprechen« (1. Korinther 14,26-35).

In diesem Text finden sich einige Empfehlungen, wie der Gottesdienst ablaufen soll, damit er für *alle* hilfreich ist und damit *alle* prophetisch reden können. »Alle« wird nicht eingeschränkt. Somit kann man davon ausgehen, dass sich das prophetische Reden auch auf Frauen bezieht. Die einzige Einschränkung ist, dass einer nach dem anderen reden soll, denn *alle* sollen etwas lernen und ermahnt werden. Gott ist ein Gott des Friedens und nicht der Unordnung. Damit wird schon klar, in welche Richtung es geht. Noch deutlicher wird es, wenn man die abschließende Ermahnung von Paulus liest, dass Frauen zu Hause ihre Männer fragen sollen, wenn sie etwas nicht verstanden haben. Alles deutet darauf hin, dass es nicht darum geht, dass Frauen keine Wortbeiträge einbringen dürfen, sondern einfach darum, dass Frauen nicht dazwischenquatschen sollen, weil sie damit den Gottesdienst stören. Der Begriff »schweigen« kommt in dem Textabschnitt über die Gottesdienstordnung dreimal vor. So wird gesagt, dass derjenige, der in Sprachen redet, nur dann reden soll, wenn auch jemand da ist, der es auslegt. Andernfalls soll er schweigen. Wenn einer eine Offenbarung hat, soll derjenige, der dabeisitzt, schweigen. Und auch die Frauen im Gottesdienst sollen schweigen. Obwohl hier drei verschiedene Gruppen ermahnt werden, zu schweigen, wird nur die Gruppe der Frauen herausgepickt und zum Gesetz erhoben.

Das Wort *sigáō*, das Paulus für »schweigen« verwendet, meint ein zeitweises Schweigen. Man benutzt es, wenn man im Chaos und Geschrei um Ruhe bittet. Dieses Wort verwendet Paulus auch in der Apostelgeschichte, als er die aufgebrachte Gemeinde um Ruhe bittet, damit er erzählen kann, wie er befreit wurde.[155] Das zeigt klar, dass Paulus Frauen nicht das Predigen verbietet, sondern schlicht und einfach das Reden, wenn andere sprechen, damit man verstehen kann, was die anderen sagen.

Dies wird auch klar, wenn man den ersten Vers im gleichen Kapitel liest: »Aber bemüht euch auch um die besonderen Gaben, die der Geist zuteilt, vor allem um die Gabe der Prophetie.« Nirgendwo steht, dass hier nur Männer gemeint sind. Wozu sollten die Frauen um die Gabe der Prophetie bitten, wenn sie dann anschließend den Mund halten sollen? An einer anderen Stelle ermahnt Paulus die Frauen, dass sie beim Weissagen eine Kopfbedeckung tragen sollen.[156] Diese macht deutlich, dass für Paulus weissagende, also predigende Frauen völlig selbstverständlich sind. Auf die Frage der Kopfbedeckung wird später noch eingegangen.

Der Kontext zeigt also, dass es um ein zeitweises Schweigen geht. Doch warum werden nur die Frauen ermahnt? Hier ist der kulturelle Zusammenhang wichtig. Frauen hatten nicht das Wissen der Männer, sie waren im Rückstand. Während im öffentlichen Leben Zurückhaltung von ihnen gefordert war, trauten sie sich in den neuen christlichen Gemeinden, ihre Fragen zu äußern. Außerdem hatten sie keine Erfahrung, wie man sich bei öffentlichen Versammlungen benimmt. Sie kannten nur die Zusammenkünfte mit anderen Frauen. Diese waren eine Gelegenheit, aus der Eintönigkeit des Hauses herauszukommen und etwas Neues zu erfahren. Man kann sich also vorstellen, was für ein Gegacker es gab, wenn die Frauen zusammenkamen.

Und nun saßen diese Frauen im Gottesdienst. Sie verstanden vieles von dem nicht, was geredet wurde, und sie freuten sich sehr, ihre Freundinnen und Bekannten zu treffen. Da wundert es nicht, wenn Paulus energisch einschreitet und zu den Frauen sagt: »Jetzt haltet einfach mal die Klappe!«

David Hamilton gibt außerdem zu bedenken, dass im Gottesdienst Menschen aus den unterschiedlichsten Kulturen zusammen waren, Juden, die sich zu Christus bekehrt hatten, und Heiden, die vorher andere Götter angebetet hatten. Frauen beteten die heidnischen Götter oftmals durch Jammern und schrilles Schreien, sogenannte Ululationen, an.[157] Falls sie das anfangs auch im Gottesdienst praktiziert haben, muss es ziemlich chaotisch zugegangen sein.

Wie man sich in einem Gottesdienst verhält, mussten Frauen damals erst lernen, deshalb bat sie Paulus um Ruhe. Heutige Missionare berichten von ähnlichen Erfahrungen. Frauen, die niemals zuvor bei Versammlungen waren und keinen schulischen Unterricht bekommen haben, verstehen die Zusammenkunft als Informationsaustausch. Dass einer redet und alle anderen zuhören, kennen manche nicht.[158] Aus unserer Kultur und unserer heutigen Perspektive, in der Frauen die gleichen Bildungsmöglichkeiten haben wie Männer, ist uns nicht bewusst, was es für die Gemeinde bedeutet hat, dass Frauen beim Gottesdienst auf einmal dabei sein durften. Paulus ermahnt die Frauen nicht zum Schweigen, um damit den Männern die alleinige Wortgewalt zu geben, sondern er sagt es – und da zeigt sich wieder der emanzipierte Paulus –, damit die Frauen auch etwas davon haben. Alle sollen nacheinander reden, damit alle etwas lernen, auch die Frauen. Was für ein revolutionärer Schritt! Paulus ist es sehr wichtig, dass die Frauen verstehen, was im Gottesdienst gesagt wird. Deshalb fordert er sie auf, zu Hause ihre Männer zu fragen. Er ermutigt sie, ihre Wissenslücken zu füllen. Und dazu bezieht er die Männer ein. Sie sollen ihr Wissen teilen, um ihre Frauen auf den gleichen Stand zu bringen. Was das wohl für die Männer bedeutet hat? Auch sie mussten ihr Frauenbild völlig revidieren.

Eine weitere Bibelstelle wird oft herangezogen, um zu belegen, dass Paulus Frauen das Predigen und Lehren verbietet: »Ich erlaube der Frau nicht, zu lehren oder über den Mann zu herrschen; sie soll sich still zurückhalten« (1. Timotheus 2,12). Das ist schon eine heftige Macho-Nummer! Aber es kommt noch schlimmer! Paulus' Begründung dafür ist: »Denn Gott schuf zuerst Adam und dann Eva. Und es war die Frau, nicht Adam, die durch den Satan getäuscht wurde und sich verführen ließ« (Vers 13). Paulus verbietet den Frauen hier ausdrücklich und unmissverständlich das Lehren, so argumentieren die Männer, die Frauen als Predigerinnen ablehnen. Und außerdem: Adam wurde zuerst erschaffen. Und schuld an dem ganzen Desaster mit dem Rauswurf aus dem Paradies ist einzig und allein Eva, denn sie hat sich in ihrer Schwachheit verführen lassen.

Kann es wirklich sein, dass Paulus, der Frauen so sehr in den Gemeindeaufbau eingebunden hat, ihnen den Mund verbietet? Dass er sie in die Statistenrolle zurückdrängt, damit die Kirchenbänke voll sind? Dann hat er ganze Arbeit geleistet, denn in den Kirchen sieht man vor allem Frauen in den Kirchenbänken und Männer auf der Kanzel.

Der Bibeltext steht in krassem Widerspruch zu Paulus' Leben und wirft viele Fragen auf: Wieso darf Priska lehren und die anderen Frauen nicht? Und wieso lobt er das Engagement seiner Mitarbeiterinnen in den höchsten Tönen, aber fordert hier, dass die Frau sich still zurückhalten soll? So eine stille Frau hätte niemals einen Brief nach Rom bringen und ihn der Gemeinde erklären können wie Phöbe.

Der Zusammenhang hilft auch hier, den Text zu verstehen:

»Überall, wo ihr euch versammelt, möchte ich nun, dass die Männer, wenn sie beten, ihre Hände rein zu Gott erheben. Sie sollen nicht von Zorn und Streit beschmutzt sein. Und ich möchte, dass die Frauen in ihrer Erscheinung Zurückhaltung üben, indem sie sich anständig kleiden und nicht durch ihre Frisur oder durch Gold, Perlen oder kostbare Kleider die Aufmerksamkeit auf sich lenken. Denn Frauen, die Gott ehren wollen, sollen dadurch anziehend wirken, dass sie Gutes tun. Eine Frau soll in der Stille und in aller Unterordnung lernen. Ich erlaube der Frau nicht, zu lehren oder über den Mann zu herrschen; sie soll sich still zurückhalten. Denn Gott schuf zuerst Adam und dann Eva. Und es war die Frau, nicht Adam, die durch den Satan getäuscht wurde und sich verführen ließ« (1. Timotheus 2,8-15).

Was war der kulturelle und historische Hintergrund? Paulus schreibt den Brief an eine Gemeinde, die Priska – Lehrerin und Predigerin! – mitgegründet hat. Timotheus, der damit betraut war, Verantwortliche in der Gemeinde heranzubilden, hatte wirklich Probleme. Die Gemeinde befand sich in Ephesus, einem Ort, an dem heidnische Götterverehrung und Okkultismus herrschten.[159] Die Christen hatten einen schweren Stand. Sie wurden verfolgt und angegriffen. Auch innerhalb der Gemeinde gab es Schwierigkeiten, denn viele Heiden, die sich zum christlichen Glauben bekehrt hatten, brachten mit ihren Irrlehren die Gemeinde durcheinander. Paulus versucht, dieser Gemeinde mit seinen Ratschlägen zu helfen. Zunächst wendet er sich an die Männer. Sie sollen ohne Streit und Wut beten, ganz anders als die Männer, die Götzen anbeten. Dann ermahnt er die Frauen, dass sie sich im Gottesdienst nicht mit Prunksucht hervortun sollen. Wer den Mittelgang der Kirche als Laufsteg einer Fashionshow sieht, der lenkt nicht nur sich, sondern auch andere davon ab, sich auf den Gottesdienst zu konzentrieren. Es geht nicht um die eigene Ehre, sondern um die Ehre Gottes. Das heißt nicht, dass man sich nicht schön machen darf. Im Gegenteil, der Sinn für Schönheit ist eine Gabe Gottes. Aber hier geht es um den Wunsch, mit der äußeren Aufmachung die ganze Aufmerksamkeit auf sich zu ziehen. Zudem galt damals eine Frau schnell als Verführerin, wenn sie auffälligen Schmuck anlegte oder ihre Haare offen trug. Es warf nicht gerade ein gutes Bild auf die Christinnen, wenn sie wie Edelprostituierte herumliefen. Paulus empfiehlt hier ein äußeres Erscheinungsbild, das den römischen und jüdischen Sittenidealen entsprach.[160] Deshalb schreibt er auch an einer anderen Stelle, dass die Frauen ihr Haupt bedecken sollen.[161] Das hatte den Sinn, ihre Ehemänner durch ihr Aussehen oder ihr Verhalten nicht zu beschämen, denn eine Kopfbedeckung war damals für eine ehrenhafte Frau ein Muss.

Auch wenn Paulus hier Frauen und Männer getrennt anspricht, versteht es sich von selbst, dass das andere Geschlecht mitgemeint ist. Es bedeutet ja nicht, dass nur Männer nicht in Wut und Streit beten dürfen, aber die Frauen schon. Und es bedeutet auch nicht, dass Frauen sich angemessen kleiden sollen, aber es den Männern erlaubt ist, sich aufzubrezeln wie ein Gockel. Die beiden Sätze sind im Originaltext mit dem Wort »ebenso« verbunden, womit deutlich wird, dass Paulus seine Verhaltensregeln für Frauen und

Männer auf gleicher Ebene ansiedelt. Da die kulturellen Verhaltensvorschriften von Frauen und Männern sehr unterschiedlich waren, hat Paulus für Frauen und Männer auch unterschiedliche Schwerpunkte gesetzt. Von beiden verlangte er jedoch ein Verhalten, das nicht provokant oder abstoßend wirkte.

Während Paulus bis dahin in seinem Brief über die Männer im Plural und über die Frauen im Plural geschrieben hat, wechselt er nun in den Singular. Das weist darauf hin, dass Paulus über eine bestimmte Frau schreibt.[162] Wie schon an anderer Stelle erwähnt, kennen wir bei den Briefen von Paulus nur eine Seite der Kommunikation. Wir wissen nicht, auf was für ein Problem Paulus reagiert. Vielleicht hat Timotheus an Paulus geschrieben und von einer Frau erzählt, die Irrlehren verbreitet hat. Das war damals ein wirkliches Problem für die Gemeinde. Solche falschen Lehren, die vom heidnischen Glauben kamen, hätten die Gemeinde spalten und damit zerstören können.

Man muss davon ausgehen, dass Paulus sich auf eine Einzelperson bezieht, wenn er sagt:»Eine Frau soll in der Stille und in aller Unterordnung lernen. Ich erlaube der Frau nicht, zu lehren oder über den Mann zu herrschen; sie soll sich still zurückhalten.« Dafür spricht zum einen der Singular, während vorher der Plural verwendet wurde, zum anderen ist es unglaubwürdig, dass Paulus hier mit zwei Sätzen eine Meinung zementieren möchte, die seiner sonstigen Haltung völlig widerspricht. Geht man dagegen davon aus, dass sich die Textstelle auf eine bestimmte Frau bezieht, die durch ihre Äußerungen die Gemeinde durcheinandergebracht hat, ist der Satz viel klarer. Diese Frau, so rät Paulus, sollte sich zurückziehen und sich mit dem Wort Gottes auseinandersetzen, um zu lernen, was Gott wirklich sagt. Dass sie lernen soll, ist im griechischen Urtext als Befehl formuliert.[163] Es ist der einzige Imperativ in diesem Text. Das zeigt, wie sehr Paulus sich für die Bildung der Frau einsetzt. Sie soll nicht einfach ausgeschlossen werden und den Mund halten, sondern sie soll verstehen! Paulus wusste genau, dass Frauen im Nachteil waren, weil sie damals keinen Zugang zu Wissen hatten. Dadurch waren sie für Irrlehren anfälliger. Es war revolutionär, dass Frauen lernen *durften*, dass Paulus sie sogar *aufforderte*, zu lernen, nachzudenken, sich eigene Gedanken zu machen und damit zu gleichrangigen Diskussionspartnern der Männer zu werden. Im Gegensatz zu vielen Männern in der Geschichte und in der Gegenwart war Paulus daran interessiert, Frauen auf den Wissenslevel der Männer zu heben. Paulus war ein Mann, der aus christlicher Überzeugung – nach dem Vorbild von Jesus – die Gleichberechtigung vorantrieb und genau das umsetzte, was Frauenrechtlerinnen und Feministinnen sehr viel später gegen enormen Widerstand einforderten, nämlich Bildung für Frauen.

Wenn diese Frau in Stille und Unterordnung lernen sollte, dann bedeutet das nicht automatisch, dass sie sich dem Mann unterordnen soll, wie viele männliche Bibelausleger vorschnell annehmen. Hier geht es um eine Gottesdienstordnung, nicht um Mann-Frau-Beziehungen oder um Ehebeziehungen generell. Die Frau soll sich unterordnen. Aber wem? Nicht den Männern, sondern Gott. »Stille und Unterordnung« bezog sich auf die damalige Lernhaltung. Bei Paulus galt diese nicht mehr nur für Männer, sondern auch für Frauen. An den Universitäten heute lernen die Studentinnen und Studenten erst mal durch Zuhören. Vorlesungen sind noch nicht abgeschafft worden, weil diese Wissensvermittlung durchaus sinnvoll ist. Dass Wissen anschließend durch Diskussionen und praktische Anwendung vertieft werden muss, versteht sich von selbst. Wenn Paulus von der Frau Stille und Unterordnung verlangt, dann ist das nichts anderes als das, was Professorinnen und Professoren von ihren Studierenden erwarten können, auch wenn das Wort Unterordnung sehr negative Assoziationen in uns hervorruft.

Lernen und Lehren gehörten im rabbinischen Verständnis zusammen. Wer lernte, war auch befugt zu lehren. Die Frau, von der hier die Rede ist, soll jedoch nicht lehren, bevor sie selbst gelernt hat, so fordert Paulus. Deshalb verbietet er ihr das Lehren. Vermutlich handelt es sich um ein temporäres Verbot, das wieder aufgehoben werden kann, wenn sie die biblischen Wahrheiten gelernt hat. Und sie soll wohl außerdem nicht versuchen, ihren Mann mit ihren Irrlehren zu beeinflussen und so über ihn zu herrschen.

Auch an anderen Stellen im Timotheusbrief warnt Paulus vor Irrlehren und erwähnt, dass Frauen und Männer von ihrem ursprünglichen Glauben abgefallen seien.[164] Die Irrlehren waren also ein ernstes Problem in Ephesus. Paulus sieht, wie sehr der Glaube durch falsche Lehren untergraben wird und dass die Gemeindeglieder durcheinanderkommen. Deshalb schreibt er Timotheus, dass solche Irrlehren unterbunden werden müssen.

Mit der Erwähnung von Adam und Eva bezieht sich Paulus sehr wahrscheinlich auf die Irrlehre, die die Frau verbreitet hat, und erklärt, was die biblische Wahrheit ist. Dies wird anhand eines Übersetzungsvorschlags von Richard Clark Kroeger und Catherine Clark Kroeger deutlich:»Ich gestatte es einer Frau nicht, zu lehren noch von sich selbst zu behaupten, sie sei der Ursprung des Mannes; sie soll vielmehr [mit der Schrift] konform gehen [bzw. ihre Auffassung für sich behalten]. Denn Adam wurde zuerst erschaffen und Eva danach.«[165] Es gab in der Zeit nach dem Neuen Testament religiöse Strömungen, die den Schöpfungsbericht kühn deuteten und sagten, dass Eva der Ursprung des Lebens sei. Dies entsprang einer orientalischen religiösen Tradition, die eine weibliche Gottheit anbetete. Verehrt wurde sie als»Magna Mater«, als»große Mutter«, sie hatte in verschiedenen Regionen unterschiedliche Namen und galt als Mutter der Götter und der Menschen.[166] Möglicherweise waren diese Strömungen – oder

Vorboten davon – schon zur Zeit des Paulus in den Gemeinden wirksam. In Ephesus stand der Tempel der Muttergöttin Artemis, der als eines der sieben Weltwunder der Antike galt. Daraus wird deutlich, welch einen hohen Stellenwert diese weibliche Gottheit hatte. In diesem Tempel hatten Priesterinnen und Tempelprostituierte eine bedeutende Funktion.

Dass dieser verbreitete Glaube an eine heidnische Muttergöttin auch in die neu gegründeten Gemeinden drang, ist naheliegend, denn viele der Gläubigen waren in diesem kulturellen Verständnis aufgewachsen. Die Schöpfungsgeschichte wurde unter diesem Einfluss teilweise umgedeutet. Es ist also völlig klar, dass Paulus versuchte, eine Verfälschung des Evangeliums oder gar eine Vermischung zu verhindern. Deshalb verbot er der Frau im Brief an Timotheus, solche Lehren zu verbreiten, und schrieb, sie solle schweigen.

Möglicherweise dient Paulus Vers 14 dazu, eine Parallele zur Vergangenheit aufzuzeigen. Diese bestimmte Frau lässt sich durch den heidnischen Götterkult dazu verführen, eine Irrlehre zu verbreiten, mit der sie dann auch ihren Mann vom rechten Weg abbringt. Eva ließ sich von der Schlange verführen, während Adam die Frucht von ihr annahm.[167] Das heißt jedoch nicht, dass Eva mehr Schuld trägt, schließlich tat Adam nichts, um sie davon abzuhalten, wie das Kapitel zu Adam und Eva gezeigt hat.

Betrachtet man die Bibelstelle im Kontext, so lässt sich folgender Schluss ziehen: Der Frau wurde verboten, zu predigen, solange sie noch nicht über ausreichend Wissen verfügte, um das Richtige zu predigen. Zudem bezieht sich diese Aussage nicht auf alle Frauen, sondern auf eine oder einige Frauen aus dieser Gemeinde, je nachdem, ob man »die Frau« als Einzelperson sieht oder als Typus. Es handelt sich nicht um ein dauerhaftes Schweigen aller Frauen. Stattdessen ist anzunehmen, dass den Frauen das Lehren offenstand, wenn sie das Wesen des christlichen Glaubens verstanden hatten. Das war jedoch keine Sonderregelung für Frauen, denn auch Apollos erhielt zunächst Privatunterricht, als Priska und Aquila feststellten, dass er Defizite hatte.

Wenn man heute diese beiden Sätze so interpretiert, dass Paulus Frauen generell verbietet, zu lehren, dann wird Gottes Wirken gebremst. Um eine reiche Ernte einzubringen, braucht man alle verfügbaren Hände.[168] Es wäre äußerst unklug, die Hälfte in ihre Häuser zu verbannen. Man denke nur, welch ein Segen den Menschen vorenthalten worden wäre, wenn man Chiara Lubich, der Gründerin der weltweiten, in 182 Ländern vertretenen Fokolar-Bewegung, den Mund verboten hätte. Ihr Engagement für Ökumene und den Dialog zwischen den Religionen wurde mit vielen internationalen Auszeichnungen honoriert.[169]

Nirgendwo in der Bibel steht, dass es Frauen verboten war, zu reden. Warum sollte es dann Paulus plötzlich einführen, zumal Jesus selbst die Frauen dazu aufgefordert hatte, seine Botschaft weiterzugeben.

Auch bei dem Wort »schweigen« wird deutlich, wie viel Interpretation schon allein in der Übersetzung liegt. So wird das griechische Wort *hēsychía* im Zusammenhang mit Frauen mit »still sein« übersetzt, im Zusammenhang mit Männern dagegen mit »Ruhe« oder »Übereinstimmung«, was die Haltung des Lernenden ausdrückt.[170] Dasselbe Wort wird unterschiedlich übersetzt, je nachdem welches Geschlecht eine Person hat. Verwendet man für beide die gleiche Übersetzung, dann lautet die ursprüngliche Botschaft des Textes, dass Frauen dieselbe ruhige und lernende Haltung einnehmen sollen wie die Männer. Welch ein emanzipatorischer Schritt! Und dennoch wurde der Text nicht dazu benutzt, den Frauen mehr Freiheit zu geben, sondern sie zu begrenzen.

Dass Paulus Frauen genauso das Lehren erlaubt wie Männern, zeigt sich, als er Timotheus schreibt: »Was du von mir gehört hast, das sollst du auch weitergeben an Menschen, die vertrauenswürdig und fähig sind, andere zu lehren« (2. Timotheus 2,2). Paulus

210 Neues Testament

verwendet im griechischen Originaltext den geschlechtsneutralen Begriff »Menschen« und nicht »Männer«.

Dass bei Paulus Frauen genauso lehrten wie Männer, war revolutionär, denn andere zu lehren, hatte in der römisch-griechischen Welt und dem Judentum ein sehr hohes Prestige, das Männern vorbehalten war.[171] Man kann sich vorstellen, was für ein großer Schritt es für Männer war, dieses Prestige zu teilen. Das fällt offensichtlich auch heute noch Männern in der katholischen Kirche und in vielen anderen Gemeinden schwer. Umso deutlicher wird dadurch, welch einen großen emanzipatorischen Schritt die Männer damals gemacht haben. Frauen standen vorn und predigten und Männer hörten zu. Eine Frau auf der Kanzel und die Männer in den Kirchenbänken – das war bestimmt nicht die Regel, aber Gleichberechtigung war eine Grundeinstellung, bei der das möglich war und die als erstrebenswert galt. Paulus befreite von den traditionellen, ungerechten Geschlechterrollen mitten in einer patriarchalen Welt. Das sorgte für Konfliktstoff und Paulus musste immer wieder eine individuelle Lösung für die einzelnen Gemeinden finden. In Zeiten der Verfolgung durften die Christen nicht allzu sehr provozieren, dennoch lebten sie mutig und entschlossen biblische Wahrheiten, ohne sie weichzuspülen. Viele bezahlten dafür mit ihrem Leben.

Paulus sprengte nicht die kulturellen Gegebenheiten, sondern veränderte sie langsam. »Dazu mussten aber seine Vertreter das Evangelium innerhalb der vorgegebenen Grenzen glaubwürdig ausleben. Nur so konnte sich auch der große soziale Abstand zwischen Mann und Frau langsam verringern und der Aktionsradius der Frauen entsprechend größer werden.«[172] Damit Gleichberechtigung entstehen konnte, mussten vor allem Männer dies unterstützen, denn sie waren an der Macht. Frauen konnten es nicht einfordern. Aber wer die Botschaft Gottes ernst nahm und sah, wie Jesus gelebt hatte, der kam nicht umhin, Gleichberechtigung zu leben.

Dass Paulus Leitungspositionen für Frauen und Männer gleichermaßen vorsieht, zeigt auch eine andere Stelle im Timotheusbrief:»Wenn jemand ein Bischofsamt erstrebt, begehrt er eine hohe Aufgabe« (1. Timotheus 3,1). Das Wort »jemand« ist geschlechtsneutral und heißt entsprechend der griechischen Grammatik im Urtext »er oder sie«. Nachdem Paulus ausgeführt hat, wie Bischöfe und Diakone sein sollen, schreibt er, wie Frauen sein sollen, nämlich »ehrbar, nicht verleumderisch, nüchtern, treu in allen Dingen« (Vers 11). Das griechische Wort *gynē*, das Paulus hier verwendet, kann mit »Frauen« oder mit »Ehefrauen« übersetzt werden.[173] In heutigen Übersetzungen wird selbstverständlich davon ausgegangen, dass die Ehefrauen gemeint sind. Aber da Paulus zuvor über Leitung und nicht über Ehe gesprochen hat, ist es doch naheliegender, dass hier Frauen insgesamt als Leiterinnen gemeint sind. Auch das Verbindungswort »desgleichen« oder in anderen Übersetzungen »ebenso« weist darauf hin, dass es sich dabei nicht um die Ehefrauen handelt, wie auch Ulrich Wendel feststellt:»Die Notizen über Bischöfe, Diakone und ›die Frauen‹ sind inhaltlich und auch formal parallel aufgebaut, sodass die größte Wahrscheinlichkeit dafür spricht: Es handelt sich um drei Personengruppen. Erst mit 1. Timotheus 3,12 kehrt Paulus wieder zur mittleren Gruppe der männlichen Diakone zurück. Es wäre übrigens auch inhaltlich unverständlich, warum von ›Bischöfen‹ nur Qualifikationen ihrer eigenen Person verlangt werden, von den Diakonen plötzlich auch Qualifikationen ihrer Ehefrauen.«[174]

Im Laufe der Zeit haben die männlichen Bibelausleger und Übersetzer die gleichberechtigte Arbeit der Frauen aus der Kirche herausgeschrieben. Aus den weiblichen Diakoninnen wurden die Ehefrauen der Diakone gemacht oder wie bei Phöbe eine Diakonisse. Die gleichberechtigte Bedeutung der Frau wurde damit verfälscht.

Viele heutige Interpretationen sind kirchlich begründet und

nicht biblisch. Paulus schreibt nirgends, dass Frauen von bestimmten Ämtern ausgeschlossen sind. Er selbst hat es auch nicht praktiziert. Wieso werden dann heute Ämter geschlechtsspezifisch verteilt? Wieso leiten Frauen vorwiegend den Kindergottesdienst und den Seniorennachmittag und die Männer die ganze Gemeinde?»Im theologischen Gesamtkonzept des Neuen Testamentes jedenfalls beruhen geistliche Dienste, der Lehr- und Leitungsdienst eingeschlossen, auf der Begabung durch den Heiligen Geist, der in der Verteilung seiner Gaben keine Geschlechterunterschiede macht.«[175]

Als an Pfingsten der Heilige Geist über die Nachfolger von Jesus ausgegossen wurde, galt das Frauen genauso wie Männern. Der Heilige Geist macht da keinen Unterschied. Dies macht auch Petrus deutlich, indem er den Propheten Joel zitiert, um das Pfingstwunder zu erklären:»In den letzten Tagen, spricht Gott, werde ich meinen Geist über alle Menschen ausgießen. Eure Söhne und Töchter werden weissagen, eure jungen Männer werden Visionen haben und eure alten Männer prophetische Träume. In diesen Tagen werde ich meinen Geist sogar über alle meine Diener, ob Mann oder Frau, ausgießen, und sie werden weissagen.«[176]

Unmissverständlich und glasklar wird hier gesagt, dass der Geist Gottes über alle ausgegossen wird und sie weissagen. Damit es jeder Patriarch versteht und nicht umdeuten kann, werden die Frauen explizit genannt. Weissagen bedeutet Lehren und Predigen, und zwar nicht zu Hause am Küchentisch, sondern öffentlich, in der Kirche und in den Gemeinden.

Wenn Jesus Frauen dazu beauftragt, seine Auferstehung zu verkündigen, und wenn er den Heiligen Geist über sie ausgießt, damit sie weissagen, wie können da Frauen von wichtigen Ämtern und von der Kanzel ferngehalten werden?

Paulus als Eheberater – Oder: Wer ist wem untertan?

Paulus war unverheiratet. Wie Ehen funktionierten, sah er nur von außen. Das war vielleicht der Grund, warum er sich für ein Leben als Single entschloss. Immerhin war er nicht notgedrungen unverheiratet wie katholische Priester heute, sondern es war seine freie Wahl. Paulus war Single aus Überzeugung. Kann ein Single Anweisungen geben, wie Ehepaare ihre Ehe führen sollen? In Bezug auf bestimmte Wahrheiten sicherlich, in Bezug auf die konkrete Praxis nicht unbedingt.

Paulus war ein leidenschaftlicher Botschafter Gottes. Er machte keine halben Sachen. Christsein bedeutete für ihn, sein ganzes Leben unter Jesus Christus zu stellen. Das schloss alles mit ein, den Beruf, die Beziehungen untereinander, in der Gemeinde, in der Familie und auch in der Ehe. Er betrachtete alles im Lichte von Jesus: Wie hat er gelebt? Was hat er gesagt? Jesus war für ihn die Leitschnur. Aus dieser Perspektive betrachtete er auch die Ehe. Im Brief an die Epheser steht, wie Frauen und Männer miteinander umgehen sollen. Ob der Brief von Paulus verfasst wurde, ist in der theologischen Forschung umstritten. Da er aber unter seinem Namen geschrieben wurde, soll er hier als Paulusbrief behandelt werden.

Das fünfte Kapitel des Epheserbriefes wird oft als Beleg herangezogen, dass sich in der Ehe die Frau dem Mann unterordnen soll. Doch was steht in diesem umstrittenen Bibeltext?

»Ordnet euch aus Achtung vor Christus bereitwillig einander unter. Ihr Ehefrauen sollt euch euren Männern unterordnen, so wie ihr euch dem Herrn unterordnet. Denn der Mann ist das Haupt seiner Frau, wie Christus das Haupt seines Leibes – der Gemeinde – ist, für die er sein Leben gab, um sie zu retten. So wie die Gemeinde sich Christus unterordnet, sollt ihr Ehefrauen euch auch euren Männern in allem unterordnen. Und ihr Ehemänner, liebt eure Frauen mit derselben Liebe, mit der auch Christus die Gemeinde geliebt hat. Er gab sein Leben für sie, damit sie befreit von Schuld ganz ihm gehört, reingewaschen durch die Taufe und Gottes Wort. Er tat dies, um sie als herrliche Gemeinde vor sich hinzustellen, ohne Flecken und Runzeln oder dergleichen, sondern heilig und makellos. Genauso müssen auch die Ehemänner ihre Frauen lieben, wie sie ihren eigenen Körper lieben. Denn ein Mann liebt auch sich selbst, wenn er seine Frau liebt. Niemand hasst doch seinen eigenen Körper, sondern sorgt liebevoll für ihn, wie auch Christus für seinen Leib, also für die Gemeinde, sorgt. Und wir gehören zu seinem Leib. In der Schrift heißt es: ›Deshalb wird ein Mann Vater und Mutter verlassen und sich an seine Frau binden und die beiden werden zu einer Einheit.‹ Das ist ein großes Geheimnis, aber ich deute es als ein Bild für die Einheit von Christus und der Gemeinde. Deshalb sage ich noch einmal, dass jeder Ehemann seine Frau so lieben soll, wie er sich selbst liebt, und dass die Ehefrau ihren Mann achten und respektieren soll« (Epheser 5,21-33).

Dieser ganze Abschnitt gehört zusammen. Es ist unzulässig, die beiden ersten Sätze aus Vers 21 und 22 mit einer Zwischenüberschrift zu trennen, wie es in vielen Bibelübersetzungen der Fall ist. Mit einer Zwischenüberschrift wird dort der erste Satz, dass Frauen und Männer sich einander unterordnen sollen, einfach aus den Eheempfehlungen herausgedrängt.

Meistens wird nur der Ausschnitt zitiert, dass sich die Frauen ihren Männern unterordnen sollen. Aber wann hat man das letzte Mal eine Predigt gehört, in der Männer ermahnt werden, sich ihrer Frau unterzuordnen? Das hört sich an wie eine christliche Irrlehre. Aber genau so steht es in der Bibel. Paulus beginnt den Abschnitt damit, dass Frauen und Männer sich einander unterordnen – die Frau dem Mann und der Mann der Frau. Und das ganz auf freiwilliger Basis! Das Verb *hypotássomai* im Originaltext bedeutet sich aus freiem Willen und aus Liebe unterordnen.[177] Das kann nicht eingefordert werden, sondern ist eine Empfehlung. Dieser Satz war eine Ungeheuerlichkeit in der damaligen Welt. Dass sich Frauen den Männern unterordneten, war der Normalfall. Das musste man nicht erwähnen. Aber dass die Unterordnung auf Gegenseitigkeit beruhen sollte, dass sich Männer auch Frauen unterordnen sollen, das war eine heftige Forderung – und ist es auch heute. Deshalb wird der erste Satz, dass sich einer dem anderen unterordnen soll, meistens übersprungen. Man weiß nicht so recht, was man mit ihm anfangen soll, weil er den nachfolgenden Sätzen zu widersprechen scheint. Aber wenn es hier einen Widerspruch gibt, warum wird es dann nicht umgekehrt gemacht? Warum wird dann nicht der erste Satz betont und die nachfolgende Aussage einfach übersprungen? Vermutlich deshalb, weil diese völlige Gleichberechtigung nicht in das Konzept der Bibelausleger passte und diese Haltung bis heute von vielen Gemeinden unkritisch übernommen wird.

Auch sonst nimmt man es mit der Auslegung nicht ganz so genau. So steht im letzten Satz, dass die Männer die Frauen lieben sollen wie sich selbst, die Frau aber soll den Mann achten und respektieren. Wenn es darum geht, dass der Mann das Haupt der Frau ist, nehmen Männer Paulus' Empfehlung wörtlich, aber kaum ein Mann würde es akzeptieren, wenn eine Frau diese Worte genauso wörtlich nehmen und zu ihrem Mann sagen würde: »Lieben tu ich dich zwar nicht, aber ich achte und respektiere dich.« Nein, auch Männer wollen geliebt werden.

Im ersten Satz steht, dass sich einer dem anderen unterordnen soll. Das heißt, die Frau soll sich dem Mann unterordnen und der Mann der Frau, aber nicht im Sinne einer Machtfrage, sondern aus Achtung vor Christus. Und bei Christus stand die Liebe im Mittelpunkt. Eine von Liebe getragene Beziehung braucht kein Machtgerangel. Die gegenseitige Unterordnung ist das Ende jeden Herrschaftsanspruchs.

Aber was bedeutet nun der Satz:»Ihr Frauen ordnet euch euren Männern unter«? Auffällig ist, dass Paulus diesen Satz nicht an die Männer richtet oder als Gesetz formuliert. Die Männer haben also keinen Anspruch, auf ihre Herrschaft zu pochen, denn dieser Satz wird nur an die Frauen gerichtet. Es liegt an ihnen, ob sie sich unterordnen oder nicht. Aber auch wenn sie sich nicht unterordnen, entbindet das die Männer nicht davon, ihre Frauen zu lieben – nicht als Pflicht, sondern aus freien Stücken. Gegenseitiges Aufrechnen, das zieht bei Jesus nicht.

Wie ist nun der Widerspruch zwischen dem ersten Satz und den nachfolgenden Sätzen zu lösen? Ist es überhaupt ein Widerspruch? Da nicht anzunehmen ist, dass Paulus zwischen zwei Sätzen seine Meinung völlig ändert, müssen die nachfolgenden Sätze einen anderen Sinn haben. Am naheliegendsten ist, dass der erste Satz die Hauptaussage ist. Das entspräche dem üblichen Textaufbau. Danach folgt ein Feintuning, eine Präzisierung, was Männer und Frauen tun können, damit die gegenseitige Unterordnung gelingt.

Frauen sind in vielem entschlossener und pragmatischer als Männer. In der Nachfolge Jesu waren sie oft diejenigen, die mutig waren, die gesellschaftliche Hürden überwanden und öffentlich zu ihm standen, als die Jünger schon längst die Flucht ergriffen hatten. Sie erfassten oft schneller, wer Jesus wirklich war, während Männer skeptisch waren und Zweifel hatten. Die Gefahr konnte dabei sein, dass sie auf die zögerlichen und ängstlichen Männer herunterschauten und sie weniger respektierten. Frauen sollen sich zurücknehmen, so steht es im Text. Sie sollen den Mann achten, wie er ist, mit all seinen Schwächen. Männer haben in der öffentlichen Welt das Sagen, aber zu Hause dominiert oftmals die Frau. Selbst in patriarchalen Kulturen ist die Frau häufig die Herrscherin des Hauses. Auch den Männern wird ihr Part erklärt, den sie in der gegenseitigen Unterordnung spielen. Von ihnen erwartet Paulus eine radikale Wende. Für die Frauen war es nichts Neues, sich unterzuordnen. Die Männer hingegen bekommen etwas Revolutionäres zu hören: Sie sollen ihre Frau lieben, und zwar so wie Christus seine Gemeinde liebt, also umfassend. Nicht weil sie hübsch ist oder ein großes Vermögen in die Ehe bringt oder gut kochen kann, sondern weil sie so ist, wie sie ist. Eine solche Liebe, die das Wohlergehen des anderen im Blick hat, fragt nach dessen Wünschen und Bedürfnissen und gibt ihm die Freiheit, seine Gaben und Fähigkeiten zu entfalten. Eine solche Liebe nimmt den anderen mit allen Schwächen an und versucht nicht, ihn nach seinen Wünschen zu formen. Und eine solche Liebe fordert nicht, sondern gibt. So wie es Jesus getan hat. Da wird von den Männern eine Menge erwartet. Die Anforderungen für Frauen sind einfacher.

Wie bei den Frauen, so richtet Paulus seine Empfehlung für Männer direkt an sie. Liebe kann nicht erzwungen werden. Es hat also keinen Sinn, wenn die Frau sagt: »Aber in der Bibel steht, du sollst mich lieben.« Weder die Unterordnung noch die Liebe kann vom anderen eingeklagt werden. Auch das ist die Freiheit, die Gott uns gegeben hat. Deshalb steht über allem die gegenseitige, freiwillige Unterordnung in der Achtung vor Christus, der uns bedingungslos liebt. Die Sätze über Liebe und Unterordnung können als Ausführungen des ersten Satzes betrachtet werden, als Empfehlung, was Frauen und Männer tun müssen, damit gegenseitige Unterordnung gelingt.

Das gleichberechtigte Verständnis von Paulus zeigt sich außerdem darin, dass er den Vers aus der Schöpfungsgeschichte zitiert, in dem es heißt, dass ein Mann Vater und Mutter verlassen und sich an seine Frau binden wird und sie eine Einheit werden. Bei dieser Einheit gibt es keine Hierarchie.

Dass der Text im Epheserbrief häufig so gedeutet wird, dass sich die Frau dem Mann unterordnen soll, liegt auch daran, dass der Mann als das Haupt der Frau bezeichnet wird. Im ersten Brief an die Korinther erwähnt Paulus ebenfalls, dass der Mann das Haupt der Frau sei, so wie Christus das Haupt des Mannes ist.[178] Nach unserem Verständnis heißt das, dass der Mann der Chef ist, wie der *Haupt*mann beim Militär oder das Ober*haupt* der Familie. Das Haupt ist ein poetischer Ausdruck für den Kopf, wo sich das Gehirn befindet. Dort sitzen die Intelligenz und die Schaltzentrale des Körpers. Und in diesem Sinne verstehen wir die Verwendung des Wortes Haupt. Der Mann bestimmt, wo es langgeht. Manche Frauen erklären mit einem Augenzwinkern:»Der Mann ist das Haupt und die Frau ist der Hals. Die Richtung des Hauptes bestimmt die Frau.«

Welche Eigenschaften bestimmten Körperteilen zugeschrieben werden, ist jedoch von Kultur zu Kultur sehr unterschiedlich. In der Kultur, in der Paulus lebte, war der Sitz des Intellekts nicht im Kopf, sondern im Herzen. Im Kopf befand sich dagegen die Quelle des Lebens und der Lebensflüssigkeiten, also auch die Samenzellen. So wird von Zeus in den griechischen Sagen erzählt, dass er seine Kinder über den Kopf gebar. Ein Vater wurde damals als Haupt seiner Kinder bezeichnet, weil er als die Quelle des Kindes gesehen wurde. Wenn Paulus den Mann als Haupt der Frau bezeichnet, dann ist es nicht so zu verstehen, dass er ihr Chef ist. Setzt man den Begriff ein, der damals damit gemeint war, nämlich»Quelle« oder»Ursprung«, dann kann es zweierlei bedeuten. Zum einen, dass der Mann der Ursprung der Frau ist, weil Eva aus Adam geschaffen wurde, zum anderen, dass der Ehemann eine

Quelle für seine Frau ist und sie unterstützt, damit sich ihr Leben entfaltet. Der Ehemann soll sie fördern, damit sie sich so entwickeln kann, wie Gott sie gedacht hat. Und das bedeutet, dass sie ihre Fähigkeiten und Gaben einbringen kann, die Gott ihr gegeben hat, ob es nun Führungsqualitäten oder Fürsorgequalitäten sind. Auch im Korintherbrief kann »Haupt« nicht als Oberhaupt gedeutet werden. Würde man im Korintherbrief »Haupt« im Sinne von »Oberhaupt« übersetzen, dann ergäbe das keinen Sinn, weil im griechischen Urtext kein einziges Mal das Wort »Unterordnung« vorkommt.[179] Die Übersetzung »Ursprung« ergibt viel mehr Sinn, denn die Wortwahl der darauf folgenden Erklärung erinnert an den Schöpfungsbericht: »Denn obwohl die erste Frau vom Mann kam, wurden seitdem alle Männer von Frauen geboren, und alle kommen von Gott« (1. Korinther 11,12). Die Erwähnung, dass die Frau vom Mann und letztlich von Gott stammt, wertete die Frauen in der damaligen Welt unglaublich auf, denn die Philosophen waren der Ansicht, dass Frauen minderwertig geschaffen worden seien und keinesfalls aus dem gleichen Material wie Männer. Dieser Auffassung hält Paulus dagegen, dass die Frau aus dem gleichen Fleisch stammt wie der Mann. Die Frau ist also genauso gottähnlich wie er. Mit diesem Bezug auf die Schöpfungsgeschichte gab Paulus der Frau einen ganz anderen, sehr viel höheren Stellenwert und stellte sie als dem Mann ebenbürtig dar.

Auch wenn die meisten Bibelübersetzer sicher nicht mutwillig falsche Übersetzungsmöglichkeiten gewählt haben, so ist eine Übersetzung doch immer eine Interpretation, bei der die persönliche Einstellung eine Rolle spielt. Ob Frau oder Ehefrau, schweigen oder still zuhören, all das macht einen Unterschied. Weitere Stolpersteine sind unterschiedliche Bedeutungen, die bestimmten Dingen je nach kulturellem Kontext zugeschrieben werden. Es ist leicht nachzuvollziehen, dass weiße Kleider in einem Land, in dem »Weiß« Trauer bedeutet, völlig andere Assoziationen hervorrufen und für den Ausdruck »weiße Kleidung« entweder eine andere Übersetzung gewählt oder eine Erklärung hinzugefügt werden müsste, damit es keine Missverständnisse gibt. Solche Erklärungen fehlen in modernen deutschen Bibelübersetzungen jedoch häufig, wie der Begriff »Haupt« zeigt.

Paulus sah Frau und Mann in der Ehe als gleichberechtigt, aber es war nicht eine Gleichberechtigung, die erkämpft werden musste, sondern eine, die aus freien Stücken geschieht, aus der Liebe zum Ehepartner. Diese emanzipierte Auffassung zeigt sich auch an einer anderen Stelle. Paulus schreibt:

»Der Ehemann soll sich seiner Frau nicht entziehen; dasselbe gilt für die Ehefrau ihrem Mann gegenüber. Die Ehefrau gibt ihrem Mann das Recht über ihren Körper, und ebenso gibt der Ehemann seiner Frau das Recht über seinen Körper. Keiner soll sich dem anderen verweigern, es sei denn, beide Ehepartner beschließen übereinstimmend, sich für eine begrenzte Zeit sexuell zu enthalten, um sich noch intensiver dem Gebet widmen zu können. Danach kommt wieder zusammen, damit euch der Satan nicht in Versuchung führt, weil ihr euch nicht beherrschen könnt. Das ist aber nur eine Empfehlung von mir, kein Gebot« (1. Korinther 7,3-6).

Kann man sich vorstellen, was für eine revolutionäre Ansicht das war? In einer Zeit, in der die Frau das Lustobjekt des Mannes war, sagt Paulus, dass die Frau genauso über den Körper des Mannes verfügt wie er über ihren. Außerdem wird in diesem Satz auch der Frau körperliches Begehren zugestanden. Da war Paulus seiner Zeit fast 2000 Jahre voraus. Was in den 1960er-Jahren als sexuelle Revolution verkündet wurde, war für Paulus schon kalter Kaffee. Auch wenn die Forderungen der 1960er-Jahre in einem völlig anderen Zusammenhang stehen, so verdeutlicht der Vergleich doch, wie unglaublich fortschrittlich Paulus war. Diese Einstellung, die für beide Geschlechter gleichermaßen galt, brach völlig mit der hierarchischen Ordnung des Patriarchats. Paulus behandelt hier Frauen und Männer absolut gleichberechtigt. Auch die Aussage, dass zeitweise sexuelle Enthaltsamkeit nur in gegenseitiger Übereinstimmung geschehen soll, zeigt, wie emanzipiert Paulus war. Das setzt nämlich voraus, dass Sexualität nicht tabuisiert wird, sondern dass Frauen und Männer darüber reden. Das klingt wie aus einem aktuellen Ratgeberbuch.

Am Schluss schreibt Paulus ganz klar, dass dies nur eine Empfehlung ist. Er respektiert damit, dass in Christus eine große Freiheit liegt, die er nicht durch Gebote einschränken will. Auch hier sollten wir uns Paulus zum Vorbild nehmen und nicht seine Empfehlungen zu Geboten oder gar Gesetzen machen.

Warum Evas Töchter eine Gleichstellungsbeauftragte brauchen

Eva brauchte keine Gleichstellungsbeauftragte. Sie war gleichgestellt. So hatte Gott sie geschaffen. Absolut gleichwertig und gleichberechtigt gegenüber dem Mann. Dann kam das Desaster mit dem Sündenfall. Die Folge war: Die Männer setzten sich als Herrscher über die Frau ein. Schon damals hätten die Frauen eine Gleichstellungsbeauftragte gebraucht! Jesus stellte die von Gott gewollte Gleichwertigkeit von Mann und Frau wieder her. Er behandelte Frauen absolut gleichberechtigt. Und Paulus tat das Gleiche.

Jesus und Paulus revolutionierten das Geschlechterverhältnis. Frauen hörten Gottes Botschaft, sie verkündeten, sie lehrten und predigten und bauten Gemeinden auf. Wie kam es dazu, dass wieder der Mann die Herrschaft übernahm? Was geschah mit der jungen Kirche?

Zunächst wurden die Christen verfolgt, doch selbst so abschreckende Methoden wie Folter, Kreuzigung, Steinigung oder die Menschen den Löwen vorzuwerfen zeigten keine Wirkung. Jeder Märtyrer brachte neue Christus-Anhänger hervor. Der Glaube hatte eine große Anziehungskraft, es beeindruckte die Menschen, wie frei und gleichberechtigt die Christen miteinander lebten und wie mutig und ohne Hass sie in den Tod gingen.

Das Christentum breitete sich so schnell aus, dass es bis zum Ende des 3. Jahrhunderts keine Gegend des römischen Weltreichs gab, die nicht damit in Berührung gekommen war.[180] Im 2. Jahrhundert predigten und evangelisierten die Frauen noch genauso wie die Männer. Es gab sogar Wanderpredigerinnen, die umherzogen und tauften. Genau wie die Männer starben auch sie als Märtyrerinnen. Doch allmählich änderte sich die junge Kirche: Man schrieb Glaubensinhalte fest, das Tun wurde immer wichtiger, sodass die persönliche Jesus-Beziehung in den Hintergrund geriet. Immer mehr entstand eine Zweiteilung von Laien und theologisch geschulten Profis. Es ist nicht schwer, zu erraten, zu welcher Gruppe die Frauen gehörten. Frauen verschwanden immer mehr aus den Gemeindefunktionen.

Die entscheidende Wende vollzog sich mit dem Toleranzedikt von Kaiser Konstantin 313 n.Chr., das zur Folge hatte, dass Kaiser Theodosius 380 n.Chr. das Christentum als Staatsreligion einführte. Aus der verfolgten, unterdrückten Kirche wurde ein machtvoller Staatsapparat. Die griechisch-römische Kultur bestimmte nun die Kirche. Statt kleiner Hausgemeinden entstanden zunehmend Kirchen und Bischofssitze. Es gab immer mehr hierarchische Ämter, und die Gottesdienste bekamen einen festen Ablauf. Frauen wurden dabei hinausgedrängt. Sie waren nicht mehr ebenbürtig.

Augustinus schrieb:»Die Frau ist mit ihrem Mann zusammen das Abbild Gottes, d.h., die beiden zusammen sind ein ganzes Abbild. Doch in ihrer Funktion als Gehilfin, jener Aufgabe, die nur ihr allein zukomme, ist sie nicht das Abbild Gottes; was aber den Mann betrifft, so ist er auch für sich allein genommen ebenso vollständig und umfassend das Abbild Gottes, als sei er mit der Frau zu einer Einheit verbunden.«[181]

Diese völlig verfälschte Auslegung der Schöpfungstexte hatte Auswirkungen. Im sechsten Jahrhundert, als sich einige Synoden mit dem Stellenwert der Frau beschäftigten, diskutierte man darüber, ob die Frau überhaupt eine Seele habe. 585 n.Chr. beschloss man in Macon mit knapper Mehrheit, dass die Frau kein seelenloses Wesen sei.[182] Dass fast die Hälfte der Männer Frauen eine Seele absprach, zeigt, wie tief die Idee der Gleichheit von Frauen und Männern gefallen war.

Der Einfluss der Kirche war groß. Die Männer herrschten, und als Begründung für die Unterordnung der Frau musste die Bibel herhalten, indem man einzelne Verse aus dem Zusammenhang riss.

Inzwischen hat sich viel geändert. Frauen sind in den westlichen Gesellschaften gleichberechtigt – im Gesetz. In der Praxis sieht es oft noch anders aus. In Deutschland wurden deshalb Gleichstellungsbeauftragte eingeführt. In vielen Kirchen und Gemeinden herrscht die Auffassung, dass Frauen zwar gleichwertig oder gleichrangig seien, aber dass sie durch ihr Wesen unterschiedliche Aufgaben haben. Das Predigen bleibt in der katholischen Kirche und in vielen Freikirchen immer noch das Privileg der Männer.

Doch Frauen und Männer sind in der Bibel nicht nur gleichrangig, sondern gleichartig. Weder in ihrem Rollenverhalten noch in ihren Aufgaben unterscheiden sie sich. Wenn heute immer noch behauptet wird, dass es eine gottgewollte Aufgabenteilung zwischen den Geschlechtern gibt, dann können sich die Verfechter vielleicht auf kirchliche Traditionen berufen, aber keinesfalls auf biblische Wahrheiten. Statt blindlings kulturellen Mustern nachzurennen, sollten wir das tun, was in der Bibel wirklich steht. Wenn wir so leben würden, wie Jesus und Paulus es vorgelebt haben, dann bräuchten auch Evas Töchter keine Gleichstellungsbeauftragte.

Literatur

Alexander, Pat & David (Hg.): Das große Handbuch zur Bibel – Der einzigartige Führer durch die Bücher der Bibel. SCM R.Brockhaus, 4. Sonderaufl., 2014.

Bayerischer Rundfunk (Hg.): Frauenfunk – »Guten Morgen, liebe Hausfrau«. Sendemanuskript vom 05.05.1947.

Bibel-Lexikon (Hg.): Eintrag »Jünger«. https://www.bibelkom mentare.de/index.php?page=dict&article_id=2373 (Zugriff: 06.07.2018).

Bibelwissenschaft.de (Hg.): Eintrag »Bruder«. https://www.bibelwissenschaft.de/de/lightbox/online-bibeln/gute-nachricht-bibel/lexikon/sachwort/anzeigen/details/bruder/ch/b5b614303baacb78d2159a42e36328fe (Zugriff: 06.07.2018).

Braun, Annegret: Frauenalltag und Emanzipation. Der Frauenfunk des Bayerischen Rundfunks in kulturwissenschaftlicher Perspektive 1945–1968 (Münchner Beiträge zur Volkskunde; 34). Münster u.a.: Waxmann, 2005.

Brooten, Bernadette J.: Jüdinnen zur Zeit Jesu. Ein Plädoyer für Differenzierung. (Tübinger) Theologische Quartalschrift 161 (1981). S. 281-285.

Brünenberg-Bußwolder, Esther: Ester/Esterbuch. 2006. In: Michaela Bauks & Klaus Koenen (Hg.): Das Wissenschaftliche Bibellexikon im Internet (WiBiLex). http://www.bibelwissenschaft.de/stichwort/17832/ (Zugriff: 21.06.2018).

Cunningham, Loren; David J. Hamilton & Janice Rogers: Warum nicht! Frauen in christlich-kirchlichen Führungspositionen. Altensteig: Edition JMEM, 2014.

Dobbeler, Alexander von: Der Evangelist Philippus in der Geschichte des Urchristentums. Eine prosopographische Skizze. Zugl.: Heidelberg, Univ., Habil.-Schr., 1998, überarb. Fassung

(TANZ – Texte und Arbeiten zum neutestamentlichen Zeitalter, Bd. 30). Tübingen, Bae: A. Francke Verlag, 2000, S. 248.

Eder, Sigrid: Debora / Deboralied. 2009. In: Michaela Bauks & Klaus Koenen (Hg.): Das Wissenschaftliche Bibellexikon im Internet (WiBiLex). http://www.bibelwissenschaft.de/stichwort/16245/ (Zugriff: 21.06.2018).

Faulhaber, Michael: Charakterbilder der biblischen Frauenwelt. Paderborn: Verlag Ferdinand Schöningh, 3., verbess. Aufl., 1916.

Feuersenger, Marianne: Die garantierte Gleichberechtigung – Ein umstrittener Sieg der Frauen. Freiburg: Herder, 1980.

Finkbeiner, David: Proverbs. In: Michael Rydelnik/Michael Vanlaningham (Hg.): The Moody Bible Commentary. Chicago: Moody Publishers, 2014, S. 883-970.

Fischer, Irmtraud: Gotteskünderinnen. Zur geschlechterfairen Deutung des Phänomens der Prophetie und der Prophetinnen in der Hebräischen Bibel. Stuttgart: W. Kohlhammer Verlag, 2002.

Fischer, Irmtraud: Gotteslehrerinnen: Weise Frauen und Frau Weisheit im Alten Testament. Stuttgart: W. Kohlhammer Verlag, 2006.

Gerl-Falkovitz; Hanna-Barbara: Frau – Männin – Menschin. Zwischen Feminismus und Gender. Kevelaer: Verlagsgemeinschaft topos plus, 2016.

Gesamtverband Leinen (Hg.): Leinen und Flachs – Geschichte und Kultur. http://www.gesamtverband-leinen.de/home/index,id,35.html (Zugriff: 21.06.2018).

Gesterkamp, Thomas: Väter zwischen Laptop und Wickeltisch. In: Tanja Mühling und Harald Rost (Hg): Väter im Blickpunkt. Perspektiven der Familienforschung. Verlag Barbara Budrich: Opladen & Farmington Hills, 2007.

Hamilton, David J.: Paulus stellt seine Welt auf den Kopf. In: Cunningham, Loren; David J. Hamilton & Janice Rogers: Warum nicht! Frauen in christlich-kirchlichen Führungspositionen. Altensteig: Edition JMEM, 2014a, S. 167-184.

Hamilton, David J.: 50 n. Chr. – Das Evangelium kommt in die Sündenstadt. In: Cunningham, Loren; David J. Hamilton & Janice Rogers: Warum nicht! Frauen in christlich-kirchlichen Führungspositionen. Altensteig: Edition JMEM, 2014b, S. 185-209.

Hamilton, David J.: 50 n. Chr. – Lernen, wie man dient. In: Cunningham, Loren; David J. Hamilton & Janice Rogers: Warum nicht! Frauen in christlich-kirchlichen Führungspositionen. Altensteig: Edition JMEM, 2014c, S. 257-270.

Himmelsbach, Christiane: »Verlaß ist nur auf unsere eigne Kraft!«: Lida Gustava Heymann – eine Kämpferin für die Frauenrechte. Oldenburg: BIS-Verlag, 1996.

Hofmann, Veronika: Frommes Feindbild Frau. Die Idee der Närrin bei Albert Joseph Colin. Eine Studie zur germanistischen und volkskundlichen Erzählforschung (Kulturgeschichtliche Forschungen, Bd. 31). München: Herbert Utz, 2010.

Jacobs, Cindy: Frauen – Gottes Auserwählte. Berlin, 1999.

Jehle, Frank: Große Frauen der Christenheit: acht Porträts. Freiburg Schweiz: Paulusverlag, 1998.

Kahneman, Daniel: Schnelles Denken, langsames Denken. München: Penguin-Verlag, 2. Aufl., 2016.

Keil, Helge: Ruach – die weibliche Seite Gottes (wieder) entdecken. Ankertext 134. In: Wörnersberger Anker (Hg.): Ankerzeitschrift 2/2017. http://www.ankernetz.de/upload/134-Ruach-dieweiblicheSeiteGotteswiederentdecken.pdf (Zugriff: 16.07.2018).

Kollmann, Bernd: Philippus der Evangelist und die Anfänge der Heidenmission. In: Biblica 81/2000.

Konigorski, Monika: Frauen in der Kirche – Prophetinnen, Jüngerinnen, Apostelinnen. Deutschlandradio 2009–2018. https://www.deutschlandfunk.de/frauen-in-der-kirche-prophetin-nen-juengerinnen-apostelinnen.886.de.html?dram:article_id=272966 (Zugriff: 04.08.2018).

Köster, Heinrich M.G. (Hg.): Deutsche Encyclopädie oder Allgemeines Real-Wörterbuch aller Künste und Wissenschaften, Bd. 10. Frankfurt, 1785.

Kroeger, Richard Clark; Catherine Clark Kroeger: Lehrverbot für Frauen? Was Paulus wirklich meinte – Eine Auseinandersetzung mit 1. Timotheus 2,11-15. Wuppertal: R. Brockhaus, 2004.

Luther, Martin: Luther an seine Frau. 4. Oktober 1529. In: D. Martin Luthers Werke. Weimarer Ausgabe (Sonderedition). Abteilung 3: Briefwechsel. Band 5, S. 153-154. Zitiert nach: Deutsche Geschichte in Dokumenten und Bildern. Der Reformator als Ehemann – Luther und seine Frau (1529, 1534 und 1546). Stuttgart/Weimar, 2002. http://germanhistorydocs.ghi-dc.org/pdf/deu/Doc.13-GER-Luther-wife_de.pdf (Zugriff: 04.08.2018).

Möbius, Paul J.: Über den physiologischen Schwachsinn des Weibes. Faksimile der 8., veränd. Aufl. Halle, 1905, neu hrsg. u. eingel. von Susanne Wäckerle. München: Matthes & Seitz, 1990.

Müller, Monika: Hulda. 2008. In: Michaela Bauks & Klaus Koenen (Hg.): Das Wissenschaftliche Bibellexikon im Internet (WiBiLex). http://www.bibelwissenschaft.de/stichwort/21598/ (Zugriff: 21.06.2018).

Nürnberger, Christian & Petra Gerster: Der rebellische Mönch, die entlaufene Nonne und der größte Bestseller aller Zeiten – Martin Luther. Stuttgart: Gabriel-Verlag, 5. Aufl., 2017.

Ortberg, John: Die Frau schweige? Gaben in der Gemeinde – ein Diskussionsbeitrag. Holzgerlingen: Hänssler, 2002.

Pons (Hg.): Online-Wörterbuch Lateinisch-Deutsch. Eintrag »emancipatio«. https://de.pons.com/%C3%BCbersetzung/latein-deutsch/emancipatio (Zugriff: 16.07.2018).

Prinz, Alois: Der erste Christ. Die Lebensgeschichte des Apostels Paulus. Weinheim, Basel: Beltz & Gelberg, 2007.

Radisch, Iris: Die Schule der Frauen – Wie wir die Familie neu erfinden. München: DVA, 2007.

Richards, Sue & Larry: Alle Frauen der Bibel. Ihre Geschichte. Ihre Fragen. Ihre Nöte. Ihre Stärke. Von Abigail bis Zippora. 6. Aufl. Gießen: Brunnen, 2008.

Rienecker, Fritz et al. (Hg.): Lexikon zur Bibel. Witten: SCM, 3. Aufl., 2017.

Schmalenbach, Hanna-Maria: Frausein zur Ehre Gottes im Kontext verschiedener Kulturen. Marburg an der Lahn: Francke, 2007.

Schopenhauer, Arthur: Die Welt als Wille und Vorstellung, 2. Bd. Leipzig: Reclam, 1862.

Schroeder, Joy A.: Deborah's Daughters. Gender Politics and Biblical Interpretation. Oxford, 2014.

Schüngel-Straumann, Helen: Geist (AT). 2009. In: Michaela Bauks & Klaus Koenen (Hg.): Das Wissenschaftliche Bibellexikon im Internet (WiBiLex). https://www.bibelwissenschaft.de/stichwort/19184/ (Zugriff: 14.07.2018).

Scoralick, Ruth: Sprüche Salomos. In: Michaela Bauks & Klaus Koenen (Hg.): Das Wissenschaftliche Bibellexikon im Internet (WiBiLex). Bibelwissenschaft.de 2008. http://www.bibelwissenschaft.de/stichwort/12030/ (Zugriff: 21.06.2018).

Seewald, Peter: Jesus Christus: Die Biografie. München: Knaur, 2009.

Stein, Edith: Beruf des Mannes und der Frau nach Natur- und Gnadenordnung (1931). In: Edith Stein: Die Frau – Fragestellungen und Reflexionen. Edith Stein Gesamtausgabe Band 13, eingel. u. bearb. von Sophie Binggeli und Amata Neyer. Freiburg i.Br., 5. Aufl., 2015.

Stricker, Friedhilde: Vashti und Esther – Frauen sagen »Nein«. In: Joyce 4/2006, SCM.

Thraede, Klaus: Frau. In: Reallexikon für Antike und Christentum Band 8. Stuttgart: Hiersemann, 1972. Spalte 197-369.

Wendel, Ulrich: Führende Frauen in der Bibel – Priska, Junia & Co. Gießen: Brunnen, 2., erg. Aufl., 2007.

Young, William Paul: Die Hütte. Ein Wochenende mit Gott. Berlin: Ullstein, 2011.

ZEIT ONLINE, dpa (Hg.): Frauen im Vorstand versprechen Erfolg. 18.01.2012. https://www.zeit.de/karriere/2012-01/frauen-wirtschaft-erfolg (Zugriff: 21.06.2018).

Zeller, Eva: Die Lutherin. Spurensuche nach Katharina von Bora. München: Piper, 2001.

Anmerkungen

1   Pons (Hg.): Eintrag „emancipatio".
2   Bayerischer Rundfunk (Hg.) 1947.
3   Schopenhauer 1862, S. 648f.
4   Möbius 1905, S. 60.
5   Wendel 2007, S. 99.
6   Vgl. Stein 1931, S. 56-78.
7   Schmalenbach 2007, S. 73.
8   Helge Keil geht sogar davon aus, dass es sich um einen wesentlichen Teil des ersten Menschen handelte, sodass aus diesem Adam und Eva entstanden. Dies würde zum ersten Schöpfungsbericht passen. Vgl. Keil 2017, S. 3.
9   Gerl-Falkovitz 2016, S. 218.
10 5. Mose 32,18, z.B. ELB, LUT.
11 Schüngel-Straumann 2009.
12 Keil 2017, S. 1.
13 Vgl. Young 2011.
14 Radisch 2007, S. 185f.
15 Vgl. 1. Mose 2,16-17 und 1. Mose 3.
16 Vgl. 1. Mose 1,31.
17 Vgl. 1. Mose 3,12.
18 Vgl. 2. Mose 1,15–2,10.
19 Vgl. 2. Mose 2,11-15.
20 Vgl. 2. Mose 2,15-22.
21 Vgl. 2. Mose 3.
22 2. Mose 16,20.
23 Vgl. Feuersenger 1980.
24 Vgl. Himmelsbach 1996.
25 Richter 4–5
26 Vgl. Eder 2009, 3.1.
27 Vgl. Rienecker (Hg.) 2017, S. 971.
28 Vgl. Fischer 2002, S. 112.
29 Vgl. Schroeder 2014, S. 24; Schroeder bezieht sich auf den Babylonischen Talmud, Traktat Megilla 14b.
30 Vgl. Kahneman 2016.
31 Köster (Hg.) 1785, S. 456f.

32   Tagesspiegel vom 13.8.2015; https://www.tagesspiegel.de/medi-
      en/nach-geschichte-ueber-fluechtlinge-claus-kleber-kaempft-
      im-zdf-heute-journal-mit-den-traenen/12182786.html (Zugriff:
      20.8.2018)
33   Für diesen und den folgenden Abschnitt siehe Ester 1.
34   Alexander & Alexander (Hg.) 2014, S. 342.
35   Vgl. Brünenberg-Bußwolder 2006.
36   Alexander & Alexander (Hg.) 2014, S. 340.
37   ZEIT ONLINE, dpa (Hg.) 2012.
38   Stricker 2006, S. 18.
39   Bspw. EÜ.
40   Gesamtverband Leinen (Hg.) o.J.
41   Sprüche 31,1.
42   Vgl. Scoralick 2008.
43   Ob das Lied von der tüchtigen Frau Sprüche 31,10-31 zu den
      Worten Lemuels gehört oder unabhängig davon zu betrachten
      ist, wird unterschiedlich beurteilt. Die meisten Ausleger sehen es
      als eigenständig, also nicht von Lemuel verfasst, an. Doch es gibt
      auch die andere Position. Finkbeiner (2014, S. 967) weist darauf
      hin, dass das Gedicht nicht mit einer eigenen Überschrift einge-
      führt wird, und zitiert David A. Hubbard (The Preacher's Com-
      mentary: Proverbs, Nashville 1989, S. 485), dass die Thematik
      den Anliegen und der Lebenserfahrung einer Königinnenmut-
      ter entspricht. Die Ausführungen der folgenden Abschnitte ge-
      hen von dieser Voraussetzung aus.
44   Zitiert nach: Nürnberger & Gerster 2017, S. 155.
45   Zitiert nach: ebd., S. 150.
46   Zitiert nach: ebd., S. 151.
47   Zitiert nach ebd.
48   Zitiert nach: Zeller 2001, S. 82.
49   Zitiert nach: Jehle 1998, S. 93 und 92.
50   Luther 1529.
51   Faulhaber 1916, S. 5.
52   Vgl. Fischer 2006, S. 153.
53   Zum Folgenden vgl. Braun 2005.
54   Gesterkamp 2007, S. 97-113.
55   Die Geschichte von Josia findet sich in 2. Könige 22–23 und
      2. Chronik 34–35; zur Vorgeschichte siehe 2. Könige 21 und 2.
      Chronik 33.
56   Vgl. 2. Könige 23,1-2.
57   Vgl. Rienecker (Hg.) 2017, S. 938f.
58   Fischer 2002, S. 161.
59   Müller 2008, 2.2.
60   Fischer 2002, S. 162.

61 Ebd., S. 158.
62 Vgl. Young 2011, S. 143f.
63 Siehe Lukas 12,16-21.
64 1. Könige 11,3.
65 Vgl. Fischer 2006, S. 101.
66 Ebd.
67 Ebd., S. 102.
68 Ebd., S. 101.
69 Ebd., S. 105-106.
70 Wikipedia (Hg.): Eintrag „MeToo". https://de.wikipedia.org/
   wiki/MeToo (abgerufen 16.07.2018).
71 Zitiert in: Hamilton 2014a, S. 182.
72 Vgl. Seewald 2009, S. 481.
73 Brooten 1981, S. 284.
74 Thraede 1972, Spalte 225.
75 Markus 3,1-6.
76 Matthäus 19,4.
77 Seewald 2009, S. 492.
78 Gerl-Falkovitz 2016, S. 220.
79 Ebd., S. 484.
80 Vgl. Cunningham et al. 2014, S. 139.
81 Vgl. Wendel 2007, S. 40f.
82 Lukas 15,3-7
83 Lukas 15,8-10.
84 Lukas 5,36-39.
85 Matthäus 5,28.
86 Seewald 2009, S. 477.
87 Ebd., S. 482f.
88 Cunningham et al. 2014, S. 70.
89 Lukas 8,1-3.
90 Vgl. Cunningham et al. 2014, S. 164.
91 Wendel 2007, S. 59f.
92 Konigorski o.J.
93 Bibelwissenschaft.de (Hg.): Eintrag „Bruder".
94 Bibel-Lexikon (Hg.): Eintrag „Jünger".
95 Johannes 19,25-27.
96 Johannes 4,5-42.
97 Johannes 3,1-21.
98 Lukas 10,38-42.
99 Johannes 12,1-8.
100 Vgl. z.B. Markus 9,31-32; Lukas 24,25-26.44-45.
101 Vgl. Seewald 2009, S. 481.
102 Vgl. 5. Mose 22,22-27.
103 Johannes 8,1-11.

104 Markus 10,2-12.
105 Lukas 7,36-50.
106 Markus 5,25-34.
107 Lukas 18,1-8.
108 Vgl. Braun 2005, S. 168ff.
109 Lukas 24,1-12.
110 Wer mehr über vermeintliche Unstimmigkeiten zwischen den Berichten erfahren möchte, findet z.b. hier eine mögliche Erklärung: Georg May: Die Authentizität der Auferstehungsberichte. Predigt vom 05.04.2010. Glaubenswahrheit.org. http://www.glaubenswahrheit.org/predigten/chrono/2010/20100405/ (Zugriff: 06.07.2018).
111 Johannes 20,1-18.
112 Markus 16,1-11.
113 Matthäus 28,1-10.
114 Zitiert in Seewald 2009, S. 494.
115 Ebd., S. 494f.
116 Vgl. dazu Prinz 2007.
117 Vgl. Apostelgeschichte 9,1-31; 13,1-5 und 13,9. Die Bekehrung wird in Kapitel 9 berichtet, in Kapitel 13 wird Paulus bei der Aussendung und dem Beginn der ersten Missionsreise noch als Saulus bezeichnet, ab Vers 9 dann als Paulus.
118 Vgl. Prinz 2007, S. 29.
119 Vgl. Schmalenbach 2007, S. 145.
120 Schmalenbach 2007, S. 146.
121 Apostelgeschichte 16,3.
122 Schmalenbach 2007, S. 148.
123 Epheser 2,20-22.
124 Bspw. ELB, NLB.
125 Vgl. Richards & Richards 2008, S. 259.
126 Vgl. Richards & Richards 2008, S. 306.
127 Vgl. Hamilton 2014b, S. 199.
128 Vgl. Wendel 2007, S. 24-25.
129 Jacobs 1999, S. 180.
130 Wendel 2007, S. 37.
131 Vgl. Wendel 2007, S. 27ff.
132 Ebd., S. 27-28.
133 Für dieses Kapitel vgl. Apostelgeschichte 18–19; 1. Korinther 16,19; Römer 16,3-5.
134 Römer 16,4.
135 Wendel 2007, S. 22.
136 Ebd., S. 22.
137 1. Timotheus 2,12.
138 Vgl. Hamilton 2014b, S. 191.

139 Hamilton 2014b, S. 192. Vgl. Adolf Harnack: Probabilia über die Adresse und den Verfasser des Hebräerbriefes. Zeitschrift für Neutestamentliche Wissenschaft 1900, S. 16-41. Diese These wurde später noch einmal aufgegriffen; vgl. Ruth Hoppin: Priscilla, Author of the Epistle to the Hebrews, and Other Essays. New York: Exposition, 1969.
140 Apostelgeschichte 16,13-15.
141 Vgl. Wendel 2007, S. 65.
142 Ebd., S. 66f.
143 Vgl. Wendel 2007, S. 69.
144 Hamilton 2014b, S. 194.
145 Vgl. Wendel 2007, S. 10.
146 Vgl. ebd., S. 11.
147 Vgl. ebd., S. 9f.
148 Ebd., S. 13.
149 Nach 1. Korinther 14,34.
150 1. Korinther 9,5.
151 Apostelgeschichte 21,9.
152 Vgl. Ortberg 2002.
153 Vgl. von Dobbeler 2000, S. 248.
154 Vgl. Kollmann 2000, S. 551-565.
155 Schmalenbach 2007, S. 182.
156 1. Korinther 11,5.
157 Vgl. Hamilton 2014c, S. 260.
158 Vgl. Schmalenbach 2007, S. 184.
159 Vgl. Cunningham et al. 2014, S. 272ff.
160 Vgl. Schmalenbach 2007, S. 165.
161 1. Korinther 11,5-6.
162 Vgl. Cunningham et al. 2014, S. 283.
163 Vgl. ebd., S. 289.
164 1. Timotheus 4,1-2.
165 Kroeger/Kroeger 2004, S. 128; vgl. auch Wendel 2007, S. 102.
166 Vgl. Schmalenbach 2007, S. 161.
167 Cunningham et al. 2014, S. 286f.
168 Vgl. Matthäus 9,37-38.
169 Wikipedia (Hg.): Eintrag „Chiara_Lubich". https://de.wikipedia.org/wiki/Chiara_Lubich (Zugriff: 09.07.2018).
170 Fischer 2006, S. 97f.
171 Vgl. Schmalenbach 2007, S. 167.
172 Schmalenbach 2007, S. 169.
173 Vgl. Cunningham et al. 2014, S. 302.
174 Wendel 2007, S. 34f.
175 Schmalenbach 2007, S. 173.
176 Apostelgeschichte 2,17-18.

177 Vgl. Schmalenbach 2007, S. 137.
178 1. Korinther 11,3; z.B. LUT.
179 Vgl. Cunningham et al. 2014., S. 218.
180 Zum Folgenden über die Geschichte der frühen Kirche vgl. Schmalenbach 2007, S. 193-203.
181 Zitiert in Schmalenbach 2007, S. 197.
182 Hofmann 2010, S. 161.